中国（河南）
自由贸易试验区
发展报告（2017~2020）

主　编：王海杰　　**副主编**：段平方

REPORT ON CHINA（HENAN）FREE TRADE ZONE
(2017~2020)

经济管理出版社
ECONOMY & MANAGEMENT PUBLISHING HOUSE

图书在版编目（CIP）数据

中国（河南）自由贸易试验区发展报告．2017～2020/王海杰主编．—北京：经济管理出版社，2021．5

ISBN 978 - 7 - 5096 - 7979 - 1

Ⅰ．①中⋯　Ⅱ．①王⋯　Ⅲ．①自由贸易区—经济发展—研究报告—河南—2017 - 2020　Ⅳ．①F752．861

中国版本图书馆 CIP 数据核字（2021）第 088729 号

组稿编辑：胡　茜
责任编辑：胡　茜　张玉珠　丁光尧　李光萌
责任印制：黄章平
责任校对：陈晓霞

出版发行：经济管理出版社
　　　　　（北京市海淀区北蜂窝 8 号中雅大厦 A 座 11 层　100038）
网　　　址：www．E - mp．com．cn
电　　　话：（010）51915602
印　　　刷：唐山玺诚印务有限公司
经　　　销：新华书店
开　　　本：787mm×1092mm/16
印　　　张：16．75
字　　　数：357 千字
版　　　次：2021 年 6 月第 1 版　　2021 年 6 月第 1 次印刷
书　　　号：ISBN 978 - 7 - 5096 - 7979 - 1
定　　　价：98．00 元

《中国（河南）自由贸易试验区发展报告（2017～2020）》学术顾问

序言 中国自由贸易试验区战略与
中国经济未来发展

一、中国自由贸易试验区战略的国际国内背景

从国际上看，自20世纪70年代以来，经济全球化以及区域经济一体化趋势日益增强，国与国之间的经济联系更为紧密，不同国家之间的资金、技术、贸易等往来也在逐步深化。一般情况下，这种双重趋势是两股并行的潮流，并不相悖，但在新的科技和产业革命时代，新的产业形态正在不断形成，各国经济联系不断加深。自2008年全球金融危机后，新兴经济体地位上升，而发达经济体经济复苏势头不足，为掌握世界经济的话语权，美国、日本、欧盟三大经济体积极推进《跨太平洋伙伴关系协定》（TPP）、《跨大西洋贸易与投资伙伴协定》（TTIP）的谈判，东盟国家也积极推进《区域全面经济伙伴关系协定》（RCEP）的谈判，诸如此类的大型自贸试验区不断出现，目的是重新构建国际投资和贸易规则。这些谈判有一个共同特点，除了传统贸易投资谈判中的关税、非关税贸易壁垒和贸易便利化三大主题外，还都着力于扩大服务贸易的市场准入，加强市场的兼容性、透明度与合作，简化海关监管程序，缩小各国标准方面的差距，高标准的共同维护卫生、安全与环保等，力求制定全球贸易新规则，这些规则包括知识产权和市场机制等议题。这些新规则对中国经济的未来发展将造成重大影响。美国新一届政府上台，中美贸易摩擦会有所缓和，但是美国遏制中国的大趋势不会扭转，美国将重返国际舞台。与特朗普政府不同，拜登政府将会联合盟友继续围堵中国，美国有可能重返TPP，与更多的国家签订自由贸易协定（FTA），主导国际贸易、投资新规则，高标准的投资、贸易协定对中国扩大开放将会造成压力。中国通过自贸试验区战略来寻找国际贸易新规则的对策，同时积累经验，为以后国际双边合作奠定坚实的基础，为国家间开展相关谈判提供参考依据，为我国作为新兴发展中国家今后参与国际贸易新规则的制定提供强有力的支撑。

从国内看，在历经几十年的高速发展后，年人均GDP达到10000美元，我国即将进入中高收入国家行列。但2008年全球金融危机后，粗放型经济增长模式的弊端逐渐显现：传统产业投资领域相对饱和；产能严重过剩；生产要素的规模经济效应递减；

人口结构发生变化，劳动力成本快速上升，人口红利消失，养老负担加重；环境资源承载能力接近上限；政策工具的刺激效益明显减弱；等等。种种影响因素共同作用下使得中国经济发展进入了新常态。为了保持中国经济的健康发展，重拾经济增长的势头，中国大力推进自由贸易试验区战略，主动开放，通过制度创新，以开放倒逼改革，从而为中国经济发展注入新的驱动力。

二、中国自由贸易试验区战略发展历程

2008 年国际金融危机后，上海市经济出现明显"拐点"。1992～2007 年，上海市经济连续保持 16 年的两位数增长，但到 2008 年，上海市 GDP 增长率为 9.7%，17 年来首次跌入个位数。2009 年上海市 GDP 增长率为 8.2%，低于全国平均水平。浦东新区政府找到中国生产力学会，希望由他们出面组织课题组进行研究。王茂林提出"在浦东建自由贸易区"。2009 年一份题为《关于中国在浦东地区建立自由贸易区的设想》的文章被上报给国务院。温家宝批示将"自由贸易区"改为"自由贸易园区"。此前多有学者、研究机构建议上海市在浦东设立自贸试验区，但上海市方面尚没有公开回应。2011 年 4 月，杨雄表示，上海市综合保税区要"积极探索向国际通行的自由贸易区转型升级"。这是当时为数不多的高层的公开表态。2012 年 11 月，获上海市人大常委会通过的《上海推进国际贸易中心建设条例》中，明确了要"探索建立符合国际惯例的自由贸易园区"。此后，上海市将"浦东将试点建设自由贸易园区"写入 2013 年上海市政府工作报告。2013 年 1 月底，商务部官方网站转载的一条来自"商务部驻上海特派员办事处"的消息称，"上海正式向国家相关部门提交了中国首个自由贸易园区试点方案"。但在 2013 年 3 月全国两会期间，上海市的申请并未获得来自中央的公开表态。在全国两会期间，杨雄公开回应记者采访时也只是说"正在与国家有关部门协商研究中，上海将按照中央部署，积极推进相关工作"。

全国两会过后，上海市对自由贸易试验区的事情更为低调，甚至有观点认为，上海自由贸易试验区的事情可能会从头再来，对于是否能够快速获批并不乐观。事情的转机出现在 2013 年 3 月底，据公开报道，在李克强履新国务院总理后的第一次参观考察期间，其在上海市的行程主要是后来被纳入自由贸易试验区的上海外高桥保税区。在此次的考察中，李克强表态，"鼓励支持上海积极探索，在现有综合保税区基础上，研究如何试点先行，在 28 平方千米内，建立一个自由贸易试验区，进一步扩大开放，推动完善开放型经济体制机制"[①]。此次讲话中，李克强强调依据国际上对自由贸易区"一线放开、两线管住"的惯例进行分工，其中"一线放开"将涉及国务院各部委的协调。上海自由贸易试验区的时间表在李克强那次的考察中也得以明确：28 平方千米

---

① 李克强点赞自贸区：有大未来［EB/OL］．中央政府门户网站，www.gov.cn，2014－09－19.

的试验并不用走得太慢，上半年拿出方案，下半年分步实施。至此，上海自由贸易试验区的关键变成了做好和论证好方案。

李克强离开上海后，上海市方面再次就自由贸易试验区的方案在上海层面征求意见，并与部委沟通。由于自由贸易试验区包括商务部、财政部、海关等众多部委，沟通的效果将影响未来自由贸易试验区的具体政策。此轮的沟通中碰撞非常尖锐。这些碰撞来自于目前规范的做法和创新做法之间的矛盾。多个部委对上海市提交的方案做了"减法"，这些减法也都有"依据"，但是"依据"的都是现在的规定，需要不断"讨价还价"。

自 2013 年 9 月 29 日上海自由贸易试验区成立后，2015 年，国务院又设立了广东、福建和天津第二批自由贸易试验区，2017 年在中西部设立河南等第三批自由贸易试验区，随后又设立了海南、北京等 10 个自由贸易试验区。目前中国已经有 21 个自由贸易试验区，遍布沿海地区、中西部地区和东北地区。

三、中国建设自由贸易试验区的重大意义

自由贸易试验区是中国改革开放的试验田，承载着中国经济未来的希望，它对中国经济未来发展具有重大意义：

第一，推进更高水平的对外开放，加快构建开放型经济新体制，适应经济全球化新趋势、准确判断国际形势新变化、深刻把握国内改革发展新要求，以更加积极有为的行动应对国际环境的变化。通过对外开放赢得经济发展的主动权、赢得国际竞争的主动权。实施自由贸易试验区战略，形成面向全球的高标准自由贸易试验区网络，帮助我国企业开拓国际市场，为我国经济发展注入新动力、增添新活力、拓展新空间。

第二，参与重大贸易谈判和全球贸易规则制定，提升中国经济全球竞争力。中国在 2001 年加入世界贸易组织（WTO）后，经济快速发展，已成为世界贸易大国。但随着 WTO 多哈谈判陷入僵局，世界经济格局发生重大变化，传统国家经济竞争力下降，以美国为首的西方国家试图改变贸易投资规则，重新掌握世界经济的主导权。实施自由贸易试验区战略，是我国积极参与国际经贸规则制定、争取全球经济治理制度性权力的重要平台。通过自由贸易试验区建设增强我国国际竞争力，在国际规则制定中发出更多的中国声音、注入更多的中国元素，维护和拓展我国的发展利益。

第三，推动制度创新，进一步深化改革。上海自由贸易试验区成立后，不断进行制度创新，出台了负面清单管理制度，推出了一系列的可复制改革试点经验，并在全国范围内推广，包括投资管理、金融改革、服务业开放等 28 个事项。自由贸易试验区扩容后，各项改革举措应协调兼顾，整体推进。通过自由贸易试验区，加快形成与国际投资、贸易通行规则相衔接的基本制度体系和监管模式，促进投资贸易便利、监管高效便捷、法治环境规范等制度创新。既充分发挥市场在资源配置中的决定性作用，

又更好发挥政府作用。自由贸易试验区目前已经在投资领域改革、贸易便利化、金融制度创新以及事中事后监管等方面有了实质性的制度创新和推动。

第四，加快政府职能转变，营造公平竞争的营商环境。自由贸易试验区扩大投资领域，培育贸易新型业态功能，深化金融领域开放创新，加速重构高标准投资和贸易规则体系。更重要的是建立自由贸易试验区将规范政府行为，建立公平开放透明的市场规则，推进政府职能转变，创造更加国际化、市场化、法治化的公平、统一、高效的营商环境。通过"引进来"和"走出去"相结合，完善对外投资体制和政策，激发企业对外投资潜力，勇于并善于在全球范围内配置资源、开拓市场。

第五，防范开放风险，保证国家经济安全。自由贸易试验区不仅是改革的试验场，也是改革开放的压力测试场。自由贸易试验区的外商投资领域将显著扩大，资本项目开放深化，这就要求把可能发生的风险控制好，切实防范系统性风险，特别是金融风险。建立健全适应高标准自由贸易与投资的综合监管体系，提高监管能力，营造法治化营商环境，加快经济结构调整，推动产业优化升级，支持企业做大做强，提高国际竞争力和抗风险能力，筑牢经济安全网。

第六，推行服务业自由化，提高服务贸易国际竞争力。建立自由贸易试验区的目的是寻找进一步放宽商业管制的办法、积极推进服务业扩大开放，以及摸索试验区促进（私人）投资的新途径，引进国际先进经验，提高服务业能级和水平，完善产业链，巩固外贸传统优势，培育竞争新优势，拓展外贸发展空间，提高中国经济的综合竞争优势。

2020年11月20日，习近平在北京以视频方式出席亚太经合组织第二十七次领导人非正式会议并发表重要讲话。习近平指出，"中方欢迎区域全面经济伙伴关系协定完成签署，也将积极考虑加入全面与进步跨太平洋伙伴关系协定"。加入CPTPP是中国深入开放的一个标志，努力实现更高标准的开放——货物贸易90%以上零关税、知识产权保护及环境保护的高标准。自由贸易试验区担负着为国家试制度，为地方谋发展的历史使命，河南自由贸易试验区要迎难而上，要深入学习贯彻习近平关于自由贸易试验区建设的重要指示精神，按照中央和省委省政府赋予的定位任务，抢抓机遇、开拓创新、奋勇拼搏，推动河南自由贸易试验区在全国自由贸易试验区发展中位居前列。

四、中国自由贸易试验区在新发展阶段的新探索

本报告总体上评价近四年中国（河南）自由贸易试验区的发展成效，并在以下四个方面提出未来发展建议。

第一，理顺和完善管委会管理体制机制。

继续推进建立完善绩效激励保障机制、容错纠错机制、联动机制及选人用人机制，积极研究人才引进、使用办法及新型管理方法。强化管委会的统筹领导作用，探索建

立科学合理的自由贸易试验区工作考核评价方法，将自由贸易试验区工作纳入政府部门的绩效考核，明确工作奖惩机制，探索完善自由贸易试验区工作打分机制；探索自由贸易试验区管委会实行企业化、市场化的用人制度，进行用人自主权的制度创新；探索海关、税务、工商、商检等部门领导到自由贸易试验区管委会挂职制度，有效推动了各部门之间的协调合作；进一步加快河南自由贸易试验区的地方性立法步伐。

第二，加强河南自由贸易试验区制度创新。

（1）转变政府职能。在落实省辖市级经济社会管理权限的基础上，可下放自由贸易试验区的经济社会管理权限，并精简相关流程，确保下放权限落地；提升知识产权保护和服务能力，完成知识产权"三合一"改革，创新专利、商标、版权管理和执法制度，完善知识产权公共服务平台的平台服务，建立跨部门知识产权执法协作机制，需要建立知识产权申请、托管、交易、维权、质押融资等一站式服务，推动知识产权服务业发展；综合行政执法体系建设不成熟，尚未整合工商、质监、食药监等行政处罚权，成立综合执法机构，建立统一的体系；守信激励和失信惩戒机制创新；探索建立企业开办全程电子化平台、不动产产权登记系统等信息化平台，实现业务"一网通办"；探索利用区块链、大数据、物联网等前沿技术，提升监管基础设施建设。完善社会参与监管平台建设，充分尊重新闻媒体和社会公众对重要公共事件的知情权，及时公开突发敏感事件处置信息，探索实施"吹哨人制度"，加强舆论监督。

（2）促进投资开放。探索与国际接轨的外商投资管理制度。创新对外投资合作的服务平台；加快改革境外投资管理的方式，帮助自由贸易试验区内的企业开展对外经济活动，同时要加强监管，注重风险预警机制的完善，构建紧急事件保障体系，为境外人员和资产安全提供更多保障；加强吸引内外资工作，扩大外资企业规模，提高利用外资水平，完善境外投资服务体系；着力构筑大数据平台，持续完善线上—线下、政府—市场相结合的招商模式，吸引一批高质量高水平的企业入驻河南自由贸易试验区。

（3）贸易转型升级。出台服务贸易负面清单制度；促进保税货物流转管理系统创新、提高货物流转便利化程度，促进大宗商品交易；培养服务外包人才和龙头企业；整合现有监管资源，拓宽信息采集渠道，建立多维度事中事后风险监测、评估和预警机制，进一步加强风险防控管理；发布涉外服务政府推介机构清单，吸引鼓励涉外法务、国际贸易、国际金融类专业服务公司来自由贸易试验区发展，支持第三方服务公司聘请贸易纠纷仲裁专家、涉外纠纷专业律师等高级人才，全面提升对外贸、国际企业的法律保障；引进外资医院；尝试建立国际高等教育合作园区，推动河南高等教育高质量发展。

（4）深化金融领域开放创新。金融服务是河南自由贸易试验区发展的短板。进一步扩大自由贸易试验区证券期货基金机构数量，引进外资股权投资管理机构、外资创业投资管理机构发起设立的人民币股权投资和创业投资者基金；促进金融租赁公司、融资租赁公司发展；河南自由贸易试验区在中国银行保险监督管理委员会政策范围内，应最大程度简化程序，下放行政许可权限，从机构准入、高管准入等方面着手，简化自由贸易试验区内外资银行业准入方式；借鉴《保监会：八项措施支持上海自由贸易试验区建设》，对河南自由贸易试验区保险体系从外资专业健康保险机构、保险公司在自由贸易试验区内设立分支机构开展人民币跨境再保险业务、保险机构开展境外投资试点、国际保险机构在自由贸易试验区开展业务、航空保险、创新保险产品这六方面入手下发鼓励引导措施。提升跨境人民币"全功能"，扩大人民币跨境使用范围，支持个人跨境人民币结算业务、跨境双向人民币资金池、人民币境外借款、区内企业的境外母公司在境内发行人民币债券、区内银行发放境外项目人民币贷款等，便利化跨境人民币结算，支持区内金融机构和企业境外发行人民币债券，鼓励所筹资金在境外使用；构建跨境资金流动风险的监测制度创新；加快完善社会信用监管体系制度创新。

（5）增强服务"一带一路"建设交通物流枢纽功能。在多式联运信息服务平台建设、海铁联运发展、大型物流集成商、口岸经济发展等方面进行制度创新。使中欧班列（郑州）形成"以运带贸、以贸促运、运贸互济"的良性态势。

第三，建立符合自由贸易试验区对外开放需求的统计体系。

以外资企业进入、外贸双向流量等关联统计工作为着力点，建立与市场监管、商务、人民银行等部门的协同合作机制，搭建符合自由贸易试验区特色的对外开放领域数据库，明确统计口径、方式、细致度。推动自由贸易试验区统计工作作为河南省统计工作专项，完善指标设置、统计口径、统计频率，及时对外公布自由贸易试验区的对外开放相关数据。方便相关部门根据数据分析结果，及时评估政策效果，更有针对性地将自由贸易试验区重点对外开放领域与河南省重点发展领域进行有机结合，在重点领域有针对性地制定政策，为对外开放提质增效。

第四，促进河南自由贸易试验区改革创新复制推广。

加强河南自由贸易试验区制度创新宣传和培训工作，加强与企业、投资者、纳税人等主体的联系沟通，聆听他们的意见和建议，使复制推广工作得到更多企业和其他社会主体的关注、回应、支持与配合。建立领导小组负责在全省复制推广并考核自由贸易试验区制度创新成果；在省级以上经济（技术）开发区、高新技术产业园区等特定功能区内扩大试点范围，开展特色化改革探索，打造"自由贸易试验区＋全省开放平台"联动发展格局。

王海杰　段平方

2021 年 3 月

目　录

综合篇

专题篇一：政府职能转变

专题篇二：投资领域开放与金融创新

专题篇三：贸易转型升级

专题篇四：服务"一带一路"与交通物流枢纽功能

综 合 篇

河南自由贸易试验区运行改革成效与经验

牛树海[①]

自由贸易试验区（Free Trade Zone，FTZ）是指在贸易和投资等方面比世界贸易组织有关规定更加优惠的贸易安排，在主权国家或地区的关境以内，划出特定的区域，准许外国商品豁免关税自由进出。实质上是采取自由港政策的关税隔离区。从 2013 年 9 月开始，到 2019 年 9 月，中国已经分多批次批准了 21 个自由贸易试验区，已经初步形成了"1+3+7+1+6+3"的基本格局，形成了东西南北中协调、陆海统筹的开放态势，推动形成了我国新一轮全面开放格局。河南自由贸易试验区自 2017 年 4 月 1 日挂牌成立以来，按照《中国（河南）自由贸易试验区总体方案》要求，以制度创新为核心，以可复制、可推广为基本要求，以风险防控为基本底线，在政府职能转变、投资贸易便利化、金融领域开放创新、法治化营商环境营造、现代立体交通体系和现代物流体系建设等方面积极探索、先行先试，成为河南省制度创新的高地和为全国、全省全面深化改革、扩大开放探索路径、积累经验、创造模式提供经验的试验田。

一、河南自由贸易试验区概况

2016 年 8 月 31 日，国务院正式批复设立中国（河南）自由贸易试验区。建立中国（河南）自由贸易试验区是党中央、国务院做出的重大决策，是新形势下全面深化改革、扩大开放和促进"一带一路"内外统筹发展的重大举措。中国（河南）自由贸易试验区，位于我国河南省的开封、洛阳及郑州境内，在 2017 年 4 月 1 日正式挂牌成立。在战略定位上，河南自由贸易试验区的核心为制度创新，要求是可复制推广，建设连接东西、贯通南北的现代物流体系及立体交通体系，使河南自由贸易试验区成为"一带一路"建设服务的现代综合性的交通枢纽，成为内陆开放型经济示范区，以及全面改革开放的试验田。按照《中国（河南）自由贸易试验区总体方案》，中国（河南）自由贸易试验区的实施范围为 119.77 平方千米，设立郑州、开封、洛阳 3 个片区，如表 1 所示。

---

① 牛树海，博士，郑州大学商学院学科办主任、副教授、博士生导师。

表 1　中国（河南）自由贸易试验区分区比较

分布情况	面积（平方千米）	发展重点
郑州	73.17	智能终端、高端装备及汽车制造、生物医药等先进制造业以及现代物流、国际商贸、跨境电商、现代金融服务、服务外包、创意设计、商务会展、动漫游戏等现代服务业
开封	19.94	服务外包、医疗旅游、创意设计、文化传媒、文化金融、艺术品交易、现代物流等服务业
洛阳	26.66	装备制造、机器人、新材料等高端制造业以及研发设计、电子商务、服务外包、国际文化旅游、文化创意、文化贸易、文化展示等现代服务业

　　郑州片区实施范围为 73.17 平方千米（含河南郑州出口加工区 A 区 0.89 平方千米、河南保税物流中心 0.41 平方千米），该片区重点发展智能终端、高端装备及汽车制造、生物医药等先进制造业以及现代物流、国际商贸、跨境电商、现代金融服务、服务外包、创意设计、商务会展、动漫游戏等现代服务业，在促进交通物流融合发展和投资贸易便利化方面推进体制机制创新，打造多式联运国际性物流中心，发挥服务"一带一路"建设的现代综合交通枢纽作用，全面增强国内辐射力、国内外资源整合力，承载引领中原城市群发展和支撑中部地区崛起的使命，加快建设国家中心城市。

　　开封片区实施范围为 19.94 平方千米，规划为中央商务中心、文创艺谷、健康乐谷、高新智造谷、创智孵化谷、国际物流港、国际商务信息港"一心四谷两港"的产业布局。开封片区重点发展服务外包、医疗旅游、创意设计、文化传媒、文化金融、艺术品交易、现代物流等服务业，提升装备制造、农副产品加工国际合作及贸易能力，构建国际文化贸易和人文旅游合作平台，打造服务贸易创新发展区和文创产业对外开放先行区，促进国际文化旅游融合发展。

　　洛阳片区实施范围为 26.66 平方千米，以打造改革创新活力源、双向开放先行区、高质量发展增长极为目标，涵盖洛阳高新技术产业开发区、洛阳国家大学科技园，位于洛阳地理位置最核心、经济发展最具活力、政策改革最前沿的区域，重点发展装备制造、机器人、新材料等高端制造业以及研发设计、电子商务、服务外包、国际文化旅游、文化创意、文化贸易、文化展示等现代服务业，提升装备制造业转型升级能力和国际产能合作能力，打造国际智能制造合作示范区，推进华夏历史文明传承创新区建设。其战略定位为凸显双向开放，聚焦服务贸易，引领制度创新，优化营商环境，打造宜业宜居新城。

二、河南自由贸易试验区运行改革成效

　　根据《中国（河南）自由贸易试验区总体工作方案》，河南自由贸易试验区运行改革领域主要包括五个方面：加快政府职能转变；扩大投资领域开放；推动贸易转型升级；深化金融领域开放创新；增强服务"一带一路"建设的交通物流枢纽功能。

因此，主要从两个方面衡量中国（河南）自由贸易试验区运行改革成效：中国（河南）自由贸易试验区获得成果和改革创新事项复制推广成效。

（一）河南自由贸易试验区获得成果

根据第三方评估，在 2019 年，《中国（河南）自由贸易试验区总体方案》160 项改革试点任务已完成 150 项，五大专项服务体系 106 项任务举措已实施完成 98 项。在探索建立"多评合一、统一评审"新模式、完善外贸发展载体、开展多式联运先行示范、研究境外所得税收抵免的税收政策等领域方面的 12 项改革举措属全国首创，打造了以"一网通办"前提下"最多跑一次"为核心的政务服务体系品牌，推动商事登记改革走在全国前列，直接参与国家"证照分离"改革全覆盖试点的顶层设计和方案起草，在全国率先试点企业登记身份管理实名验证。

1. 政府职能进一步有效转变

行政效率显著提高。针对项目准入审批阶段涉及多个部门多个审批事项、各部门分别办理、审批时间较长的问题，自由贸易试验区精简投资项目准入阶段的相关手续，探索建立"多评合一、统一评审"的新模式。针对证照数量多、需要跑多个部门、准备多套材料、办事手续烦琐等问题，深化商事制度改革，全面实施"五证合一、一照一码"登记制度，探索实行"多证合一"模式。针对企业办理商事登记业务必须到工商登记窗口办理的问题，自由贸易试验区积极推动工商登记全程电子化和使用电子营业执照。

郑州片区通过推进"放管服"改革，实施"企业开办一站通"服务，综合服务中心设立电子口岸、获得电力等 67 个办事窗口、自助设备，市场监管、公安、税务、商务、银行等部门加强联动协作，企业只需要一次提交材料，最快半小时便可以一次性领取营业执照等企业开办相关手续；实施集群注册服务，出台《集群注册登记管理办法》，创建"区内注册、区外运营"的新路径，挂牌设立"企业服务中心"，集群注册线上服务平台上线，试行"虚拟注册"模式，同时积极吸引国际创客注册，形成集群注册"国际社区"。开封片区对标国际、先行先试，率先推出营商环境评估指标体系，大力改善营商环境，2018～2019 年，营商环境全球模拟排名高于国内平均水平。通过开展企业投资项目承诺制改革，企业投资申请材料减少至 27 项、压缩 80% 以上，项目准备时间由半年以上缩短至 10 个工作日左右，获批国家级政务服务标准化试点项目，成为全国自由贸易试验区唯一的试点单位。洛阳片区以"数据共享交换平台"为基础，整合优化现有的门户网站和政务服务平台，成功上线运行企业专属综合服务平台，为企业提供一站式公共服务、专属定制服务、VIP 服务和精准服务，通过实施"一枚印章管审批、一支队伍管执法、一个专网搞服务"的"三个一"放管服改革，实现"网上可办"和"一网通办"100% 达标。

市场监管机制进一步完善。河南自由贸易试验区强化事中事后监管机制，全面推行"双随机、一公开"制度，明确属地监管权限，切实落实监管职责。主动加强经营行为监管，积极引导企业自律，加强社会监督，降低市场交易风险。郑州片区创新监管服务体系，提高贸易便利化水平。建立跨境电商零售进口正面监管模式、"风险画像"监管模式、企业资质验核管理等创新监管模式。开封片区"建设项目联合精准监管"入选住房和城乡建设部第一批工程建设项目审批制度改革经验。洛阳片区运用物联网、信息技术手段，创新"互联网＋全景综合执法"模式，实现"双随机、一公开"监管全覆盖，全程电子化办件率已达85%以上。

2. 投资开放成果进一步增加

通过精准实施市场准入，划清外商投资负面清单应用边界，在风险可控的前提下明确负面清单审批管理，优化证照审批，上线企业登记实名验证系统，提升企业注册便利化的同时，有效解决虚假注册现象，落实"证照分离"改革全覆盖，细化实施改革举措和事中事后监管措施，优化项目投资审批，推进企业投资项目承诺制等，形成了开放、透明、简便的投资管理制度，显著增强了企业落户吸引力。挂牌以来，全区累计新设企业超过8万家，如表2所示。

表2　挂牌前后投资开放成效

地区	入驻企业（家）		利用外资（亿美元）		进出口（亿元）	
	挂牌后	挂牌前	挂牌后	挂牌前	挂牌后	挂牌前
郑州	72000	16000	18.04	9.50	635.80	489.08
开封	5677	183	—	—	—	—
洛阳	3516	767	4.67	3.90	34.09	12.95

郑州片区发挥河南省投资贸易洽谈会、招才引智大会、中国（北京）国际服务贸易交易会等平台作用，开展自由贸易试验区推介，举办自由贸易试验区国际物流金融洽谈会，赴迪拜、新加坡组织自由贸易试验区政策推介，大力宣传推介片区发展优势和产业政策。世界500强日本住友、美国利宝保险、世邦魏理仕，独角兽APUS全球第二总部、宝能郑州中心等一批项目落地建设。郑州片区内有企业主体约7.2万家，其中自由贸易试验区成立后新设立企业约5.6万家，占比77%，郑州片区累计实际利用外资18.04亿美元、进出口额635.8亿元、税收1064.7亿元，分别是自由贸易试验区成立前的1.9倍、1.3倍、2.1倍。

洛阳片区积极推行负面清单管理模式，施行外商登记制度改革。深入实施负面清单管理模式。对外商投资企业实行准入前国民待遇加负面清单制度，对负面清单之外的领域，外商投资企业设立和变更实行备案管理，无须取得外商投资企业批准证书即可申请营业执照。负面清单管理模式确立以来，利用自由贸易试验区的市场准入制度优势，吸引了以美国传奇影业等为代表的新业态外资企业入驻。实施"证照分离"改革全覆盖，"证照分离"改革有效解决了"办照容易办证难""准入不准营"等问题，大幅缩减了企业从办证照到营业的时间。洛阳片区新设立企业 2749 家，实际利用外资 4.67 亿美元，实现外贸进出口总额 34.09 亿元，分别占洛阳市总数的 9.77%、16.27% 和 23.89%，较挂牌前相比，分别增长了 358.41%、19.74% 和 163.24%。

开封片区以开放平台建设为重点，围绕产业发展延链强链，开展精准招商，狠抓项目建设，构建上下游协同发展产业体系。开封片区现有企业 5677 户，较挂牌前增长 30 倍，注册资本 944.85 亿元，比挂牌前（47.83 亿元）增长 18.75 倍，外资企业数量是挂牌前的 28 倍。

3. 贸易转型升级进一步加快

在贸易便利化方面，拓展国际贸易"单一窗口"功能，增加出口退税、口岸收费查询、减免税及后续申报等功能，实现原产地证书申领、出口退税等全流程电子化，优化口岸通关服务，建立全天候便捷通关模式，货物 12 小时内完成口岸分拨、保税入区、区内分拣、征税出区等货物通关手续；检疫审批实现全流程无纸化，审批时限由 10 个工作日缩短至 5 个工作日；实施仓储货物按状态分类监管，提升企业仓储利用率；大力发展贸易新模式，开通跨境电商洲际包机航线，建立了简约、便利、高效的贸易便利化体系，扩大了贸易规模，贸易结构进一步转型升级。

郑州片区大力发展以智能手机、汽车及零部件等为代表的加工贸易，积极发展跨境电商等新兴外贸业态，郑州新郑综合保税区跨境电商出口商品单量及货值出口增加，商品发往全世界 77 个国家和地区。2020 年 1～5 月，郑州片区实现外贸进出口额累计 79 亿元，同期增长 6.6%，增幅分别高于全国、全省 11.05%、0.5%。

洛阳片区成立以来外贸进出口额持续提升，片区外贸进出口额占全市比重也不断增加。2019 年全年片区实现外贸进出口总额 34.09 亿元，占全市的 22.05%，而挂牌前这一比例为 11.18%，洛阳片区挂牌三年以来外贸进出口总额将近翻一番。随着洛阳片区对外贸易的不断发展，全区经济外向度也得到显著提升。2019 年全区经济外向度为 21.24%，较挂牌前高出 7.3 个百分点，较全市 3.07% 高出 18.17 个百分点。

开封片区通过开展 19 项海关基础业务为企业开展进出口业务减免关税、推动河南省电子口岸入网联审优化改革，为企业进出口缩短时间，设立离境退税文创商店，创新形成"跨境电商＋农产品＋海外仓"贸易模式等。为企业减免进口国关税近 1 亿元，2019 年前 10 个月，自由贸易试验区开封片区有进出口业务的外贸企业达 58 家，占全市有进出口业务外贸企业总数的 27%。开封片区跨境电子商务发展中心已服务企业 28 家，实现进出口额 1.5 亿元。

4. 金融开放能力进一步提升

中国（河南）自由贸易试验区加快对民营企业和外资有序开放，民营控股和参股证券期货法人机构数量不断上升。支持发展总部经济，对于外汇资金集中运营管理的准入条件由本外币国际收支规模超过 1 亿美元调整为超过 5000 万美元，放宽跨国公司外汇资金集中运营管理准入条件。逐步允许境外企业参与商品期货交易，郑州商品交易所PTA期货引入境外交易者，拓展跨境电子商务金融服务，在"了解你的客户""了解你的业务"和"尽职审查"三原则基础上，凭区内机构和个人提交的收付款指令，直接办理经常项下和直接投资项下的跨境人民币结算业务。推动跨境电子商务线上融资及担保方式创新，鼓励保险机构发展出口信用保险，拓宽服务领域。渣打银行和汇丰银行已经在自由贸易试验区内设立分支机构。

郑州片区优化金融服务体系，服务实体经济的能力进一步提升。郑州商品交易所启动交易所商品指数期货资管计划，实现了红枣、尿素期货的品种创新，打造郑州商品交易所综合服务平台。金融领域实现多个省内及国内"首个""首次"，即首个实施PTA期货引入境外交易者，首次实施飞机转租赁业务跨境跨区公海交付，首个推行银行网点代办企业登记业务，首个推行"一站式"全流程金融综合服务。新引进持牌类金融机构39家，累计入驻金融机构444家。

洛阳片区挂牌以来致力于实现区内金融供给多元化，推动金融业保持平稳健康发展。一是更多区内企业上市，深度参与资本市场融资。目前洛阳涧光石化设备有限公司、洛阳众智软件有限公司过会材料已按时间节点报送至省证监局、证监会。洛阳鑫光锂电科技有限公司四板交易板工作正在推进。主板上市企业4家，占全市的36%，位居全市第一。二是扩大区内金融开放，实现金融供给多元化发展。仅2019年一年区内新增金融及类金融机构共计19家，新增注册资本6.69亿元；新增类金融企业，行业涉及股权投资、融资租赁、商业保理、不良资产处置、金融服务等类型，其中包括区内首家外资融资租赁企业——河南华川融资租赁有限公司和区内首家商业保理公司——河南坤宝商业保理有限公司。2019年，共有15家金融机构以及47家类金融企业，注册资本共计159.62亿元。

开封片区先行先试开展特色金融服务，提供了丰富多样的金融产品服务，有力促进了贸易自由化、投资便利化、金融国际化。成立了全省首家自由贸易试验区银行——农行开封自贸试验区支行，中国银行、工商银行、建设银行、浦发银行等8家银行和河南豫资芯鑫融资租赁有限责任公司、河南省中原小额贷款有限公司、河南虹石豫酒振兴产业基金、河南赛泽股权投资基金管理有限公司、河南农投金融服务有限公司、河南大河财立方商业保理有限公司等相继入驻。截止到2019年上半年，开封片区已吸引入驻金融类企业66户。

5. 交通枢纽功能进一步完善

积极推动空中、陆上、网上、海上四条丝绸之路协同发展，交通物流枢纽地位不断增强。河南自由贸易试验区打造了以郑州为亚太枢纽、以卢森堡为欧美枢纽的"双枢纽"战略合作模式，连续三年成功举办"空中丝绸之路"经贸活动，大力拓展航线，郑州至卢森堡的航班由每周2班加密至每周18班，通航点由郑州、卢森堡等3个增加至芝加哥、米兰、亚特兰大、伦敦、吉隆坡、新加坡等14个，航线覆盖欧美亚三大洲的23个国家100多个城市。目前郑州机场客货运航线分别达到173条和44条，客货运吞吐量连续三年保持中部地区双第一，郑州机场国际货邮吞吐量居全国第四位；中欧班列（郑州）目前达到每周 18 去 11 回，打造出数字班列、恒温班列、运贸一体化等河南特色"名片"，3 年累计开行 2253 班，累计货值达到 93.2 亿美元，综合指标在全国名列前茅。积极对接海上丝绸之路，打造河南陆上、海上丝路交汇枢纽，郑州国际陆港"一干三支"铁海公多式联运通过国家验收，2 个国家级、12 个省级多式联运示范工程加快实施，多式联运信息平台功能不断完善，截至 2019 年底，已累计开行铁海联运班列 1100 余列。

增强服务"一带一路"建设的交通物流枢纽功能，鼓励企业间联盟合作，成立了中原地区多式联运企业联盟，河南中原铁道物流有限公司、中国铁路郑州局集团有限公司郑州车务段、河南省机场集团、邮政 EMS、顺丰快递、青岛港捷运通物流有限公司等十几家大型物流企业成为联盟首批创建单位，率先突破陆空联运、公铁联运，试点推进快件空铁联运。打造多式联运国际性物流中心，河南省机场集团与卢森堡国际货运航空等成立国际物流数据标准联盟，陆空联运方面，大力发展"卡车航班"，空陆联运支撑能力持续加强，公铁联运方面，持续加密中欧班列、中亚班列、东盟班列的开行密度。推进跨方式技术装备标准化，出台跨方式标准装备推广使用政策，实施国际标准集装箱运输车辆高速公路通行费优惠政策，鼓励企业应用国际标准集装箱开展运输服务。推广应用托盘、集装箱等标准运载单元，加大装备研发力度，在省级多式联运示范工程实施过程中，引导企业使用集装箱等标准运载单元。围绕服务"一带一路"建设，进一步简化检验检疫程序，提高通关效率。通过 e–CIQ 主干系统，进出口食品、农产品及水产品由过去"批批检验"转变为"双随机"布控检验。发挥进口食品农产品指定口岸作用，探索食品、农产品及水产品的快速检验检疫模式。建立实施受理—审评查验—审批简易程序，实现环节减少、质量可控，办理时限与法定时限相比压缩 1/3，极大地方便了企业和群众，优化了药品、保健食品、化妆品、医疗器械的审评审批程序。

（二）河南自由贸易试验区改革创新事项复制推广成效

可复制可推广是自由贸易试验区创新的基本要求，可复制可推广程度也是衡量中国（河南）自由贸易试验区运行成效的重要标志。河南自由贸易试验区成立以来，已经形成了 200 多项创新成果，"跨境电商零售进口退货中心仓模式""跨境电商零售进口正面监管模式""一码集成服务""企业简易注销'单一窗口'"和"'信贷＋信用'普惠金融模式解决中小企业融资难题"5 项创新向全国推广。"三十五证合一"、"证照分离"改革、企业登记全程电子化、名称自主申报、简易注销等 47 项改革创新事项已在河南全省推广实施，"三十五证合一"为商事登记领域率先探索，1210"网购保税"进出口监管服务模式为全国首创，被世界海关组织作为全球推广的示范样板。

为了进一步扩大自由贸易试验区制度创新成效，2020 年河南自由贸易试验区最佳实践案例已经正式发表（见表 3），在全省复制推广后，将能够大幅度缩短企业审批时间、降低企业办事成本、减少企业办事程序，为企业提供更多个性化的服务，大力改善河南省营商环境，实现河南自由贸易试验区"为国家试制度、为地方谋发展"的目标，取得良好的实践效果。

表3　2020年河南自由贸易试验区最佳实践案例

地区	政务服务	投资管理	金融服务	多式联运	事中事后监管
郑州	国有土地出让考古前置改革，企业集群注册新模式	跨境电商零售进口退货中心仓模式，邮政口岸"三关合一"监管模式	—	建立中欧班列运邮进出口双向集散通道	—
开封	企业开办"照章税保"联办，便企简易注销	建设项目水、电、气、暖"现场一次联办"模式，企业投资项目承诺制，区域规划环评和差别化清单分类管理，涉企土地测绘"多测合一"	构建自贸试验区进出口企业二元多维评价体系	—	建设工程规划许可告知承诺＋精准监管
洛阳	破解民营经济职称评审瓶颈，企业专属服务V3.0版，推行"多证集成、一照通行"改革助力市场主体快入准营	"四链融合"促进洛阳老工业基地转型升级，优化食品生产许可证办理模式	"信贷＋信用"普惠金融模式	—	创新无仓储危化品经营企业管理服务新模式
其他	破解民营经济职称评审瓶颈，企业开办"照章税保"联办、便企简易注销	企业投资项目承诺制，区域规划环评和差别化清单分类管理，涉企土地测绘"多测合一"	标准仓单买断式回购交易	郑州机场航空电子货运试点、快件公铁空联运试点	建设工程规划许可告知承诺＋精准监管

一是缩短了时间。"国有土地出让考古前置改革"平均为企业节省审批时间30天以上；"跨境电商零售进口退货中心仓模式"缩短了消费者实际退货时间；"邮政口岸'三关合一'监管模式"满足了跨境电商企业快速通关需求；"企业开办'照章税保'联办"简化企业开办环节，平均开办时间控制在2个工作日，申请材料压缩40%以上；"企业投资项目承诺制"减少了企业投资建设前期时间；"建设工程规划许可告知承诺＋精准监管"为建设单位平均节省30个工作日；"推行'多证集成、一照通行'改革"助力市场主体快入准营，大幅缩短了市场主体办理时限、降低了办理成本；"优化食品生产许可证办理模式"缩短了企业从申报到投产的时间。

二是降低了成本，增强了竞争力。"跨境电商零售进口退货中心仓模式"有效降低了电商企业退货仓储成本；"企业集群注册新模式"放宽住所登记条件、简化登记手续、规范管理和服务，平均为每家企业节约相关费用约8000元；"涉企土地测绘'多测合一'"聚焦工程建设项目，降低涉企土地费用，缩短时间。

三是减少了程序，方便了企业。"便企简易注销"全面提升了企业注销办事体验；"建设项目水、电、气、暖'现场一次联办'模式"实施建设项目水、电、气、暖"一站式""零跑趟"上门服务，"建立中欧班列运邮进出口双向集散通道"解决进口邮件通关、封存、运载等问题。

四是解决了差异化问题。"区域规划环评和差别化清单分类管理"助推建设项目承诺制等创新制度的实施；"构建自贸试验区进出口企业二元多维评价体系"能够使企业享受差异化金融服务；"'四链融合'促进洛阳老工业基地转型升级"实现了产业智能升级，推动了企业做大做强，激发了产业经济活力；"破解民营经济职称评审瓶颈"营造了有利于民营企业人才成长的良好环境；"企业专属服务 V3.0 版"实现了区内企业"政策、人才、资金、市场、服务"精准推送；"'信贷＋信用'普惠金融模式"解决中小微企业融资难题和有效缓解中小微企业双创资金难题；"创新无仓储危化品经营企业管理服务新模式"实现了风险可控、活跃了石化市场。

三、河南自由贸易试验区运行存在问题

（一）河南自由贸易试验区运行成效有待提升

在行政管理和政务服务方面，知识产权保护和服务能力有待提升，河南自由贸易试验区尚未完成知识产权"三合一"改革，对专利、商标、版权管理和执法滞后，知识产权公共服务平台服务不完善，缺乏跨部门知识产权执法协作机制，需要建立知识产权申请、托管、交易、维权、质押融资等一站式服务，推动知识产权服务业发展。综合行政执法体系建设不成熟，尚未整合工商、质监、食药监等行政处罚权，成立综合执法机构，建立统一的体系。守信激励和失信惩戒机制的支持不足，宣传欠缺，联合奖惩备忘录缺乏有效整合，信用信息共享和利用不充分。

在投资开放方面，存在利用外资质量不高、投资开放规模不大问题。企业"走出去"步伐较慢，缺少服务平台，境外投资服务体系尚不完善，境外投资与国际接轨不深。

在贸易转型升级方面，保税货物流转管理系统尚不完善，货物流转便利化程度低，大宗商品交易尚未形成一定规模，交易不活跃，企业开展业务较少，有效的外汇监管制度尚未形成；服务外包企业规模小、数量少，行业分布集中、业务类型单一，服务外包人才不足和龙头企业缺乏；转口贸易业务类型有限，金融风险控制等配套政策不完善。需要整合现有监管资源，拓宽信息采集渠道，建立多维度事中事后风险监测、评估和预警机制，进一步加强风险防控管理。

在深化金融领域开放创新方面，自由贸易试验区证券期货基金机构数量较少，缺少外资股权投资管理机构、外资创业投资管理机构发起设立的人民币股权投资和创业投资者基金；金融租赁公司、融资租赁公司发展不活跃。需要提升跨境人民币"全功能"，扩大人民币跨境使用范围，支持个人跨境人民币结算业务、跨境双向人民币资金池、人民币境外借款、区内企业的境外母公司在境内发行人民币债券、区内银行发放境外项目人民币贷款等，增加便利跨境人民币结算，支持区内金融机构和企业境外发行人民币债券，鼓励所筹资金在境外使用，加强对新型金融风险防范、互联网金融监管等具体金融业态的监管。

在增强服务"一带一路"建设交通物流枢纽功能方面，存在多式联运信息服务平台建设滞后、海铁联运发展滞后、大型物流集成商缺少、口岸发展水平较低且不均衡等问题。中欧班列（郑州）还未形成"以运带贸、以贸促运、运贸互济"的态势，竞争力有待提升。

（二）河南自由贸易试验区改革创新事项复制推广成效有待提高

作为全国改革创新的"试验田"，改革创新举措和案例能够在全国和全省复制推广数量是衡量自由贸易试验区运行成效的重要指标，自运行以来，河南自由贸易试验区已经有5项改革创新举措在全国推广复制，47项在全省推广复制。但横向比较，在改革创新复制推广规模方面，与第一、第二批自由贸易试验区甚至同批自由贸易试验区比较，河南自由贸易试验区改革创新向全国和全省复制推广[①]数量较少，如表4所示。

表4　"1+3+7"自由贸易试验区创新成果全国和全省（直辖市）复制推广情况

单位：项

	上海	广东	福建	天津	河南	浙江	辽宁	四川	湖北	重庆	陕西
全国	328	44	40	37	5	28	12	9	17	6	16
全省	—	122	156	230	47	—	88	55	132	56	53

资料来源：笔者根据网上资料整理。

资料显示，上海自由贸易试验区自2013年挂牌运行以来，外商投资负面清单、国际贸易"单一窗口"、自由贸易账户、证照分离等328项制度复制推广到全国。福建自由贸易试验区自2015年4月挂牌运行以来，推出16批共466项创新举措，已经有40项创新成果在全国复制推广，156项创新成果在福建全省复制推广。广东自由贸易试验区自挂牌运行以来，推出了527项改革创新举措、202项制度创新案例，其中44项改革创新成果在全国复制推广，122项在广东全省复制推广。天津自由贸易试验区自挂牌运行以来，累计推出实施428项制度创新举措，其中37项改革创新举措在全国复制推广，230项向天津全市和相关区域复制推广。

---

① 全国复制推广包括：以国务院发函等方式集中复制推广的自由贸易试验区改革试点经验、由国务院自由贸易试验区工作部际联席会议办公室总结印发供各地借鉴的"最佳实践案例"和各部门自行复制推广的改革试点经验。

四川自由贸易试验区探索形成 700 余项改革创新举措，9 项创新成果在全国复制推广，55 项在全省复制推广。重庆自由贸易试验区 6 项创新经验举措在全国复制推广，56 项在重庆全市复制推广。辽宁自由贸易试验区 12 项创新经验举措在全国复制推广，88 项在辽宁全省复制推广。湖北自由贸易试验区 17 项创新经验举措在全国复制推广，132 项在湖北全省复制推广。浙江自由贸易试验区 28 项创新经验举措在全国复制推广。陕西自由贸易试验区 16 项创新成果在全国复制推广或得到国务院和相关部委通报表扬，53 项改革创新成果在陕西全省复制推广。

在以国务院发函等方式集中复制推广的六批自由贸易试验区改革试点经验项目中，第一、第二、第三批向全国复制推广的改革试点经验共计 123 项，均来自第一、第二次获批的中国（上海）自由贸易试验区、中国（广东）自由贸易试验区、中国（天津）自由贸易试验区、中国（福建）自由贸易试验区。

第四、第五、第六批改革试点经验复制推广的改革事项共 86 项，浙江自由贸易试验区的"简化外锚地保税燃料油加注船舶入出境手续""外锚地保税燃料油受油船舶便利化海事监管模式""保税燃料油供油企业信用监管新模式""保税燃料油供应服务船舶准入管理新模式""进境保税金属矿产品检验监管制度""外锚地保税燃料油受油船舶'申报无疫放行'制度""国际船舶进出境'一单多报'""保税燃料油跨港区供应""进口粮食检疫监管措施""进境保税油检验监管制度"10 项入选。辽宁自由贸易试验区的"保税混矿监管创新""进境粮食检疫全流程监管""优化涉税事项办理程序，压缩办理时限""实施船舶安全检查智能选船机制""出入境人员综合服务'一站式'平台""飞机行业内加工贸易保税货物便捷调拨监管模式""进出口商品智慧申报导航服务""出版物发行业务许可与网络发行备案联办制度""多领域实施包容免罚清单模式"9 项入选。四川自由贸易试验区的"公证'最多跑一次'""生产型出口企业出口退税服务前置""中欧班列集拼集运模式""空铁联运一单制货物运输模式""增值税小规模纳税人智能辅助申报服务""企业'套餐式'注销服务模式""冰鲜水产品两段准入监管模式""分布式共享模式实现'银政互通'"8 项入选。湖北自由贸易试验区的"船员远程计算机终端考试""货物贸易'一保多用'管理模式""股权转让登记远程确认服务"3 项入选，如表 5 所示。

表 5　国务院第四、第五、第六批自由贸易试验区改革试点经验项目情况

地区	第四批	第五批	第六批
辽宁	"保税混矿监管创新"	"进境粮食检疫全流程监管""优化涉税事项办理程序，压缩办理时限""实施船舶安全检查智能选船机制"	"出入境人员综合服务'一站式'平台""飞机行业内加工贸易保税货物便捷调拨监管模式""进出口商品智慧申报导航服务""出版物发行业务许可与网络发行备案联办制度""多领域实施包容免罚清单模式"

续表

地区	第四批	第五批	第六批
浙江	"简化外锚地保税燃料油加注船舶入出境手续""外锚地保税燃料油受油船舶便利化海事监管模式""保税燃料油供油企业信用监管新模式""保税燃料油供应服务船舶准入管理新模式""进境保税金属矿产品检验监管制度""外锚地保税燃料油受油船舶'申报无疫放行'制度"	"国际船舶进出境'一单多报'""保税燃料油跨港区供应""进口粮食检疫监管措施""进境保税油检验监管制度"	
河南	—	—	"跨境电商零售进口退货中心仓模式""建设项目水、电、气、暖现场一次联办模式"
湖北	—	—	"船员远程计算机终端考试""货物贸易'一保多用'管理模式""股权转让登记远程确认服务"
重庆	"四自一简"	—	
四川	—	"公证'最多跑一次'""生产型出口企业出口退税服务前置""中欧班列集拼集运模式"	"空铁联运一单制货物运输模式""增值税小规模纳税人智能辅助申报服务""企业'套餐式'注销服务模式""冰鲜水产品两段准入监管模式""分布式共享模式实现'银政互通'"
陕西	"铁路运输方式舱单归并新模式"	—	

资料来源：笔者根据网上资料整理。

河南只有"跨境电商零售进口退货中心仓模式""建设项目水、电、气、暖现场一次联办模式"两项入选，低于同为第三批获批的浙江、辽宁、四川和湖北自由贸易试验区。

四、河南自由贸易试验区运行改革经验

（一）核心是制度创新

我国改革已经进入深水区，推动新一轮更高水平的开放，深化更高标准的改革，实现更高质量的发展，既是对自由贸易试验区的要求，也是自由贸易试验区进行试验的意义。经济特区主要依赖于资源、优惠的税收和土地红利实现了高速发展，自由贸易试验区不再是依靠税收的洼地而发展，而是成为政策的高地而发展。也就是说，自由贸易试验区不是依靠税收优惠来吸引国内外的投资贸易，其主要吸引力是简化行政审批手续，服务于国家制度创新去突破现有制度的束缚。为进一步彰显自由贸易试验区的试验田作用，立足于"大胆试、大胆闯、自主改"，以制度创新为核心推进自由贸易试验区全面发展，通过不断改革推进制度不断创新，切实解决改革创新中遇到的制度障碍与实际问题，增强市场活力，提升发展动力。

（二）关键是政府职能转变

要实现制度创新，激发市场活力，充分发挥市场在资源配置上的决定性作用和更好发挥政府作用，就必须处理好政府和市场的关系，政府职能重心应由传统投资建设型向服务监管型转变，建立法治政府和服务型政府，着力做好公共服务与市场监管。[①]不管是郑州片区的"服务八同步、拿地即开工"项目建设模式、企业登记身份管理实名验证系统，还是开封片区企业投资项目承诺制、区域整体评勘，以及洛阳片区邀请企业群众当考官等一系列创新举措，其本质都是政府职能发生了根本性转变，既能够通过构建市场主体自律、业界自治、社会监督、政府监管互为支撑的四位一体监管格局，加强事中事后监管，保证监管的有效性，又能够通过"放管服"，推动投资、贸易便利化，提高行政审批效率，释放企业和市场活力。

（三）底线是经济、金融与产业安全

自由贸易试验区的本质就是通过改革进一步开放，开放意味着更多的外资企业进入，这会对我国经济安全和产业供应链安全形成一定的威胁。一方面要优化完善事后监管机制；另一方面要建立外资安全审查机制，未雨绸缪，提前做好外资进入对产业冲击和各种数据泄露的准备，在开放与安全之间做好平衡。同时，通过科技创新从源头上补链强链，依靠产业链集成创新进一步稳链固链，提升产业链供应链先进性、稳定性和竞争力，引领产业高质量发展。

（四）基础是差异化优势

河南自由贸易试验区与其他沿海地区自由贸易试验区相比较，科技创新、人力资本、金融发展水平等均处于相对弱势地位，只有围绕着成为服务"一带一路"建设的现代综合性交通枢纽，成为内陆开放型经济示范区，以及全面改革开放的试验田的战略定位，才能形成自身的核心竞争力，充分发挥自身的特色优势。

不管是多式联运"一单制"，还是"提单质押＋货物监管＋担保"模式，以及郑

[①] 陈奇星，容志. 自贸试验区建设中政府职能转变的突破与创新研究［M］. 上海：上海人民出版社，2017.

州机场多式联运数据交易服务平台、中欧国际多式联运综合服务信息平台、"买卖全球网"、"河南商事大数据平台"上线运行，都是河南自由贸易试验区发挥差异化优势，实现更高水平开放和发展的体现。同时，郑州、洛阳、开封三个片区也注重强化各自特色，寻求差异化的协调发展，实现有序分工、优势互补和品牌效应，形成河南自由贸易试验区的整体合力。

（五）保障是法制完善

自由贸易试验区作为一个新生事物，必须具有法制保障。《中国（河南）自由贸易试验区管理试行办法》于 2017 年 2 月 21 日公布，从管理体制、投资管理、贸易便利化、金融财税管理、现代交通物流体系与"一带一路"建设、综合管理与服务、法制环境等方面进行了行政方面的保障，并正在推进《中国（河南）自由贸易试验区条例》立法工作，从而完善河南自由贸易试验区建设与发展的法律制度，能够明确河南自由贸易试验区建设主体的权利义务，保护其合法权益，保障河南自由贸易试验区向更高层次发展。在自由贸易试验区设立了自由贸易试验区法庭，为自由贸易试验区建设提供司法保障。

参考文献

[1] 赖伟娟，廖志明. 我国自贸试验区贸易便利化改革的实践经验与借鉴——以上海、广东、天津、福建自贸试验区为例 [J]. 特区经济，2020（3）：78 - 81.

[2] 武剑，谢伟. 中国自由贸易试验区政策的经济效应评估——基于 HCW 法对上海、广东、福建和天津自由贸易试验区的比较分析 [J]. 经济学家，2019（8）：75 - 89.

[3] 叶霖莉. 中国（福建）自由贸易试验区经济效应研究——基于反事实分析法的实证测度 [J]. 集美大学学报（哲学社会科学版），2019（2）：64 - 74.

[4] 佟家栋. 中国自由贸易试验区的改革深化与自由贸易港的建立 [J]. 国际商务研究，2018（1）：13 - 18 + 85.

[5] 黄启才. 自由贸易试验区政策溢出效应的个案研究 [J]. 经济纵横，2017（5）：92 - 98.

[6] 李西娜. 中国（福建）自由贸易试验区厦门片区制度创新研究 [D]. 厦门：集美大学硕士学位论文，2016.

[7] 黄梅波，陈冰林. 福建自贸试验区成立下两岸金融合作的探讨和展望 [J]. 东南学术，2015（5）：111 - 118.

[8] 张蕙，黄茂兴. 福建自贸试验区与 21 世纪海上丝绸之路核心区的融合发展分析 [J]. 福建师范大学学报（哲学社会科学版），2015（4）：1 - 7 + 14 + 170.

[9] 俞建群，王媛媛. 经济新常态下福建自由贸易试验区发展路径探索 [J]. 福建师范大学学报（哲学社会科学版），2015（4）：8 - 14 + 170.

［10］方友熙. 论"一带一路"下的福建自由贸易试验区发展战略［J］. 福建论坛（人文社会科学版），2015（6）：177 - 181.

［11］林晓伟，李非. 福建自贸试验区建设现状及战略思考［J］. 国际贸易，2015（1）：11 - 14 + 35.

［12］吕进中，杨少芬，赵晓斐等. 中国自由贸易试验区金融改革创新比较研究——福建视角［J］. 福建金融，2018（7）：4 - 9.

［13］叶修群. 自由贸易试验区与经济增长——基于准自然实验的实证研究［J］. 经济评论，2018（4）：18 - 30.

［14］王智烜，王雪，邓力平. 自由贸易试验区税收效应评析——以福建为例［J］. 税务研究，2017（9）：58 - 63.

［15］黄启才. 自由贸易试验区设立推动地区经济发展了吗？——以福建为例的合成控制法研究［A］. 中华外国经济学说研究会. 外国经济学说与中国研究报告（2017）［C］. 中华外国经济学说研究会，2016：397 - 410.

［16］王春丽. 福建自由贸易试验区视野下推进闽台经贸合作的思路与对策［J］. 现代台湾研究，2016（4）：60 - 66.

［17］福建社会科学院课题组，李鸿阶. 深化福建自由贸易试验区与台湾自由经济示范区对接合作研究［J］. 亚太经济，2016（3）：130 - 136.

［18］郭爱军，陆丽萍. 广东、天津、福建自由贸易试验区改革进展及对上海的启示［J］. 科学发展，2015（10）：78 - 82.

［19］陈明森，程宇. 复制推广 + 地域特色：中国（福建）自由贸易试验区的战略构想［J］. 福建金融，2015（5）：4 - 6.

［20］宋娴. 中国（福建）自由贸易试验区外汇管理创新探索——基于上海自贸试验区外汇管理改革对厦门片区的启示［J］. 福建金融，2015（4）：18 - 23.

［21］谢进. 中国（福建）自由贸易试验区投资争端解决机制研究——从台商投资争端的角度［J］. 厦门特区党校学报，2015（1）：8 - 13.

河南自由贸易试验区营商环境发展现状与展望

陈　梅[①]

一、优化营商环境是自由贸易试验区建设的内在要求

"营商环境"是影响企业生产经营活动全过程的经济、政治、社会和法律等方面因素的综合，是一个国家或地区经济软实力的重要体现，也是提高国际竞争力的重要内容。世界银行报告表明，良好的营商环境会使投资率增长 0.3%，GDP 增长率增加 0.36%。2003 年世界银行首次颁布《全球营商环境报告》后，以世界银行为代表的国际机构对营商环境的重视推动了各个国家和地区的营商环境建设进程，提升营商环境成为各区域促进经济发展的共识。

中国政府近年来高度重视营商环境优化，多次在全面深化改革和体制创新中提及营商环境。2017 年李克强在全国深化改革"放管服"会议中提出"营商环境为企业生产力"，2020 年 7 月 15 日，国务院办公厅印发的《国务院办公厅关于进一步优化营商环境更好服务市场主体的实施意见》更是从投资建设、经营审批、经营环境、就业创业、涉企服务和营商环境长效机制六个方面对优化营商环境的具体问题提出了具体实施意见。根据世界银行最新公布的《全球营商环境报告2020》，中国营商环境世界排名达到历史最高水平第31 位，较之 2018 年的第 46 位、2017 年的第 78 位，排名连续跃升，并连续跻身全球营商环境改善程度最高的十大经济体之列。从建立市场化商业规则，到当下法治化、国际化、便利化营商环境建设，营商环境优化显然已成为中国经济新旧动能转换的重要抓手。

建立自由贸易试验区是党中央、国务院做出的重大决策，是新形势下全面深化改革、扩大开放的重大举措。自由贸易试验区作为先行先试、率先与国际高标准投资贸易规则接轨的特殊经济区，承担改革开放排头兵、创新发展先行者的职责，理应在探索法治化、国际化、便利化营商环境方面走在前列。自 2017 年挂牌以来，河南自由贸易试验区对标国际标准，围绕企业全生命周期，结合地方特色，坚持问题导向、目标

---

① 陈梅，博士，郑州大学商学院讲师。

导向，在持续优化营商环境方面推行一系列改革措施，成效初步显现，并形成多项经验在全省或全国复制推广。

二、河南自由贸易试验区营商环境建设的主要工作

作为河南省对外开放的前沿阵地，河南自由贸易试验区郑州、开封和洛阳三个片区一直将建设法治化、国际化、便利化营商环境作为重要目标。为深入推进河南自由贸易试验区的营商环境优化，主要采取了五大措施。

（一）以制度创新推动营商环境优化

唯改革者进，唯创新者强，自由贸易试验区的核心使命是制度创新。围绕着"两体系一枢纽"的战略定位[①]和"五大专项"的顶层设计[②]，河南自由贸易试验区各片区以企业需求为导向，紧盯企业准入、准营、准建、准退等各环节中的难点、痛点、堵点问题，大胆试、大胆闯、自主改，在"放管服"改革、企业生产经营环境优化、贸易投资便利化等多方面探索形成企业投资项目承诺制、跨境电商正面监管模式等392项改革创新成果[③]，有效推动了营商环境优化。例如，郑州片区在集群注册"绿色通道"机制的基础上，通过线上、线下联动，形成"企业集群注册新模式"；开封片区在全国率先实现"二十二证合一"登记制度改革，引发强烈反响，成为全国"放管服"改革领域的亮点和品牌；洛阳片区在全国率先推行"多证集成、一照通行"改革，改变了以往申请人多次跑腿、材料多次提交、信息多次采集的状况，大幅降低了成本。

为国家试制度、为地方谋发展。河南自由贸易试验区在以制度创新优化营商环境建设的过程中，既形成了"跨境电商零售进口退货中心仓模式""建立中欧班列运邮进出口双向集散通道"等符合自身特色的创新，也形成了一系列具有普遍借鉴意义的创新，以局部突破带动全局发展，在全省全国进行推广。其中"跨境电商零售进口正面监管模式""建设项目水、电、气、暖现场一次联办模式"等11项制度创新成果在全国复制推广，"企业登记全程电子化""企业简易注销"等24项制度创新成果在全省复制推广。

（二）"放管服"改革扎实推进，提升营商吸引力

政府部门的行政水平和效率高低直接影响企业对于当地营商环境便利性、公平性、

---

① 以制度创新为核心，以可复制推广为基本要求，加快建设贯彻南北、连接东西的现代立体交通体系和现代物流体系，将自由贸易试验区建设成为服务于"一带一路"建设的现代综合交通枢纽、全面改革开放试验田和内陆开放型经济示范区。

② 政务、监管、金融、法律、多式联运五大专项。

③ 数据来源于2020年8月31日举行的"行走自贸试验区"网络主题活动河南自由贸易试验区云座谈会上，河南省商务厅党组成员、省自贸办副主任陈凯杰的介绍。

透明性、规范性等的评价。如何处理政府与市场的关系，是营商环境建设的重要内容。两者相辅相成，需要优势互补、协同发力，因此营商环境优化并不意味着政府全盘不干预，重点是要合理规划政府与市场的边界。

"放管服"对于明确政府职能权限，充分发挥市场功能，形成市场作用与政府作用有机统一的营商环境具有重要意义。其强调的是简政放权、放管结合、优化服务，其中"放"即简政放权，降低准入门槛；"管"即创新监管，促进公平竞争；"服"即高效服务，营造便利环境。《河南省优化营商环境三年行动方案（2018—2020年）》作为河南省第一个全面优化营商环境的综合性指导文件，指出要把深化"放管服"改革作为优化营商环境的核心抓手，特别强调了要构建"亲""清"新型政商关系，畅通政企沟通渠道，规范政商交往行为，建立政商交往正面清单和负面清单，既要杜绝"亲"而不"清"，更要防止"清"而不"亲"。

河南自由贸易试验区稳步推进"放管服"改革，聚焦政府职能转变，以减证促简政，深入推进"放管服"改革，大幅减轻办企业的制度性成本，提升政府服务质量。例如，郑州片区试行公众聚集场所投入使用和营业消防安全告知承诺制度，方便了群众和企业办事，优化了营商环境，并被国务院政府职能转变和"放管服"改革简报推广；洛阳片区巧解"审批万里长征图"等多项难题，在全省率先实现"网上可办"和"一网通办"，实现了"一枚印章管审批，一支队伍管执法，一个专网搞服务"，走出了三个一"放管服"改革"洛阳模式"；开封片区推行"一门集中、一口受理、一网通办、一窗发证、一链监管、最多跑一次"的六个一审批服务新模式，成为全国首个荣获中国质量认证中心ISO9001质量管理体系认证的自由贸易片区。

（三）全方位增强法治环境建设

法治环境建设是市场经济正常运转的基石，涉及法律服务、执法情况、办理破产、司法透明、法制廉洁、少数投资者权益保护和信用体系等各个方面，直接影响着市场主体创业兴业的信心和经营活动的成本，是良好营商环境的重要组成部分和坚强保障。2019年2月25日，习近平在中央全面依法治国委员会第二次会议上强调"法治是最好的营商环境"，深刻阐述法治之于营商环境的重要性。在河南自由贸易试验区建设中不可避免会产生各类问题，法治环境建设有利于通过诉讼、仲裁、调解等多元化争端解决机制来维护河南自由贸易试验区的经济运行秩序，而且也直接关系到河南自由贸易试验区营造国际化、法治化营商环境的效果。

为实现营商环境与法律需求的"同频共振"，河南省人民政府于2017年10月30日印发了《中国（河南）自由贸易试验区法律服务体系建设专项方案》。之后各责任单位还分别制定了相关规范性文件，省高院、省检察院分别出台了《河南省高级人民法院关于为中国（河南）自由贸易试验区建设提供司法服务和保障的意见》和《关于服务保障中国（河南）自由贸易试验区建设的意见》，省司法厅出台了《河南省司法厅公共法律服务平台建设实施方案》；郑州中院出台并拟定了《关于构建中国（河南）

自由贸易试验区郑州片区法律服务体系的实施方案》，以及各片区《法律服务体系建设工作责任清单》。此外，2017 年 6 月和 12 月，河南自由贸易试验区开封自由贸易试验区法庭、洛阳自由贸易试验区法庭相继设立；2017 年 9 月，郑州仲裁委员会设立"郑州仲裁委员会国际商事仲裁院"服务自贸区，同年 10 月，"中国贸促会（河南）自由贸易试验区服务中心"挂牌，2019 年 2 月 15 日，郑州片区法院和检察院同时获批。这些法律法规和服务机构加强了自由贸易试验区市场主体的司法服务保障，并有利于按照国际标准解决商事纠纷。创新"互联网 + 全景综合"模式，将工商、质检等执法流程集成，运用物联网、信息技术对违法违规事件进行监管。

（四）促进外贸外资便利化

自由贸易试验区作为对外开放高地，进一步扩大开放、促进外向型经济发展、提升国际化水平，是中国自由贸易试验区的重要任务。河南地处内地，开放不足是河南经济发展的一大短板。通过改革创新促进外贸外资便利化，实现更高水平的对外开放，是河南自由贸易试验区建设重点关注的内容。

一是认真落实负面清单，对外开放领域不断扩大。按照"法无禁止皆可为"原则，河南自由贸易试验区深入推行实施负面清单准入制度，从政策和流程上提升优化外商投资服务水平，缩减办理时间、简化办事程序，有效提升外商投资便利化水平。二是国际贸易"单一窗口"实现"一站式"通关。"单一窗口"作为河南省跨境贸易的重要平台，已集商务、海关、税务、外汇、出入境检验检疫、工商、交通运输、邮政、金融、信用保险等部门业务于一体，平台功能包括货物申报、仓单申报、运输工具申报、企业资质办理、原产地证书申领、许可证申领、统计查询、加工贸易、税费支付、售汇和出口退税等。三是加强对外开放基础设施和信息平台建设。已形成覆盖公铁海空的多式联运体系，相关基础设施及信息化平台建设不断完善，多式联运"一单制"已基本实现，中欧班列（郑州）运营成效显著，通过"互联网 + 海关"网上平台建设，大幅度提高企业通关效率。四是积极开展国际合作。自 2017 年以来，依托"一带一路"国际合作和中欧区域政策合作等区域合作机制平台，三大片区积极开展国际合作，积极融入"丝绸之路经济带"和"海上丝绸之路"，与多个国家开展投资项目合作。

（五）开展营商环境评估工作

坚持"以评促改、以评促建"的理念，河南自由贸易试验区积极引入第三方机构评估评价。在借鉴世界银行营商环境质变体系的基础上，结合三大片区的本地特色，通过考核评价，对标国际，总结经验，发现问题，精准解决。

以世界银行 2018 年 10 月发布的营商环境评估结果为参照，毕马威咨询公司 2019 年的最新评估结果显示，郑州片区营商环境便利度分数为 76.38 分，模拟国际排名第 35 名。从国际对比来看，郑州片区在获得电力、执行合同两项指标方面表现较好，进入模拟国际前 10 名；但在办理建筑许可、保护少数投资者、纳税、办理破产等指标方面，与世界一流水平仍存在较大差异。从国内对比来看，郑州片区评估结果较中国内地具有明显领先优势，多数指标高于全国整体水平，其中获得电力、执行合同、开办企业、登记财产、获得信贷等指标处于国内领先地位。

根据第三方评估机构毕马威咨询公司的评估结果，按照世界银行评估标准，2019年自由贸易试验区开封片区的营商环境指标前沿距离分数为 74.33 分，模拟全球排名第 43 名，比中国内地平均水平高 3 个名次，居于全球上游水平。在世界银行十大评估指标中，开办企业、执行合同两项指标进入世界前 20 名，获得电力、登记财产两项指标进入世界前 50 名，办理施工许可、获得信贷、保护少数投资者、跨境贸易和办理破产五项指标进入世界前 100 名。

第三方咨询公司普华永道，从"全生命周期：营商环境""营商吸引力"和"营商国际水平"三个维度对自由贸易试验区洛阳片区的营商环境进行评估。经调研，自由贸易试验区洛阳片区营商环境整体表现优异。洛阳片区 2019 年营商环境评估整体得分为 78.51 分，世界银行指标评分为 79.32 分，世界排名第 26 名。具体而言，洛阳片区全生命周期：营商环境综合得分 76.78 分，营商吸引力综合得分 85.41 分，营商国际水平综合得分 42.31 分。表明营商吸引力整体表现最好，全生命周期：营商环境表现较好，营商国际水平有待提高。与 2018 年相比，自由贸易试验区洛阳片区在开办企业、获得电力、执行合同等世行指标排名中均提升 10 个名次以上。

三、河南自由贸易试验区营商环境建设取得的主要成绩

（一）政府管理服务不断提升，企业体验感较好

随着"放管服"工作的推进，缩减办事流程，提高办事效率，提升服务质量，逐渐形成便捷高效的政府管理服务环境，企业体验感较好。通过放宽并简化贸易类企业前置许可证办理；深化拓展"证照分离"改革，多证合一，容缺办理，容错办理；推行"投资项目承诺制"，实施"先建后验、边建边审""评估前置""联合审查""统一验收"；设立"综合窗口"，开办企业"单一窗口"，全程"无纸化、零收费、最多跑一次"；"互联网＋政务服务"等措施，强化了政企沟通，加大了政策宣传，大大精简了审批流程，提高了审批效率，提升了服务质量。

例如，郑州片区大力推行的"一网通办"，切实方便了企业开办各种事项，提升了企业获得感。2020 年 9 月 4 日上午，郑州市民雷先生在郑州片区综合服务中心登录郑州政务服务网，通过身份验证后，勾选需要办理营业执照、税务登记、公章刻制等企业开办"套餐"，一次提交相关材料，通过数据实时推送共享，市场监管、税务、公安等部门不到半小时就为该企业办好了营业执照、公章、税务登记等手续。开封片区探

索形成的"四个五"行政审批服务新模式和洛阳片区的"三个一"放管服改革新模式，得到了企业、群众的广泛赞许和社会各界的高度关注，有效降低了企业制度性成本，进一步激发了市场活力。并且，开封片区获批国家级政务服务标准化试点，成为全国自由贸易试验区领域国家级政务服务标准化试点项目的唯一试点单位。

数据显示，截至 2019 年底，河南自由贸易试验区累计入驻企业 6.94 万家，新增内资注册资本累计 8099.98 亿元，外资企业累计 400 家，实际利用外资累计 19.95 亿美元；实现进出口额累计 591.3 亿元；92 家世界 500 强企业入驻自由贸易试验区。其中开封、郑州、洛阳片区新注册企业数分别是片区成立前的 29 倍、3 倍、2 倍。

（二）法治服务提质增效，法治环境建设日益完善

通过出台多项支持保障政策，搭建专业化法律服务和诉讼平台，建立健全法院、仲裁机构、协调组织等多方参与的多元化纠纷解决机制，成立河南省法学会自贸区法治研究中心等系列措施，围绕法律服务、法治廉洁、保护中小投资者、执行合同、知识产权保护、提升商业纠纷解决效率和增强监管等方面，促进河南自由贸易试验区法治服务提质增效，为市场主体提供了比较完善的法治环境保障。

例如，洛阳增设自由贸易试验区洛阳片区法庭为高新区下属法庭分部，专职为自由贸易试验区洛阳片区法律案件提供审判服务，据第三方咨询机构普华永道统计，2018 年以来，高新区法院共受理自由贸易试验区洛阳片区的民商事案件 1185 件，审执结案件 1102 件，其中简易程序适用率 73%，诉讼对接机制分流案件 32%。郑州片区开辟线上诉讼服务平台，建立诉讼风险评估系统，通过大数据分析，建立法律知识图谱，帮助当事人评估诉讼与非诉讼的区别及可能存在的风险，引导当事人选择更合适的纠纷解决办法，并根据具体诉求给予合理化建议。开封片区在试行企业投资项目承诺制的同时，为了确保项目实施过程中的合法合规，自由贸易试验区开封片区产业发展和综合监管局有针对性地制定"一二三四精准监管法，实施一个平台、两种模式、三种方式、四个阶段"[①] 进行全流程监管，以保证合法合规。

（三）要素流动比较便利，要素支撑持续优化

通过多层次强化要素支撑，强化了企业在当地经营所需生产要素的丰富性和可获得性，涵盖劳动力、金融、土地、楼宇、电力、技术等多方面。

劳动力方面，基于人口大省优势，河南自由贸易试验区的普通劳动力可得性和人员稳定性较高，能够满足企业用工需求。对于高端人才，河南自由贸易试验区通过多种方式协助企业引进高端人才，并出台多项保障高端人才落户、子女教育、生活等相关政策。郑州片区"智汇郑州"人才工程和"1+N"政策体系涵盖奖励、扶持、平

---

① 一个平台指自由贸易试验区事中、事后监管平台；两种模式指重点监管和例行监管；三种方式指综合运用现场检查、书式审查和线上监管；四个阶段指将项目建设科学地划分为开工准备阶段、基础建设阶段、主体施工阶段和项目完工阶段。

台、科研、生活等各方面内容，并实施 7 项人才计划，旨在通过高层次人才分类认定工作，加强对人才的吸引力，强化对人才的全方位服务。洛阳片区为"河洛英才计划"团队提供资金支持，对进入自由贸易试验区洛阳片区创业的高层次人才给予最高 100 万元的安家费和每月 5000 元的生活津贴；为外国高层次人才、外籍工作者、外籍华人、有意在华创业的外国留学生、企业选聘的外籍技术人才及高级管理人才等符合政策要求的外国人，提供更加便捷的永久居住、长期居留服务。开封片区在实施"汴梁英才计划"过程中，同时推进促进高层次人才带项目引进的多项措施，如对招商引资的高层次人才创新创业项目免收行政事业性收费，并根据贡献情况，按照有关规定，8 年内每年按相应标准的 90% 给予补贴，以及为外来企业的高管及技术骨干等高级人才，在职称评定及安家落户、子女入学、医疗保险、办理证照、评先表彰等方面给予优先照顾。

获得电力方面，推行客户办电"三减四零"[①] 新举措，精简办理环节、大幅缩减办理时限，降低客户用电成本，持续提高供电可靠性。获得信贷方面，信贷产品及服务信息公开透明，推出多种政策性信贷产品，服务企业发展。为了加快构建现代金融创新体系，河南自由贸易试验区三个片区都成立了相关的金融工作领导小组，专门负责解决自由贸易试验区企业融资问题，同时结合河南省具体情况推进便利化、国际化投融资、科技金融等，建立国际化金融体制创新先行试点。例如，洛阳片区创新推出"信贷＋信用"普惠金融模式，即对优质诚信中小微企业实行"一次核定、随用随贷、余额控制、周转使用、动态管理"的融资模式，通过推广这一模式，有效缓解了中小微企业双创资金难题。技术支撑方面，河南自由贸易试验区坚持"产学研"相结合的思路，不断加强院地合作、校企合作，先后与多家科研院所、高等院校建立了长期技术依托和合作关系。例如，开封片区建立了"开封·中关村智酷人才与产业创新基地"等创新创业载体等。

（四）招商引资效果明显，对外开放逐渐深化

河南自由贸易试验区全方位实施改革创新，高标准优化营商环境，多维度搭建开放平台，高起点推进国际化建设，改革红利加速释放，发展动能全面增强，形成高水平开放、高质量发展的良好态势。

"一码集成服务"和"跨境电商零售进口正面监管模式"两个案例成功入选国家自由贸易试验区第三批"最佳实践案例"。企业登记身份管理实名验证系统、"服务八同步""拿地即开工"建设模式等举措被国务院自由贸易试验区工作部际联席会议办公室印发简报推广。目前，"营商环境体系建设""电子口岸企业入网联审优化改革""电子汇总征税保函"服务模式等案例已经开始在全省复制推广。向全省公布了第一批 15 个改革创新案例，涉及投资服务、贸易便利化、金融服务创新等多个领域，作为各

---

① 减材料、减环节、减时限、零证预约、零上门、零审批、零投资。

地复制推广的参考依据。

2020 年以来，新冠肺炎病情给经济发展带来一定冲击，但 1～7 月河南自由贸易试验区的对外经济依然保持稳定增长，实际利用外资 10.3 亿美元，同比增长 49.6%；进出口总额 165.8 亿元，同比增长 37.6%，增速均高于全省，郑州、开封、洛阳片区均实现了外贸外资两位数正增长①。

四、河南自由贸易试验区营商环境
发展中存在的问题及不足

（一）营商环境工作推进机制有待进一步完善

河南自由贸易试验区目前出台的相关政策较多，着力打造一流的营商环境。但在实际操作过程中，尽管创新案例、政策推广的数量不少，但是高质量的具有突破性和创新性的政策却比较匮乏，而且普遍存在照搬其他地方做法的现象，没有跟本地实际情况结合好，落实情况也不容乐观。

此外，营商环境工作涉及部门广泛，通常一项指标就需要多个部门在流程优化、信息共享、监管配合等方面深层次的协同配合，需要一个得力的统筹部门协调推进各项工作。然而河南自由贸易试验区尚未对这一事项进行明确，各片区和各部门之间的协同配合有待加强，这不利于营商环境的总体指标设计、目标设置和具体工作的推进。

（二）市场主体的制度性交易成本仍然偏高，政府管理与服务需进一步加强

党的十九大以来，河南自由贸易试验区认真贯彻落实党中央、国务院关于进一步简政放权、深化行政审批制度改革的决策部署，虽然部分企业实现了行政审批效率的提高和制度性交易成本的降低，但是仍然有一部分企业面临手续繁杂、收费过多等制度性交易成本偏高的情况。

一是多部门之间的整合联办机制尚不健全，如工商、公安、税务、社保等部门协同工作机制尚未形成，开办企业尚不能实现全流程"一口受理"。二是信息共享建设有待加强。一方面，部门间的信息壁垒尚未打通，信息共享交换平台尚未真正建立；另一方面，现有信息化平台功能、稳定性有待提升。三是涉企业务手续、时间、成本有待进一步简化降低。例如，洛阳片区开办企业成本包括印章刻制、税控盘申请和年费缴纳，仍需要单独收费。四是政务服务便利化、专业化程度有待提升。例如，对企业开办、投资项目建设承诺制、不动产登记等政务服务事项，缺乏标准、规范、透明的流程，尤其网上办理事项相关流程更是存在不清晰或流程变更后信息更新不及时现象。

---

① 数据来源于 2020 年 8 月 31 日举行的"行走自贸试验区"网络主题活动河南自由贸易试验区云座谈会介绍。

五是权力下放落地困难。尽管河南省有关部门下放了某些省级权限，但是由于大多数管理权限关系到行政审批事项，所以仍然需要履行专家论证程序，另外，省级层面的专家数据库建设目前还不够完善，导致一些专家论证程序难以开展，甚至很多下放的权限并没有真正落实。

（三）对外开放水平需进一步提升

一是对外开放载体功能建设有待加强。例如，"单一窗口"基本功能虽已经基本完善，但对于满足企业的一些个性化需求尚有欠缺，并且稳定性欠佳，经常出现数据丢失及异常、系统卡顿等问题；对外投资方面，目前缺失综合、专业的对外投资服务平台。

二是外资外企吸引力不足。与老牌自由贸易试验区上海或者同时期的自由贸易试验区重庆相比，河南自由贸易试验区的外资企业规模较小，新设外资企业数占总体企业数比例较低，并且外商投资主体来源较少，活跃度较低。

三是对外开放数据统计体系比较粗糙。目前河南自由贸易试验区对于外资外贸统计分析不够完善、细致，不利于及时掌握河南自由贸易试验区对外开放的程度，也不利于政府、科研部门等相关机构进行数据分析、评估政策效果和及时发现问题。

四是物流配套设施建设有待进一步完善，尤其是开封和洛阳片区。河南地处内陆，相较于其他沿海地区，通过完善物流配套措施以降低成本对于促进对外开放至关重要。例如，第三方评估机构调研显示，开封片区目前在综合保税区、保税仓储、物流园区、物流信息化平台等方面的配套很不完善，导致企业在装卸、运输等环节要花费比较多的时间和费用。

（四）法治化营商环境有待进一步优化

一是中小企业法律保护意识不足和维权难问题。与上市公司相比，多数中小企业通常只注重生产经营收益，出于成本因素考虑，无法形成较强的法律意识，不能正确运用事前法律服务来维护自己的权利，所以无法产生足够多的法律服务需求，难以培育出繁荣的法律服务市场。事后维权举证难，生效判决"执行难"。案件进入执行期后用时冗长，此问题在河南自由贸易试验区体现得较为突出。

二是各类纠纷解决机制和执法配合有待完善。各类纠纷解决程序间缺乏协调配合，并且对于中小规模律师事务所的进入和参与尚存在较高壁垒，多元纠纷解决机制的宣传有待进一步加强。行政执法与刑事司法的衔接和协调机制尚不成熟。当前，河南自由贸易试验区在行政执法与刑事司法的衔接上仍有较大不足，行业监管、行政执法和刑事司法之间尚未建成体系化的高效协作机制，在投资、贸易、金融、知识产权保护等专业领域，需要进一步探索跨领域、跨部门的联合执法机制，完善案件移送、执法信息通报等"两法衔接"相关环节的重点管理工作。

（五）要素供给便利性有待进一步提高

人才方面，基于人口大省优势，河南自由贸易试验区的普通劳动力可得性和人员稳定性较高，能够满足企业用工需求，但对于专业人才储备和吸引力不足。如司法体系存在人员配置紧张、人员专业化水平有待提高等问题；国际贸易、金融等领域存在专业人才储备不足问题。此外，对于外籍人才的吸引政策多集中在出入境和居留便利方面，针对外籍人才配套的教育、医疗等基础设施有待进一步完善。

资金方面，企业融资仍然面临诸多困难。融资渠道少且不够畅通，片区内企业获取融资大多是通过自筹资金或银行贷款，其他资本市场融资方式较为少见，并且国家扶持资金较难申请。据企业反映，国家针对产业的扶持资金，其申请流程和办事事项不明确，需要准备的申请材料也不清晰，导致企业得不到扶持资金。科技类、文创类企业由于规模小、轻资产、缺乏抵押物，尤其缺乏资金。

五、河南自由贸易试验区营商环境建设的发展方向

（一）国外先进经验借鉴

自世界银行首次发布《全球营商环境报告》以来，全球范围内各经济体已实施近4000项改革以优化营商环境。各经济体通过改革互鉴，围绕市场主体，不断简化流程、优化程序和提高效率，加强信息的可及性和透明度，建立良好的规则以打造具有国际竞争力的发展环境，使其具有效率优势、创新红利、稳定公平透明可预期的营商环境，极大提升了先进经济体的竞争力。具体来看，全球经济体主要着力于以下四个关键方面[1]进行营商环境优化。

一是消除不必要的烦琐细节以提升市场主体注册和经营的效率。各经济体致力于降低企业在开设、发展等全生命周期的复杂程序和费用支出，包括在开办企业、办理施工许可、获得电力、等级财产、纳税等领域推进改革。根据第三方咨询机构普华永道统计，自2003年以来，共有178个经济体实施了722项改革，力图减少或消除企业进入市场壁垒，共有106个经济体取消或者降低了开办企业所需要的最低资本金要求，约有80个经济体引进或改善一站式服务，超过160个经济体简化了注册预审和注册手续。

二是建立有效且易于遵循和理解的"规则"。各经济体也致力于为企业提供健全的法治环境。特别是在办理破产、保护少数投资者、执行合同等方面为市场主体提供法治保障，并确保商业监管质量。排名前50位经济体的商业纠纷解决平均持续时间为

---

① 普华永道连续两年为河南自由贸易试验区洛阳片区进行了营商环境测评，此处的国外先进经验借鉴参考了其2019年调研对世界经验的总结。

2.1 年，而排名前 20 位的商业争议解决时间仅为 1.1 年。

三是制定具体保障措施以确保市场监管的"质量"。自 2003 年以来，各地区向世界银行累计报告了 3800 多项监管改革，其中 1316 项监管改革得到了《全球营商环境报告》的认可。哥伦比亚、科威特和马来西亚经济体成立了监管改革委员会。这些委员会使用《全球营商环境报告》指标作为评判标准，用以评估营商环境的计划，其他 70 多个经济体也成立了类似委员会。

四是电子化系统的运用为业务办理效率保驾护航。营商环境最优的 20 个经济体都拥有企业在线注册流程以及电子税务申报平台，并且运行在线财产转让，有 11 个经济体拥有电子施工许可程序。

河南自由贸易试验区在营商环境的建设过程中，要充分借鉴世界先进经济体的营商环境优化经验，进行体制机制创新，营造国际化、法治化、便利化的营商环境，让企业切实受益，形成可在全国范围内复制推广的经验。

（二）未来发展方向

1. 根据改革发展需求，完善管理服务方式

一是完善行政管理体制，优化机构职能配置。在省级权限范围内，赋予自由贸易试验区全面深化改革试验权。在落实省辖市级经济社会管理权限的基础上，可下放自由贸易试验区的经济社会管理权限，并精简相关流程，确保下放权限落地。

二是深化行政审批制度改革，提高政务服务水平。建立权力清单制度，公开行政审批事项。进一步简化和规范审批程序，优化流程，提高效率。健全行政审批运行机制，完善电子政务服务平台，逐步推行网上审批。建立健全代理审批制度，同时发挥审批中介机构专业服务作用。

三是转变监管思路，适应发展新要求。对于工程项目建设告知承诺制等试点事项，进一步强化事中事后监管，不断完善与工程建设项目审批制度改革相适应的监管体系。完善事中事后监管平台建设，全方位汇集企业信息，为健全事中事后监管体系提供良好保障。

四是加强部门间协同配合，深化部门联动机制。加快打破体制机制障碍，为优化营商环境提供重要保障。优化自由贸易试验区综合服务中心服务功能，加快部门工作人员的协同配合，实现综合窗口"一口受理"企业资料，通过后台不同部门间资料流转、信息共享等方式完成业务办理，提升企业办事便利度。

五是打通部门间信息壁垒，进一步加强信息化建设。着力提升信息化服务能力，为营商环境改革提供强劲动力。积极与国家、省、市等相关政府平台对接，获取数据查询、数据录入、数据传递等权限。逐步打通各部门间系统壁垒，实现工商、公安、税务等各部门间信息互通、数据共享，推进开办企业、登记财产等业务的全程电子化进程，提升企业办事便利度。加强信息化平台的建设与完善，探索建立企业开办全程电子化平台、不动产产权登记系统，实现业务"一网通办"。

六是进一步压缩涉企业务手续、时间、成本。手续方面，开办企业、登记财产等业务涉及的政府部门间加强协作，简化业务办理流程；时间方面，对于社会机构办理的事项进一步明确时间要求，深入推进工程建设项目"区域评估"，加快项目落地；成本方面，针对新开办企业公章刻制进行政府购买服务，降低企业成本。

2. 增强开放基础能力，打造对外开放高地

一是完善货运保障体系，强化对外开放载体服务功能。坚持货运优先，全面提升物流配套服务水平，建设物流信息平台。推动陆空联运体系建设，促进自由贸易试验区与航空港的现代物流业相融合，开展多式联运物流监管建设。积极推动洛阳片区、开封片区与郑州片区主要物流基地的合作和协同，有效降低企业在仓储、运输等环节的时间成本和费用成本。设立物流运输信息平台，重点开拓物流车辆、集装箱流转信息查询、匹配功能，帮助贸易类企业就集装箱的往来需求信息进行匹配和对接，尽可能降低集装箱的单程空箱运输频次，降低企业运输费用。

二是打造一流的内陆贸易口岸，促进贸易便利化。积极加快国家扶持政策和省市级下放权限的落实，如"外贸企业出口退（免）税核准权限"下放的落地，政府要加强对政策的宣传，提高政策的可知性。充分利用现有的电子口岸平台，使现有的海关、检验检疫、支付结算、进出口服务代理等部门实现数据共享和信息对接，提升系统稳定性，减少录入环节，稳步推进无纸化申报进程，在提高效率的同时注意信息安全等风险防控。借助片区综合保税区，加快建设内陆跨境电商产业集群，形成集一站式通关、出口退税、保税仓储物流、企业孵化培训等功能于一体的内陆跨境电子商务示范区，使其成为一流的内陆通关贸易平台。

三是探索与国际接轨的外商投资管理制度，促进投资便利化。扩大金融服务、航空运输、物流快运、电子商务等服务领域的投资开放，借鉴上海、广东等地的先进经验，探索在自由贸易试验区内逐步放宽投资物质要求、经营范围等准入限制措施。营造公平公正的外商投资环境，确保内、外资市场主体公平竞争，对内外资企业实施统一标准的审核业务牌照和资质申请，减少对外商投资企业的限制。改革工商登记与商事登记制度，优化登记流程，多层级全方位促进投资便利化。

四是建立符合自由贸易试验区对外开放需求的统计体系。以外资企业进入、外贸双向流量等关联统计工作为着力点，建立与市场监管、商务、中国人民银行等部门的协同合作机制，搭建符合自由贸易试验区特色的对外开放领域数据库，明确统计口径、方式、细致度。推动自由贸易试验区统计工作作为河南省统计工作专项，完善指标设置、统计口径、统计频率，及时对外公布自由贸易试验区的对外开放相关数据。方便相关部门以数据分析结果，及时评估政策效果，更有针对性地将自由贸易试验区重点对外开放领域与河南省重点发展领域进行有机结合，在重点领域有针对性地制定吸引政策，为对外开放提质增效。

五是加快发展对外开放的专业服务市场。发布涉外服务政府推介机构清单，吸引鼓励涉外法务、国际贸易、国际金融类专业服务公司来自由贸易试验区发展，支持第三方服务公司聘请贸易纠纷仲裁专家、涉外纠纷专业律师等高级人才，全面提升对外贸、国际企业的法律保障。建立跨境金融支持系统，推进对外贸易转型升级。引进有知名度的、专业性强的外资金融机构，降低准入门槛，给予外资金融机构国民待遇，扩大自由贸易试验区整体的金融开放程度。

3. 进一步完善要素市场体系

一是优化人才政策，促进各级人才引进。河南自由贸易试验区的发展离不开人才的支撑，良好的人才环境是推动河南自由贸易试验区发展的根本动力。因此，河南自由贸易试验区政府应该加强基础人才储备，全方位引进高层次人才，同时吸纳专业的行政管理人才。首先，要实施灵活高效的人才引进、评价机制，建立分门别类的人才服务机制，依靠市场机制来识别人才、吸引人才、激励人才、用好人才。其次，要提高引进高层次人才的待遇，特别是对稀缺专业人才除了给予资金上的支持外，还要帮助其解决安家落户的现实问题，自由贸易试验区周边的基础设施环境也要进一步提升。要适当增加自由贸易试验区的行政人员编制名额，激发行政管理人员的工作积极性，增强其协调和创新能力。最后，要促进自由贸易试验区内部专业人才的交流和跨片区流动。河南自由贸易试验区三个片区要发挥自由贸易试验区和自创区的叠加优势，利用自由贸易试验区的开放平台以及自创区的科技创新资源，以广泛招纳海内外优秀人才为基础加强各片区的人才互享。此外，要发挥好政府的桥梁作用，为本地高校和自由贸易试验区企业搭建用人桥梁，进一步释放"产学研"的创新活力，通过项目带动育人，引进一些具有创新能力的技术带头人员，并且带领大批中层和基层人才成长，同时政府要鼓励企业与本地高校研究院所积极合作，让企业不要只重视省外知名学府，要充分发挥本地高校为地方经济服务的职能。

二是创新投融资模式，构建多元化融资体系。推动金融服务业对符合条件的民营资本和外资金融机构全面开放，支持设立外资银行、中外合资银行和民营中小银行，支持外资银行在自由贸易试验区内开展业务。允许具备条件的金融机构适时开展综合经营试点，创新金融产品。积极引入第三方支付机构，建立互联网金融发展服务平台，促进互联网金融在改善企业融资难中的作用。加强金融生态和信用体系建设，有效防范风险。

三是加速推进自由贸易试验区内部主导产业的上下游产业链完善。以主导产业和龙头企业为引领，探索延伸上下游产业链，形成产业链闭环，打造完整的产业生态圈，充分发挥主导产业和龙头企业对地区经济的带动作用。积极对接企业需求，有针对性地引进包括金融、法律、咨询在内的专业商事服务机构以及高科技、高水平的高端制造业供应商，切实提高地方对产业的扶持与服务能力。

4. 加强法律建设，为营商环境优化保驾护航

一是完善优化营商环境的法律体系。法律作为具有约束力的规则，以立法优化营商环境是强有力的支撑。以国家层面的《优化营商环境条例》和河南省层面的《河南省优化营商环境条例》为基础，秉承超前意识，完善相关法律体系建设。以法律文件来约束政务行为、执法行为、司法行动，真正打造有利于自由贸易试验区建设的法治化营商环境。

二是实现行政执法法治化。行政执法要摒弃"管理"思想，行政机关与市场主体之间并非管理与被管理的关系，要按照善治的思想，寓管理于服务。提高行政执法的效率，用科学的方法，以高效的行政服务为市场主体的发展提供坚强的执法后盾。

三是司法公正保障公平竞争。通过司法公正，给予守法企业信心，给予侵权违法企业以震慑。在司法行为的廉洁规范上，以正在进行的司法责任制改革为核心，全面落实促进司法公正、提升司法审判质效的制度措施，让司法真正公平、公正、透明。

四是坚持问题导向，解决亟须解决的重难点问题。针对中小企业法律保护意识不足和维权难问题，通过增强法律教育，培育其依法保护自身利益的意识；联合法院、司法部门、投资者保护协会、行业协会、律师事务所等建立中小投资者综合保护体系，对其进行指导帮扶，缓解中小企业"举证难"问题；通过加强执行信息化建设、完善执法工作联动机制、创新执法规范等措施，积极推进解决审判生效"执行难"问题。

5. 保持对自由贸易试验区营商环境的考核评价

考核评价，强化引导。发挥好营商环境考核评价"指挥棒"作用，聚焦营商环境核心指标，建立健全全省营商环境评价指标体系和评价办法，将自由贸易试验区营商环境评估工作重点纳入全省营商环境评价体系建设之中。积极引入第三方机构评估评价，通过考核评价引导自由贸易试验区优化制度环境，开展实践创新。立足更高站位，横向纵向比较，积极学习借鉴省内其他地区、其他自由贸易试验区及省市的先进经验，及时总结各地实践成果，以营商环境的持续优化推动河南自由贸易试验区成为企业成长的沃土、投资的洼地、创新的摇篮。

参考文献

［1］孙元欣. 2019 中国自由贸易试验区发展研究报告［M］. 上海：格致出版社，上海人民出版社，2019.

［2］上海财经大学自由贸易区研究院. 赢在自贸区 2：经济新常态下的营商环境和产业机遇［M］. 北京：北京大学出版社，2015.

［3］殷华，高维和. 自由贸易试验区产生了"制度红利"效应吗？——来自上海自贸区的证据［J］. 财经研究，2017，43（02）：48 – 59.

［4］荣振华，刘阳阳. 自由贸易试验区商事登记制度构建现状、反思及展望——从自由贸易港商事制度建设启示视角分析［J］. 上海对外经贸大学学报，2018，25（02）：64 – 75.

［5］李光辉. 自由贸易试验区——中国新一轮改革开放的试验田［J］. 国际贸易，2017（06）：4 – 6.

河南自由贸易试验区改革创新的复制推广成效评价及政策建议

段平方[①]

一、河南自由贸易试验区改革创新举措的复制推广的必要性

（一）落实国家进一步扩大开放政策，深入实施开放带动战略

2008 年金融危机后，西方发达国家经济复苏乏力，贸易保护主义抬头，逆全球化出现，新科技革命呼之欲出。特别是 2016 年以来，中美贸易摩擦加剧，WTO 多边贸易体制面临冲击。发达国家特别是美国为遏制中国经济发展，试图通过构建新的区域经济协定如《北美自由贸易协定》《跨太平洋伙伴关系协定》《跨大西洋贸易与投资伙伴协定》以及《国际服务贸易协定》，主导制定高标准的贸易、投资新规则，取得国际经济治理规则的话语权。中国自 2013 年上海自由贸易试验区成立以来，已经设立了 21 个自由贸易试验区，来测试新的高标准的贸易投资规则对中国经济的冲击。中国自由贸易试验区是新一轮开放的压力测试区、先行区、制度创新区和扩大开放的试验田。通过河南自由贸易试验区制度创新的复制推广，进一步推动新一轮开放，强化开放带动主战略，全面提升利用外资质量水平，营造优良营商环境，加快建设内陆开放高地，以开放促改革、促创新、促发展，使河南经济再上新台阶。

（二）简化行政管理体制，推进国内深化改革

推进行政体制改革，是全面深化改革、完善社会主义市场经济体制的重要内容，也是提高政府现代治理能力的关键举措，是政府的自身改革。党的十八大以来，以习近平同志为核心的党中央高度重视有关工作，提出明确要求。党的十八届二中全会指出，转变政府职能是深化行政体制改革的核心。党的十八届三中全会强调，经济体制

---

① 段平方，博士，郑州大学商学院国际经济与贸易系主任、副教授、博士生导师。

改革的核心问题是处理好政府和市场的关系，使市场在资源配置中起决定性作用和更好发挥政府作用，其关键就是转变政府职能。自由贸易试验区与以往的经济特区等海关特殊监管区不同，其主要任务是制度创新，通过负面清单、贸易便利化等措施，弱化政府行政审批职能，使地方政府有更多的自主权，打破固化的官僚体制，强化政务服务，降低交易成本，提高市场经济运行效率。

（三）打造高标准的国际化营商环境，进一步激发市场活力

后金融危机时代，我国发展的内外部环境出现重大变化，国际上贸易保护主义、逆全球化抬头，中美贸易摩擦加剧，国内经济进入新常态，经济转型更加迫切，掌握核心技术成为未来产业升级的关键。技术创新更依赖于经济发展的软环境——营商环境。营商环境是影响区域市场主体行为的一系列综合发展环境的总和，包括政治环境、经济环境、社会文化环境等，具体涉及政务效率、廉洁程度、知识产权保护程度、社会诚信建设、贸易便利化程度、公平竞争环境等。2018年普华永道通过分析中国GDP排名前80的城市、总计1244324家企业的行为数据认为，营商环境质量指数排名前30的城市主要集中在东部地区，占比为50%，其次为西部地区，占比24%，中部和东北部地区各占13%。从这一数据可以明显看出，东部地区城市营商环境明显优于中西部地区。营商环境对市场主体发展的作用越来越重要。增强国内市场的吸引力，提升企业投资发展的信心，需要进一步规范市场竞争秩序，改善营商环境，为企业公平竞争、优胜劣汰创造良好的市场条件。

（四）引领内陆型经济转型发展和中原崛起需要

在改革开放初期，沿海地区成为改革开放的前沿，东部地区引领中国经济的发展，随后实施的西部大开发和东北振兴战略促进了这些地区的发展，而包括河南在内的中部地区发展滞后。中国内陆腹地发展的相对滞后不利于中国经济的协调发展和中国经济的安全。近年来，党中央、国务院实施的"一带一路"倡议和"自由贸易试验区"战略，把中部地区特别是河南省带入改革开放的前沿。河南省委、省政府紧紧围绕国家明确赋予河南自由贸易试验区的战略定位——"两体系一枢纽"，打造空中、陆上、网上、海上四条"丝绸之路"，全面深度参与国际分工合作，加速推动内陆河南与世界接轨，以制度创新为抓手，有力支撑全省乃至整个中部地区崛起，促进中原经济发展。

二、自由贸易试验区复制推广内涵与路径

（一）复制推广的内涵（三个维度）

改革试点复制推广是指中央政府或者地方政府选择若干地方探索解决改革问题的

方法路径，并将成功的地方经验吸收采纳，进而在全国或者一定区域复制推广实施的决策与过程。改革开放以来，试点复制推广机制逐渐成为推动中国改革开放由点到面、由局部到整体，进行制度创新的方式。早在2017年，习近平就明确指出，抓好试点对改革全局意义重大。要认真谋划深入抓好各项改革试点，坚持解放思想、实事求是，鼓励探索、大胆实践，敢想敢干、敢闯敢试，多出可复制可推广的经验做法，带动面上改革。自由贸易试验区的可复制可推广，就是对照总体方案提出的任务和措施，将其已经取得的成果或阶段性成果，或具有良好市场反应的创新制度、政策机制或流程做法等梳理呈现出来并在其他地区推广应用。可复制可推广的落脚点是可操作的、创新成功的那些具体制度、政策、流程等事项。

从"三维"的角度把握可复制可推广内涵。第一个维度是自由贸易试验区特有或突出的改革创新思路理念，是理念的创新，如高标准国际规则开放的理念，准入前"国民待遇＋负面清单"的理念，一线放开、二线高效管住的理念，事中事后全过程综合监管理念，压力测试和守住风险底线的理念，国际营商环境的理念等。第二个维度是制度的创新，是自由贸易试验区制度创新与改革事项的具体成果。第三个维度是业务模式和操作流程上的改革优化，与自由贸易试验区改革创新的实施程序或步骤等有关。

一般我们所说的复制推广主要是第二个维度，这些制度创新的具体成果体现在负面清单、贸易便利化、金融开放、服务业开放和事中事后监管五个领域。这五个领域可分为三类，第一类是可在全国推广并以国家行业主管部门为推广主体的改革事项如外商投资准入模式、资本项目可兑换等试验，复制推广的主体是国家，可复制步骤节奏安排、可推广的范围选择、法律调整等，都由国务院（或提请全国人大）决策决定并组织实施，自由贸易试验区自身或各地方政府都无权决定。第二类是可在海关特殊监管区域推广并以海关和检验检疫为责任主体的业务功能或便利化事项，这一领域复制推广的主体是国家有关业务主管部门，复制推广的制约因素相对较小。企业和地方政府的期待和关注度很高，对改善投资环境，促进企业和区域经济发展的作用较为直接。第三类是转变政府职能改革或加强事中事后监管相关的制度创新。行政管理体制创新是适应时代发展和打造服务型政府，进行机构改革、简化程序、提高行政效率。监管服务模式创新主要是为了提升监管服务效率而创新建立的依托信息共享和管理部门之间协同管理的规则、平台或机制，其复制推广的主体是各地政府。

（二）复制推广的路径

进行复制推广主要有三种基本路径。第一种是依据空间属性进行的复制推广。从区域同质性、复制便利性、风险易控性等角度来看，自由贸易试验区制度创新复制推广的空间路径包括市内区外、相关区域和全国范围。第二种是依据复制推广对象的属性特点进行的复制推广。按照内容属性或完整程度，自由贸易试验区经验复制推广路径包括单项复制、子类复制与整体复制。第三种是根据授权的来源，具体可分为两种基本路径：一是组织化的路径，即在现有自由贸易试验区基础上，由中央授权在更多区域进行复制推广；二是自主复制的路径，即一些地方受自由贸易试验区建设成就的启发与鼓舞，自主学习，引进自由贸易试验区改革中的制度成果或先进经验。组织化路径更多的是考虑自由贸易试验区经验复制推广地区的经济条件，忽视了经济条件以外的因素，如政府改革意识、政府管理水平等，因此，自主复制路径可以与组织化路径形成互补。

三、河南自由贸易试验区改革创新举措的
复制推广情况及成效

中国（河南）自由贸易试验区自 2017 年 4 月 1 日挂牌运行以来，按照国务院对河南自由贸易试验区的发展定位及发展目标，以制度创新为核心，对标国际先进规则标准，加大改革创新力度，大胆试、大胆闯、自主改，将河南自由贸易试验区作为改革开放试验田，河南省政府下放 455 项省级经济社会管理权限，出台 47 个含金量高、操作性强的支持文件。河南自由贸易试验区规定动作基本完成，160 项试点任务已完成 150 项。作为自选动作，五大专项服务体系也取得显著成果，106 项任务举措已实施完成 98 项，在商事制度改革、提升贸易便利化水平、多式联运体系建设等方面形成 225 个实践案例，有十几项创新案例在全国复制推广。河南省委、省政府把自由贸易试验区建设作为深化河南改革开放的重要战略抓手，河南自由贸易试验区在地域范围上虽然只涵盖三个省辖市的部分区域，但对河南全省乃至中西部地区都有着巨大的辐射带动效应。河南自由贸易试验区制度创新探索成果在全省复制推广，将带动全省其他地方改革，以点带面、全面突破，为全省推进改革创新、实现转型发展提供经验。

（一）在全国的复制推广情况

自 2014 年国函〔2014〕65 号文件开始，国务院以发函形式在全国层面及全国海关特殊监管区域推广复制自由贸易试验区改革试点经验共六批 114 项，其中在全国范围内复制推广 95 项，在海关特殊监管区域推广 19 项。由国务院自由贸易试验区工作部际联席会议办公室总结印发供各地借鉴的"最佳实践案例"共三批、合计 43 个；各部门自行复制推广的改革试点经验 53 项。累计有 210 项制度创新成果得以复制推广，其中河南自由贸易试验区改革创新举措在全国复制推广情况如表 1 所示。

（二）在省域内的复制推广情况

1. 河南省政府推广复制全国自由贸易试验区试点的改革创新措施

自上海自由贸易试验区成立以来，河南省政府就高度重视自由贸易试验区改革试点经验在全省的复制推广，《河南省人民政府关于批转河南省推广中国（上海）自由贸

易试验区可复制改革试点经验实施方案的通知》公布省政府在全省和海关特殊监管区复制推广上海自由贸易试验区"28＋6"项改革事项。

表1　在全国复制推广的河南自由贸易试验区改革创新举措

改革创新案例	全国复制推广情况	主要内容
跨境电商零售进口正面监管模式	全国自由贸易试验区第三批最佳实践案例	以交易真实性为重点、以电商企业为单元的监管原则，将海关正面监管无缝嵌入企业经营环节，通过建立以风险预判为重点的事前防控模式，以交易真实性核查为重点的事中监管模式，以网上巡查、大数据分析为重点的事后监管模式，加强事前风险预判，突出事中真实性核查，形成了一套较为完备的跨境电商零售进口事前、事中、事后正面监管模式，促进了新兴业态规范健康发展
一码集成服务	全国自由贸易试验区第三批最佳实践案例	对每个在郑州、开封片区办理业务的企业主体生成一个专属二维码，将该企业所有的行政审批服务信息包括注册信息、生产经营相关的许可及备案信息、企业信用及监管服务信息等进行集成，成为企业在郑州、开封片区办理行政审批服务事项的专属"身份证"
跨境电商零售进口退货中心仓模式	国务院第六批改革试点经验复制推广	在海关特殊监管区域内设置跨境电商零售进口退货中心仓，将区外的分拣、退货流程转移至区内，实行退货中心仓场所硬件设施监管，海关对电商企业相关设施实地验核后准予备案，划定跨境电商退货车辆出入区指定路线。实行退货包裹出入区监管，实施卡口管理、物流监控管理、仓内卸货管理、复运出区管理。实行合格包裹上架监管，加强单证审核和查验管理
企业登记身份管理实名验证系统	国务院自由贸易试验区工作部际联席会议办公室印发简报推广	实现"线上线下实名验证全覆盖"，推动身份信息"一经注册验证、全国联网应用"
服务八同步、拿地即开工	国务院自由贸易试验区工作部际联席会议办公室印发简报推广	"八同步"即招商引资与产业准入、项目选址、规划设计、土地报批出让、征地拆迁、文物勘探、土方运输与山体公园建设、大气污染防治八项工作同步推进机制。"拿地即开工"即项目用地挂牌期间提前指导，土地摘牌之后联合会审，达到条件后即可开工。据测算，通过服务模式创新可为企业节约手续办理时间3个月以上
消防安全许可便利化告知承诺制	国务院政府职能转变和"放管服"改革简报推广	将办事程序由先检查后发证调整为先发证后核查，由公众聚集场所的建设单位或使用单位，向场所所在地县级以上人民政府消防救援机构提出投入使用、营业消防安全许可申请，消防救援机构一次性告知其申请条件和需要提交的材料，当事人承诺符合消防安全标准并提供相关材料的，消防救援机构不再进行实质性审查，当场做出行政许可决定。办理行政许可后，消防救援机构对做出承诺的公众聚集场所进行核查，发现实际情况与承诺内容严重不符的，依法撤销行政许可并予以处罚

改革创新案例	全国复制推广情况	主要内容
原产地证书"信用签证"	2017年全国十佳创新案例	"信用签证"是指检验检疫机构根据申请，事先将空白原产地证书签字盖章后交由符合条件的企业使用，同时在原产地签证调查、更改证书办理过程中为其提供更多的签证便利
跨境电商"网购保税＋实体新零售"模式	2018年中国自由贸易试验区十大创新成果	在税收保全的前提下，允许符合监管要求的电商企业将网购保税进口商品凭保出区展示，消费者到店选购商品，经身份信息验核并在线完成下单支付，三单信息（即客户订单、支付流水、物流信息）与申报清单即时向海关推送与申报，清单放行后，允许消费者当场提货，实现"线上下单，即买即提"
1210"网购保税"进出口监管服务模式	世界海关组织作为全球推广的示范样板	—

第一，河南省委、省政府将国务院推广上海自由贸易试验区可复制改革试点经验纳入省委全面深化改革重点事项，明确由河南自由贸易试验区工作办公室（省商务厅、省开放办）牵头，河南省直有关部门配合，省市联动，强力推进各项改革试点经验落实。各省辖市、省直管县（市）要按照省里做法，尽快将国务院推广上海自由贸易试验区可复制改革试点经验纳入全面深化改革重点事项，明确责任单位和职责分工，健全工作机制，加快推进复制推广工作。河南自由贸易试验区工作办公室要充分发挥综合协调督查服务职能作用，加强统筹谋划，强力推进实施，确保各项改革试点经验落到实处、见到实效。

第二，定期通报，加强督查。各省辖市、省直管县（市）和省直有关部门要结合工作实际，尽快制定复制推广工作方案，明确具体任务、时间节点和责任单位；及时总结复制推广工作经验做法，每月10日前将复制推广情况报河南自由贸易试验区工作办公室。河南自由贸易试验区工作办公室要完善定期通报机制，建立河南省复制推广工作台账，定期汇总整理各地、各部门工作进展情况，及时向河南省委、省政府汇报。河南自由贸易试验区工作办公室要将复制推广工作情况纳入督查范围，采取专项督查和定期督查相结合的形式，实时跟踪复制推广情况，适时开展督促检查，确保改革事项逐一落实到位。

第三，上下联动，形成合力。各级、各部门要树立"一盘棋"思想，完善省、省辖市、县（市、区）和部门间的联动协作推进机制，形成复制推广改革试点经验的强大合力。要进一步发挥河南自由贸易试验区工作领导小组及办公室作用，定期召开例会，研究、解决复制推广工作中的困难和问题，协调推进复制推广工作。河南省直有关部门要继续加强与商务部等国家部委的沟通对接，及时了解国家相关部委的最新部署和兄弟省市复制推广工作的最新动态，同时加强对各地相关部门的业务指导，积极推进河南省复制推广工作。各地要加强与河南自由贸易试验区工作办公室和省直相关部门的沟通对接，上下联动、形成合力，推进工作落实。

2. 河南省政府、省商务厅与河南省委改革办等部门推广河南自由贸易试验区经验及成效

2020 年 9 月，河南自由贸易试验区工作办公室联合河南省委改革办联合印发了《关于印发河南自贸试验区 2020 年最佳实践案例的通知》，将 23 项自由贸易试验区改革试点经验在全省推广，具体内容如表 2 所示。

表 2　23 项自由贸易试验区改革试点经验

改革试点经验	创新片区	内容及成效	推广范围
国有土地出让考古前置改革	郑州片区	该项改革由郑州市文物局会同郑州市自然资源和规划局、相关县（市、区）政府联合建立考古调查、勘探、发掘前置工作机制，统一实施考古调查、勘探、发掘工作，通过系统集成化的建设项目审批改革措施，改变以往"一项目一申报"的做法。成效：平均为企业节省审批时间 30 天以上，同时规避了项目建设可能存在的风险	全省
企业集群注册新模式	郑州片区	该模式在集群注册"绿色通道"机制的基础上，通过线上、线下联动，进一步放宽住所登记条件、简化登记手续、规范管理和服务，降低企业前期办公场所租赁成本。据统计，仅在企业设立初期，平均为每家企业节约开户费等相关费用约 8000 元	全省
跨境电商零售进口退货中心仓模式	郑州片区	该模式在海关特殊监管区域内设置跨境电商零售进口退货中心仓，将区外的分拣、退货流程转移至区内，实行退货中心仓场所硬件设施监管，有效降低了电商企业退货仓储成本，缩短了消费者实际退货时间	全省
邮政口岸"三关合一"监管模式	郑州片区	该模式针对邮件、快件、跨境电商三项业务需求和特点，通过优化完善管理方案和监管方案，配合快件通关辅助系统和自动分拣线等配套设施建设，实现在特定的作业区域内实施集中监管，极大地满足了跨境电商企业快速通关需求	全省
建立中欧班列运邮进出口双向集散通道	郑州片区	在前期邮件出口常态化运邮的基础上，郑州海关和边境口岸海关通过建立沟通协调机制，解决进口邮件通关、封存、运载等问题，实现"一次申报、一次查验、一次放行"，同时利用远程协同、动态调整等方式，使中欧班列（郑州）国际邮件出口、进口的陆路通道全部打通，成为全国首条进出口双向运邮集散分拨的运输通道	全省
期货标准仓单买断式回购交易业务	郑州商品交易所	标准仓单买断式回购即企业与银行达成仓单回购协议，确定仓单成交价格、回购价格和回购期限后，客户将持有的仓单通过综合业务平台卖给银行并获得相应货款，到期时，客户按回购价格向银行买回仓单。在买断式回购中，平台为双方提供线上交易、仓单过户和资金结算等服务	全省

改革试点经验	创新片区	内容及成效	推广范围
住所申报承诺制	郑州片区	在郑州海关所属新区海关现场先行先试，整体运作良好，降低了电商企业仓储成本，减少了区内操作环节，同时进一步提升跨境消费者的购物体验。对于海关来说，退货入区也有利于海关加强对跨境网购保税进口业务全链条的监管	全省
企业开办"照章税保"联办	开封片区	指简化企业开办环节，优化流程，将企业注册、公章刻制、发票申领、社保登记有效整合，率先将企业开办时间由原来20余个工作日压缩至3个工作日以内，平均开办时间控制在2个工作日，申请材料压缩40%以上	全省
便企简易注销	开封片区	将税务、市场监管、商务、海关、人社5个部门的注销事项，由综合受理窗口"一口受理"。实施"即时办"优化税务注销即办服务，"分类办"推行简易注销清税证明免办服务，"容缺办"推行"承诺制"容缺办理，"容错办"建立企业简易注销容错机制。同时，扩大企业简易注销适用范围，拓展免费公告渠道。通过上述举措，优化注销流程、精简注销材料、压缩注销时限，全面提升企业注销办事体验	全省
建设项目水、电、气、暖"现场一次联办"模式	开封片区	对建设项目市政公用基础设施配套服务进行标准化、规范化、便利化改革，创新实施建设项目水、电、气、暖"一站式""零跑趟"上门服务	全省
企业投资项目承诺制	开封片区	选择已取得用地的市政基础设施、社会事业、工业和现代物流业等备案类企业投资项目开展试点，建设项目准入由政府审批改为企业承诺	全省
区域规划环评和差别化清单分类管理	开封片区	通过开展区域控制性详细规划环境影响评价工作，明确开封片区规划范围内的建设项目准入条件，制定建设项目环评负面清单，对区内项目实施差别化清单管理，有力助推建设项目承诺制等创新制度的实施	全省
涉企土地测绘"多测合一"	开封片区	聚焦工程建设项目领域涉企土地测绘程序烦琐、耗时较长、多头测绘等问题，将规划条件编制测绘、交地测绘、不动产登记宗地测绘进行整合，实现涉企土地测绘"多测合一"，测绘业务政府"包办"，测绘费用政府"买单"	全省
自贸试验区进出口企业二元多维评价体系	开封片区	通过此评价体系，对自贸试验区注册A类进出口企业的企业贸易经营信息、非银社会信用信息、金融信用信息全面衡量后评选出A+类企业，由银行围绕贸易便利化、扩大授信、进行信贷产品创新等提供差异化金融服务。率先构建起企业越诚信、手续越便利、银行越合规、审核越自主的信用激励机制	全省

续表

改革试点经验	创新片区	内容及成效	推广范围
建设工程规划许可告知承诺＋精准监管	开封片区	聚焦耗时最长的规划环节，提前介入对接工程建设项目规划设计方案技术标准，将规划设计方案的技术指标按照政府审核和企业承诺进行分类，同时设置四重风险防控举措，强化精准监管，为建设单位平均节省30个工作日	全省
"四链融合"促进洛阳老工业基地转型升级	洛阳片区	通过政策链带动资金链、资金链促进创新链、创新链引领产业链、产业链助推政策链，实现"四链"有机融合。实现了产业智能升级，推动了企业做大做强，激发了产业经济活力。在2018年、2019年国务院大督查中，该做法使洛阳市连续两年获得"促进工业稳增长和转型升级、实施技术改造成效明显的地方"督查激励	全省
破解民营经济职称评审瓶颈	洛阳片区	从"拓宽评审渠道、开辟绿色通道、突出能力导向、创新评审方式、健全信用评价体系"五个方面破解民营经济人才职称评审瓶颈，营造了有利于民营企业人才成长的良好环境，推动了经济高质量发展。2019年，高级职称评审通过率达到76.92%，高于往年全省平均水平10个百分点	全省
企业专属服务V3.0版	洛阳片区	全省首个企业个性化定制的专属综合服务平台。通过"互联网＋平台技术"，全面实现线上为片区企业提供政策法规、资金兑现、交流互动、金融服务等九大功能服务，同时建设手机APP和专属企业空间等服务工具，实现了区内企业"政策、人才、资金、市场、服务"精准推送，打造企业专属360°服务新模式	全省
"信贷＋信用"普惠金融模式解决中小微企业融资难题	洛阳片区	对优质诚信中小微企业实行"一次核定、随用随贷、余额控制、周转使用、动态管理"的融资模式。通过推广这一模式，有效缓解中小微企业双创资金难题，增强了中小微企业守信意识	全省
创新无仓储危化品经营企业管理服务新模式	洛阳片区	解决危险化学品经营企业受多方面因素制约而难以发展的问题，洛阳片区探索在自由贸易试验区内实行无仓储危险化学品经营企业管理服务新模式，通过引导集中管理、建立溯源制度、引入信用制度、实行同步审批等创新举措，既便于加强事中事后监管，实现了风险可控，又活跃了石化市场，为打造高端石化产业基地奠定基础。2019年洛阳片区无仓储危化品企业产值突破35亿元	全省
推行"多证集成、一照通行"	洛阳片区	首批改革事项确定为食品经营许可证、食品小经营店登记证、食品小作坊登记证等7类市场主体需求量较大的涉企经营许可事项，通过技术手段，将有关许可信息集成到营业执照上，推进流程、信息、追溯集成。"多证集成、一照通行"改革改变了以往申请人多次跑腿、材料多次提交、信息多次采集的状况，大幅降低了成本。以办理食品小经营店为例，办理时限由之前的10个工作日缩短到了2小时	全省

改革试点经验	创新片区	内容及成效	推广范围
优化食品生产许可证办理模式	洛阳片区	解决企业食品生产许可证办证时间因厂区整改等延长这一问题，洛阳片区通过"先证后查"、服务前移等创新举措，优化食品生产许可证审批流程。这一创新做法缩短了企业从申报到投产的时间，取得了良好实践效果	全省

为加快河南自由贸易试验区经验在全省复制推广，河南省商务厅举办河南自贸试验区制度创新探索成果在全省的复制推广专题培训，全省国家级高新技术产业开发区、国家级及省级经济技术开发区、海关特殊监管区和各市县相关部门共200余人参加培训。共举办4期培训，目的在于通过培训以点带面推动全省其他地方改革，为全省推进改革创新、实现转型发展提供强大助力。

2019年河南省政府工作报告中明确提出，深化政府"放管服"改革，"一网通办"前提下"最多跑一次"改革全面提速，省市县审批服务事项网上可办率均达到90%以上。深化投融资体制改革，推广投资项目告知承诺、容缺办理、多评合一等模式，投资项目审批事项由113项精简到59项。放宽市场准入，拓展开放领域。贯彻国家大幅度放宽市场准入部署，全面落实准入前国民待遇加负面清单管理制度。稳步推进外资管理体制改革，加快复制推广自由贸易试验区经验做法，完善外资企业设立商务备案与工商登记"一口办理"，建立外商投资企业投诉工作机制，严格企业知识产权保护，加快形成法治化、国际化、便利化营商环境。加快国际贸易"单一窗口"建设，提升通关效率，降低进出口环节收费，优化出口退税服务，提升贸易便利化水平。

中国（河南）自由贸易试验区自挂牌成立以来，边试点、边总结，把可复制可推广作为创新的基本要求，已向全省复制推广47项改革创新事项，"三十五证合一"、"证照分离"改革、企业登记全程电子化、名称自主申报、简易注销等改革已在全省推广实施，充分激发了市场主体活力。

作为全国唯一试点省份，河南已全面推行全国企业登记身份管理实名验证系统。该系统通过国家政务服务平台统一身份认证系统与公安部人口数据库联网，在实行网上全程电子化登记认证的基础上进一步开展线下窗口实名认证，实现"线上线下实名认证全覆盖"，破解了各地多头认证标准不一、各省份不能互认等难题，不但提升了企业注册登记便利化程度，还有效保护了人民群众的合法权益。

2019年8月30日，河南省企业注销"一网通"服务专区正式上线运行，实现了营业执照、社会保险、商务、海关、税务等各类涉企注销业务一网通办，将企业依次向各有关部门提交材料的传统办理流程，改为一网受理、并行办理的"一站式"服务新模式，企业注销更加便利。

目前，河南"单一窗口"已经实现全省范围区域、功能、业务三个"全覆盖"，其中跨境电商系统已实现全省所有符合跨境电商业务开展条件区域的全覆盖，平台全天候 24 小时作业，通关承载能力达 1000 万单/日，可充分满足企业安全、稳定、高效通关要求，承担了全省约 90% 的通关申报，目前入驻企业 13000 余家，服务上下游企业 28000 余家，已成为河南省外贸企业通关的主要支撑平台。

（三）在市内片区外的复制推广情况及成效

1. 郑州市推广情况及成效

推进商事制度改革，优化营商环境。2017 年 7 月 6 日，郑州航空港经济综合实验区商事注册名称自主核准系统正式运行，名称核准程序由原来 6 个步骤减至 2 个步骤，最快 5 分钟即可办理完结。2017 年 8 月 1 日，全省"三十五证合一"改革启动仪式在自由贸易试验区郑州片区综合服务中心举行，与此同时，郑州市在全市工商系统全面启动"三十五证合一"。无论是整合证照的数量、信息化综合运用水平，还是便利化水平，都处于全国领先地位。2017 年 10 月 31 日，郑州市第一份工商登记全程电子化营业执照颁发，全程电子化注册登记突破了地域空间和办公时间的限制，将传统的"面对面"服务转变为"键对键"服务，实现了工商登记服务从工作日 8 小时向全天 24 小时延伸。郑州市工商局还推出服务帮办制度，目前在郑州市工商局办事大厅和河南自由贸易试验区郑州片区商事登记窗口均设立了政务服务帮办窗口，全系统各窗口单位也正在陆续成立。"帮办"窗口选派的都是业务娴熟的工作人员，为申请人提供"指导或代其进行网上登记"等多项便利服务。为支持众创空间发展，郑州市还对重大项目、招商引资企业以及创新创业综合体、中央商务区、创客空间、创新工场等创新创业平台，开通工商登记"便利直通车"服务。郑州市工商局建立完善并严格落实《首问负责制》《限期办结制》《窗口服务规范》《窗口工作人员绩效考核方案》等制度规范，对企业群众请办事项做到一窗受理、一次性告知，不让群众多跑腿。在商事登记综合服务窗口率先试行"容缺受理"，对基本条件具备、主要申报材料齐全且符合法定条件，但次要条件或手续有欠缺的申办事项，实行先予受理和审查，允许"先上车后补票"，避免群众反复办、来回跑。

商事制度改革全面实施以来，郑州市营商环境持续改善，新产业、新业态、新模式"三新"企业快速增长。截至 2017 年 10 月 30 日，全市实有各类市场主体 88.14 万户，居中部六省省会城市第二位，较商事制度改革前增加 43.12 万户，增长率 95.78%；注册资本 2.85 万亿元，较商事制度改革前增加 1.9 万亿元，增长率 200%。特别是企业类市场主体发展迅猛，达到 39.17 万户，是商事制度改革前的 2.74 倍。自由贸易试验区郑州片区自挂牌以来，新入驻企业达到了 13253 家，新增注册资本 1587.72 亿元，居河南自由贸易试验区三大片区首位。

2020 年郑州市机构改革持续深化，市县机构改革全面完成。实施规划集中统一管理制度，推进城市管理重心下移。"放管服"改革纵深推进，政务服务"周末不打烊"，172 个事项凭身份证"一证简办"，261 个事项实现"掌上办"。工程建设项目审批全流程压减至 100 个工作日内，"联合辅导"模式全国推广。企业开办注册 3 天完成，不动产登记 5 个工作日办结，单办业务实现"当场办"。国有企业改革攻坚战扎实有效，15 家"僵尸企业"破产终结，50 家驻郑央企和 18 家市属企业完成"四供一业"移交。产权、组织、治理三大结构改革有序推进。营商环境持续优化，全省营商环境评价排名第一。成功创建国家社会信用体系建设示范城市，荣获国家"守信激励创新奖"。清理拖欠民营企业中小企业账款 12.1 亿元，减税降费 271.1 亿元。

"四条丝路"协同发展。"空中丝绸之路"完成旅客吞吐量 2913 万人次、货邮吞吐量 52.2 万吨，保持中部"双第一"。航空口岸全面实施"7×24"小时通关。"陆上丝绸之路"班列开行 1000 班，货重 54.1 万吨，分别增长 33.0%、56.1%。国际陆港"一干三支"多式联运示范工程通过国家验收。"网上丝绸之路"，跨境电商交易额 107.7 亿美元，增长 24.6%。"海上丝绸之路"，实现与青岛、连云港、天津等港口无缝衔接，海铁联运完成 1.1 万标准箱。

招商引资成果丰硕。至 2019 年 9 月，郑州片区新增注册企业达到 50099 家，注册资本 5873.8 亿元，是自由贸易试验区成立前的近 3 倍，平均每天入区企业 80 余家。两年多来，郑州片区新签约重大项目 128 个，签约总金额 2508.5 亿元，新开工项目 79 个，总投资金额 2150 亿元，32 个项目竣工投产，其中，投资额亿元以上项目 101 个，世界 500 强日本住友、美国利宝保险、世邦魏理仕、独角兽 APUS 全球第二总部、郑州宝能郑州中心等一批项目落地建设，累计实现合同利用外资 9.8 亿美元，实际利用外资 9.5 亿美元，片区现有进出口企业 2004 家，实现进出口总额 490.1 亿元，累计实现税收 803.1 亿元。

2. 开封市推广情况及成效

自由贸易试验区开封片区 2017 年 4 月 1 日正式挂牌，规划面积约 20 平方千米。自由贸易试验区开封片区挂牌伊始，即确立了"打造营商环境国际化引领区"的目标定位，围绕"极简审批、极速效率、极严约束、极优服务"的"四极"目标，形成了以"二十二证合一"、"企业投资项目承诺制"、"营商环境体系建设"、"六个一"政务服务新模式等为代表的百余项改革创新经验，其中多项较为成熟的改革创新经验已向全市复制推广。

在"极简"审批方面复制推广三项。一是"多证合一"。在开封片区"二十二证合一"经验基础上，按照《工商总局等十三部门关于推进全国统一"多证合一"改革的意见》文件精神，将全国"二十四证合一"改革新调整的事项纳入整合范围，在全市统一推进"35＋10 证合一"。二是"综合窗口、一口受理"。通过打造统一受理系统平台，设置综合受理窗口，将原来各部门分别受理的行政许可、行政服务事项进行整合，按照标准化、规范化要求一个窗口受理线上线下申办事项。三是"一次审查、两证同发"。对《药品经营许可证》和《药品经营质量管理规范认证证书》实行"一次申请、一套材料、一次核查、两证同发"。

在"极速"效率方面复制推广七项。一是企业投资项目承诺制。由项目单位按照要求公开书面承诺，并按照标准自主组织实施项目建设，政府职能部门做好开工前审验、竣工后验收工作，加强项目事中事后监管服务，不再将已承诺事项作为项目建设招投标及后续事项的办理要件。二是提高投资建设项目审批效率的四项措施。在投资建设项目审批中实行缺席默认、超时默认、容缺预审、二次退件报告四项措施。三是商事登记"一审核准制"、"容缺受理"承诺制两项提速举措。"一审核准制"是指由原来的窗口人员受理、窗口负责人或分管局长审核的"一审一核"办理流程变为窗口人员直接核准，特殊情况可以提请分管领导研究决定。商事登记"容缺受理"承诺制是指申请人办理商事主体注册登记时，申请资料基本齐全、符合法定形式、非关键性材料缺失或有误的，窗口工作人员一次性告知申请人须补正的材料、时限，申请人承诺按期补正材料后，工商部门可预先受理并做出核准决定。

在"极优"服务方面复制推广六项。一是"三网融合综合办税"。在国、地税"两网融合"的基础上，进一步对办税系统办事流程进行标准化设置、权限进行互相配置、业务进行有机融合，将办税系统与政务服务平台在同一个受理窗口进行对接，实现涉税信息和政务服务信息在同一个窗口共享，一次采集、按户存储、共享共用。二是"三方委托扣款协议"登记网上传递办理。对办税服务流程再造，推行企业、银行、国税部门"三方协议"电子化应用，纳税人扫描上传"三方协议"后，其余环节由办税服务人员电子化传递办理。三是住所集中地注册（一址多照）、营业执照"一照多址"、商事主体名称自主选用三项商事制度优化服务举措。住所集中地注册（一址多照）允许多个企业以住所集中地服务机构的住所（经营场所）地址作为自己的住所进行登记，并由该集中地服务机构提供住所托管服务。营业执照"一照多址"是商事主体的一本营业执照，可登记多个经营场所地址。按照自愿原则，允许同一登记机关内在住所以外增设经营场所，企业只要提供有效合法实际经营场所，即可由企业自主选择"营业执照住所（经营场所）＋实际经营场所"模式。商事主体名称自主选用是申报商事主体名称时，申请人以"自己负责"为前提，按照"自行查重、自主选择"的方式，登录自由贸易试验区商事主体名称自助申报系统，在网上自助查重、自主选用商事主体名称。四是在全市推广原产地证"零跑趟"办理。通过简化出口原产地证书办理流程，办事人员既可以通过自由贸易试验区开封片区综合服务大厅的单一窗口办理提交申请，也可以通过便民微信群申请签发邮寄证书，工作人员根据办事人申请的证书信息，用企业预留空白单证完成证书打印并签发，为企业提供原产地证免费签发邮寄服务。

在"极严"约束方面复制推广一项。"三双三联"事中事后综合监管新模式。建立以"双随机"抽查为核心的综合监管平台，实行双随机抽查、双告知推送、双智能监察、联合监管、联合惩戒、信息互联等综合监管举措。

开封市推广自由贸易试验区经验成效显著。政府审批时间压缩90%以上，申请材料减少80%，仅整体评勘一项可为百亩建设用地节约资金近百万元，项目建设时间减少90～120天。在不动产权证办理方面，汉晶高新材料（河南）有限公司仅用半个小时即完成业务办理工作，现场领到不动产权证书。在贸易便利化探索方面，"电子汇总征税保函"服务模式、河南地区电子口岸企业入网联审、出入境检验检疫窗口"两证合一"、原产地证"零跑趟"办理等一系列创新经验在经开区复制后，在以奇瑞汽车股份有限公司、住成电装有限公司、河南平原智能装备股份有限公司等为代表的一批外贸企业带动下，开封经济技术开发区外贸进出口工作实现连年提升，2019 年进出口总值比 2018 年增长 55.8%。特别是辖区外贸进出口企业奇瑞汽车股份有限公司积极开辟"一带一路"市场，2019 年出口汽车约 2.3 万辆。在利用外资方面，得益于放宽外商投资领域、涉外事项一窗办理等服务外资的政策落地，益海嘉里集团、新加坡丰树集团现代综合物流中心、汉晶高新材料（河南）有限公司超高水氧组隔膜等一批世界 500强、行业龙头项目入驻开封经济技术开发区。截至 2020 年上半年，开封片区共有企业5667 户，较挂牌前增长 31 倍，注册资本 944.85 亿元，比挂牌前（47.83 亿元）增长18.75 倍。自由贸易试验区开封片区和开封经济技术开发区"双区"联动发展，成为开封市经济社会发展的强劲引擎。

3. 洛阳市推广情况及成效

2020 年 9 月 27 日，中共洛阳市委全面深化改革委员会办公室、自由贸易试验区洛阳片区管委会、自由贸易试验区洛阳片区工作办公室联合印发《关于复制推广中国（河南）自由贸易试验区洛阳片区第一批创新成果的通知》，文件围绕企业开办、涉企经营、企业退出、企业投资四个方面，规定了在全市范围内复制推广的第一批 22 项自由贸易试验区制度创新成果。作为新时代改革开放的新高地，自由贸易试验区核心任务是制度创新，基本要求是可复制可推广。该文件的印发，切实表明了自由贸易试验区在引领洛阳全面深化改革和扩大开放试验田中所发挥的重要作用。洛阳市政府专门出台文件进行复制推广，洛阳市商务局将继续统筹做好改革创新经验复制推广工作的评估检查，适时将有关工作情况报告洛阳市委改革办，并会同自由贸易试验区洛阳片区管委会积极推进体制机制创新，加快探索形成更多可复制推广的改革创新成果。截至 2020 年上半年，洛阳片区新设立企业 2794 家，实际利用外资 4.67 亿美元，实现外贸进出口总额 34.09 亿元，分别占洛阳市的 9.77%、16.27% 和 23.89%，较挂牌前相比，分别增长 286.98%、19.74% 和 163.24%。

（四）在地市自主复制推广情况

河南省的其他地市虽不在自由贸易试验区范围内，但都积极复制推广自由贸易试验区的经验，比较突出的是漯河市。该市通过选取协同发展"示范部门、示范园区、示范项目"等形式，积极复制推广自由贸易试验区改革试点任务，并深化各类要素对接合作。

2018 年 4 月 23 日上午，漯河市委组织部牵头、漯河市商务局主办的漯河市自由贸易试验区建设与发展研修班在上海交通大学开班。河南自由贸易试验区漯河协调发展区建设领导小组成员单位、召陵区、市城乡一体化示范区、经济技术开发区以及市直相关单位分管负责同志 50 人参加培训。根据《漯河市人民政府关于取消和调整一批行政职权事项的决定》，漯河市政府决定取消和调整行政职权 1477 项。其中，取消行政许可事项 4 项，下放 4 项，调整 5 项，暂停 15 项，整合 37 项，修改名称 6 项，新增 16 项；取消其他类别的行政职权事项 210 项，下放 24 项，调整 102 项，暂停 26 项，整合 911 项，修改名称 39 项，新增 78 项。

根据《漯河市人民政府办公室关于印发漯河市进一步深化企业投资项目审批改革实施办法的通知》，一是推行投资项目"一窗受理"服务机制，对企业到行政服务中心报送项目审批材料的，由投资项目综合窗口进行一窗受理，实行项目代码制，通过在线平台，在线报送相关审批材料，其他相关审批部门不再单独对企业投资项目进行收文。完成项目审批手续后，由综合窗口进行一窗出件，并做好配套服务，统一将相关证照文件邮寄或通过代办员送达企业，同时，负责收集投资项目电子证照（批文）包。二是优化企业投资项目审批流程，在项目受理、项目审批方面做出统一规定，并实施并联审批，各投资项目审批部门按照《漯河市推进投资项目审批"一窗受理"工作实施意见》投资项目并联审批运作基本流程，对企业投资项目实施并联审批。洛阳市发展改革委、市规划局、市国土资源局、市住建委、市环保局、市水利局、市人防办、市消防支队、市气象局、市城市管理局、市文广新局、市地震局等与投资项目审批相关的部门，按照"一次性告知，一套申报材料，一窗统一收件，完成多项审批"的运作机制。对没有前后置要求的审批事项，一律并联办理；对有前后置要求的，及时提前介入，开展各项审核工作。三是提升投资项目服务监管水平，坚持放管结合、优化服务，创新服务监管方式，完善事中事后监管制度，构建全流程覆盖、全方位监管的投资项目审批服务体系，确保项目依法依规建设。

在 2020 年漯河市政府工作报告中，深入推进"放管服"改革，取消调整行政职权 371 项；106 项涉企行政审批事项实施"证照分离"；企业注册登记实现"一次不用跑、一分钱不用掏、三天全办好"；工程建设项目全流程审批时间压缩至 88 个工作日以内；不动产登记实现线上全流程办理，漯河市被确定为全省不动产登记"全省通办"改革唯一试点、全国不动产登记共享相关部门信息十大试点之一。

四、河南自由贸易试验区改革创新的复制推广障碍

（一）政府各部门统筹协调联动机制有待健全

河南自由贸易试验区改革创新经验如果属于程序性创新，那么由单一部门主管就可复制推广；如果属于制度性、政策性创新，则一般涉及多个部门，会产生制度政策和措施的碎片化问题。不同的部门从各自的角度和视野出台支持自由贸易试验区的制度和政策措施，但因部门之间缺乏沟通，所以形成制度政策措施在设计和落地过程中的"蜂窝煤"现象，企业开展业务受碎片化问题困扰，导致整个复制推广工作遭受挫

折，出现了"大门开放、小门关闭"的问题，便利化效果大打折扣。所以，需要进一步完善自由贸易试验区制度顶层设计的协调机制，特别是横向的协调机制，在关注制度适应性与绩效的同时，增强制度的整体性与一体化。

（二）复制推广质量与风险防范问题

复制推广的质量如何，直接关系自由贸易试验区这块"试验田"及其改革新模式能否覆盖全国、党和国家"以开放倒逼改革"战略能否实现。自由贸易试验区金融创新复制推广，意味着有更多元的资本进入金融领域，对区域乃至全国的经济安全和产业安全将会产生一定的影响。金融开放涉及众多敏感领域，对国家经济安全的影响可能比制造业更加深刻。因此，复制推广需要以确保经济和产业安全为前提。同时，要提高风险防范意识，建立风险监测、防控体系。特别是在金融开放领域及金融制度复制方面，既要大胆借鉴，又要审慎对待。

五、加快复制推广河南自由贸易试验区改革创新经验的对策

（一）加强河南自由贸易试验区改革创新经验的宣传解读

要通过政府网站、传统媒体与新媒体、行业协会等多种渠道，扩大宣传的覆盖面，以通俗易懂、接地气的语言提高宣传的精准度；要加强与企业、投资者、纳税人等主体的联系沟通，聆听他们的意见和建议，使复制推广工作得到更多企业和其他社会主体的关注、回应、支持与配合。

（二）注重顶层设计

要遵循合理有效原则，尽量选择示范性较强、影响力较大、具有辐射带动作用的改革创新事项，尽量选择切实为目标受众服务、有利于提高办事效率、改善营商环境、减少企业运营成本和居民办事成本的改革创新事项，尽量选择河南自由贸易试验区运作比较成熟，并且在河南其他区域具备复制推广条件的改革创新事项。

（三）扩大试点范围联动创新

对于部分创新经验全面推广仍不成熟、需要增加试点样本量继续试点的，在省级以上经济（技术）开发区、高新技术产业园区等特定功能区内扩大试点范围，开展特色化改革探索，打造"自贸试验区＋全省开放平台"联动发展格局。

（四）加强组织领导

在各地市委、市政府的领导下，"放管服"改革工作领导小组具体负责组织指导、

协调推进投资项目审批改革的各项工作。各责任部门按照职责分工逐项落实工作责任，加强对区域工作的业务指导、政策支持和督促协调。各区域要建立相应的工作机制，研究制定本区域工作方案和实施细则，细化优化操作流程，落实相关政策，精心组织实施。

（五）强化考核评价

建立改革落实检查评估制度，纳入市政府重点督查事项范围，定期开展监督检查，适时引入第三方评估机构，对改革成效进行评估考核。各县区、各部门要主动开展跟踪指导和督促检查，及时总结经验，协调解决改革过程中出现的问题，重大问题及时报当地政府。

参考文献

［1］陈丽芬．中国（上海）自贸区运行分析及复制推广路径［J］．商业时代，2014（30）：25－27．

［2］谢宝剑，张晓春．政策试验与扩散——以自贸区可复制经验为例［J］．中国公共政策评论，2017，12（01）：131－145．

［3］张仁开．张江示范区与上海自贸区联动发展思路［J］．江南论坛，2018（02）：7－9．

［4］张克．新中国70年改革试点复制推广机制：回顾与展望［J］．南京社会科学，2019（10）：11－16．

［5］吴蓉，潘力．自由贸易试验区可复制可推广的模式与理念研究［J］．海关与经贸研究，2016（05）：18－28．

［6］东方今报．中国（河南）自由贸易试验区开封片区向全市推广首批14项改革试点经验［N/OL］．http：//www．sohu．com/a/227732146_100111693，2018－04－09．

河南自由贸易试验区金融生态评价及优化研究

李　祺[①]　张子晗[②]

在经济全球化与一体化的背景下，自由贸易试验区的建立不仅顺应全球化经济治理新格局，对接国际贸易投资新规则，也是中国以开放促改革、促发展，打造中国经济"升级版"的必然选择，并有望成为拉动中国区域经济发展新的增长点。2017 年 3 月 31 日，《国务院关于印发中国（河南）自由贸易试验区总体方案的通知》和《中国（河南）自由贸易试验区总体方案》正式公布，中国（河南）自由贸易试验区获批成立。河南自由贸易试验区地处中原腹地，涵盖郑州、开封和洛阳三个片区，是全国重要的综合交通枢纽和人流、物流、信息流中心。河南自由贸易试验区定位于依托产业基础和区位优势、改革创新优势、文化底蕴优势和辐射带动优势，通过实施中央关于"加快建设贯通南北、连接东西的现代立体交通体系和现代物流体系"的要求，并加强建设服务于国家"一带一路"建设的现代综合交通枢纽和现代物流体系，让自由贸易试验区在服务"一带一路"建设中更有特色、更有作用、竞争力更强劲。河南自由贸易试验区承担着推进内陆地区在更高层次改革开放的重要使命，对促进区域协调发展、加快国家中部崛起战略实施等方面具有重大意义。

自由贸易试验区的设立是为了营造出相对独立的金融生态区，培育可复制、可推广的金融创新制度，通过实施法治化的、透明的全国统一市场运行规则，使自由贸易试验区内的金融资源得到高效配置和自由流动。因此，自由贸易试验区的发展和金融发展是分不开的，优良的金融生态是经济与金融实现良好互动的基础和前提，金融发展对自由贸易试验区乃至区域的经济发展都起着巨大的推动作用。为更好地完善河南自由贸易试验区的发展、发挥河南省的支点作用，带动中部地区经济的高质量发展，对河南自由贸易试验区金融生态进行研究和评价具有重大的现实意义。

一、金融生态理论阐述

金融生态是仿生概念，强调使用生态学的方法来研究金融业如何健康有效发展。

---

①　李祺，博士，郑州大学商学院副教授、博士生导师。
②　张子晗，郑州大学商学院硕士研究生。

金融生态是指金融机构在外部环境中利用自身调节机制和外部调节机制的互动循环，不断寻求平衡的动态过程，也就是经过自身的内部调节和对外部环境的适应，金融机构最后得到相对平衡的生态体系。国内最早提出金融生态理论的是周小川。他认为应当突破传统学术研究中只关注金融系统本身的研究范式，以生态学理论和方法，从社会大系统的角度来研究金融问题。金融生态是一个多种因素相互作用的动态平衡系统，由金融生态系统和金融生态环境组成，金融生态系统是指金融机构及其人员形成的组织及活动，如金融市场、金融机构、金融人才、金融技术和金融产品等；金融生态环境主要是指金融运行的一系列外部基础条件，主要包括宏观经济环境、法治环境、信用环境、市场环境和制度环境等方面。金融生态系统和金融生态环境相互作用、相互影响，金融生态环境对金融生态系统的业务类型和经营效果有着深刻的影响；反之，金融生态系统的健康发展能够有力支撑经济发展，促进社会进步，改善社会环境。总之，一个良好的金融生态对于推动金融市场充分发挥资源配置功能、降低金融交易成本、促进经济健康发展具有重要作用。

（一）金融生态的特征

1. 金融生态具有关联性

金融生态的各种要素之间具有十分密切的关联性，这种关联首先表现为金融活动主体内部的相互关联。也就是说，资金供求者与金融中介机构之间的紧密联系及其相互交易，维持着金融系统的日常运转。其次是金融活动主体与其外部环境之间的关联性，这种关联性直接影响着金融生态系统的平衡状况。

2. 金融生态具有适应性

由于法律体制、经济条件、社会特性、文化传统等各种外部环境不同，必然会造成金融生态具有不同的印记。同时，为了适应各自特殊的外部环境，金融活动主体也必须动态地调整自己的交易原则和交易策略。

3. 金融生态具有演进性

随着经济、社会中各种新生因素的出现，金融系统自我调节功能的有效性逐渐遭到削弱，金融主体之间、金融与外部环境之间关系失衡以及不断出现的金融风险与金融危机。为恢复金融生态的平衡，就需要制定相关的金融法律法规和政策，并着力营造适宜的经济、社会和文化环境。

（二）影响金融生态的因素

金融生态是一种动态的不断寻求平衡的系统，金融生态系统是在一定政治、经济、文化、法治环境下形成的具有鲜明的制度结构特征的系统。它是一个内容庞杂的集合体，金融市场参与主体不仅在政治、经济、文化、法治等一系列因素的共同影响下，而且各个参与主体之间都通过合作和分工的形式相互影响，其中每个要素都是相互联系、不可分割的。良好的生存环境有利于优化金融生态体系的结构；相反，较差的外部空间环境会导致金融主体难以正常运行，破坏金融体系的完整性。

1. 经济发展状况

经济的健康发展是金融稳定发展的前提，经济与金融之间存在着相互促进、相互制约的发展关系。一个地区的经济发展越好，那么该地区的金融资源就越丰富，金融实力也就越强。也就是说，健康可持续的经济发展状况也是金融生态得以优化的前提。

2. 金融发展状况

金融体系的良好发展是金融生态环境高效有序运行的必要条件。拥有丰富的金融资源，金融主体与金融市场才能提高金融运行效率，降低金融运行成本，促进金融生态环境的改善。只有提高金融业的整体发展水平，才能给金融机构的发展营造一个优质的金融生态环境。

3. 政策环境

政府既是金融业发展的监管者，又是金融业的参与者。政府的相关政策和行政措施会对金融生态环境产生较大程度的影响。因此，政府能否遵循市场经济规律和金融活动规律，并结合区域实际情况积极出台配套措施，是金融生态环境建设有效推进的保障。

4. 法治环境

法律制度是金融生态的基础环境，金融机构和金融活动都是在一定的法治环境下生存和发展的。新的金融产品、金融工具、金融组织、金融服务的出现，也受到专门法律制度的认定、规范和指引。在金融体系的发展过程中，法治环境对规范、约束和保障金融体系的有效运行有着重大影响。良好的法治环境能够有效地保障投资人、债权人等的正当权益，维护金融市场的稳定与规范。随着金融业不断发展与创新，健全的法治环境对金融生态环境发展的重要作用越来越明显。

5. 信用环境

信用是现代经济发展与金融发展的基础，而金融本身就是一种高度集中的信用活动。健全的信用体系，既能够帮助企业做出正确合理的经营决策、降低金融交易的成本，又能降低银行、保险等金融机构的运营成本与运营风险。

二、河南自由贸易试验区金融生态现状分析

河南自由贸易试验区自成立以来，在营商环境、产业结构、服务体系建设等方面都取得了不错的成效，不仅提高了经济外向度、提升了行业治理体系和治理能力现代化，而且还助推了经济高质量发展。根据河南自由贸易试验区的总体发展情况和金融生态的现状，本文从经济发展环境、金融发展环境、政策制度环境和信用环境四个方面对自由贸易试验区的基本情况进行分析和梳理，并为下面的实证分析奠定基础。

（一）经济发展环境

经济因素是影响金融生态评价的根本原因。河南省地缘广阔、人口众多，经济总量连续多年位居中西部地区前列，自身消费能力强，辐射周边区域广，发展潜力巨大，河南自由贸易试验区的建立有着深厚的经济支持。河南自由贸易试验区建设以来，产业结构不断优化，新兴产业市场主体大量入驻，企业活力不断激发。截至 2019 年底，累计入驻企业 6.94 万家，新增内资公司注册资本积累 8099.98 亿元；92 家世界 500 强企业入驻河南自由贸易试验区；外资企业累计 400 家，实际利用外资累计 19.95 亿美元；实现进出口累计 591.3 亿元。2020 年 1～7 月，实际利用外资 10.3 亿美元，同比增长 49.6%；进出口总额 165.8 亿元，同比增长 37.6%，开封、洛阳片区均实现了外贸外资两位数正增长。郑州片区在 2020 年 1～7 月共新注册企业 10076 家，与 2019 年同期相比增长 19.6%；实际利用外资 6.4 亿美元，同比增长 89.5%；实现外贸进出口 140.4 亿元，同比增长 32.7%。

（二）金融发展环境

规模结构合理、产品种类齐全的金融机构是形成良好金融生态体系的前提条件，是影响金融市场发展和金融效率高低的重要因素。河南自由贸易试验区成立以来，中国人民银行郑州中心支行主动担当、积极作为，牵头各金融监管部门和金融机构，强化制度设计，注重政策引导，提升金融服务创新水平，营造良好金融市场环境，积极支持自由贸易试验区实体经济快速发展。2017～2020 年，自由贸易试验区内各类金融机构达 430 余家，跨境结算超 1000 亿元，本外币贷款余额超 3000 亿元，金融机构体系不断完善，区内已涵盖银行、证券、保险、期货、投资基金、财务公司、消费金融、股权交易中心、金融租赁、商业保理、资产管理、互联网金融等主要业态，"多元融资、服务高效、一体联控"的金融服务体系成效显著。

（三）政策制度环境

影响金融生态的政策制度涉及范围广泛，主要包括政治法律制度、会计审计制度以及金融监管制度等，其中政治法律制度是基础、金融监管制度是核心、会计审计制度是保障。近年来，河南省委省政府把自由贸易试验区建设作为深化河南改革开放的重要战略抓手，提出构建政务、监管、金融、法律和多式联运五大服务体系。为进一步优化营商环境，政府深化行政审批制度、商事制度和投融资体制改革，构建权责明确、透明高效的事中事后监管机制，建立以社会信用为核心的市场监管体系。在如此有利的政策制度环境下，自由贸易试验区在营商环境、投资、贸易和金融等一系列领域都取得了多项创新成果，并且很多制度新成果都得以在国内推广。

（四）信用环境

金融系统中商品交易和服务的提供都离不开信用二字，金融生态体系的运行以社会信用环境为依托。信用环境是市场经济主体在市场经济活动中所表现出的履行契约的情况，良好的信用环境对金融业信用体系的完善有着潜移默化的影响。近年来，河南省自由贸易试验区出台相关意见表明多举措强化自由贸易试验区内企业信用监管，支持自由贸易试验区对企业实施信用分类监管，建立风险评估指标体系，开展监管风险动态评估。此外，实施信用监管与协同监管来强化自由贸易试验区内信用环境建设，通过与企业信用数据、社会信用体系对接来强化信用监管，进一步建立健全守信激励和失信惩戒的诚信约束机制，实现"一处违法、处处受限"的目标。自由贸易试验区内各职能监管部门之间共享监管信息和数据，并在此基础上实现协同监管，这为河南省自由贸易试验区内信用环境的优化提供了强有力的保障。

三、河南自由贸易试验区金融生态环境评价体系构建

金融生态评价是实现区域经济全面高速发展的前提，而建立科学的金融生态评价指标体系是对某一区域金融生态进行实证分析和研究的前提，评价指标体系的建立既要明确应该遵循的构建原则，又需要明确各评价指标之间的关系。只有在此基础上才能客观合理地评价河南自由贸易试验区的金融生态。

（一）构建原则

鉴于金融生态系统的综合性和复杂性，本文将从适用性和客观性角度出发，遵循科学性原则、系统性原则、可行性原则以及层次性原则，对河南自由贸易试验区金融生态进行评价。

1. 科学性原则

在构建金融生态评价指标体系时，选取的评价因素科学合理，评估指标具有清晰的概念、真实的内涵，能够真实反映所需测量的要素属性，从而客观地反映河南自由贸易试验区金融生态的质量和状况。

2. 系统性原则

金融生态是一个复杂而统一的有机整体，在评价时要把影响金融生态的各个要素都考虑到，做到各要素能够客观、完整地反映金融生态的现状。

3. 可行性原则

指标的选择需要顾及数据的可获得性，以及是否可以量化计算。在充分反映问题的前提下，确保指标既不过于简单，又不过于繁杂，保证所评价指标的全面性和真实性。

4. 层次性原则

金融生态是一个复杂而多元化的系统，它包含着多个子系统，子系统下又分出若干层，不同层级间存在着相互影响、相互制约的关系。所以，在建立指标体系时不可

以简单地叠加，而要考虑它们相互之间联动效应产生的共同效益，通过层次的合理划分来构建评价指标体系。

（二）构建指标体系

金融生态的指标选择是构建科学合理的评价体系的重要前提，指标太少会影响区域金融生态评价结果的准确性，指标太多又会带来不必要的重复。根据上文提到的评价体系构建原则，结合河南省自由贸易试验区的发展现状以及数据的可获得性，构建河南省自由贸易试验区金融生态环境评价指标体系（见表1）。将河南省自由贸易试验区金融生态环境指标体系分为3个层次（目标层、准则层、指标层），包括4个子系统（经济发展环境、金融发展环境、政策制度环境、信用环境），共10项指标。

表1　河南自由贸易试验区金融生态环境评价指标体系

目标层	准则层	指标层			
		指标名称	指标单位	指标代号	指标性质
河南省自由贸易试验区金融生态环境评价指标	经济发展环境	入驻企业数量	家	X1	正向
		外资企业数量	家	X2	正向
		注册资本	亿元	X3	正向
		进出口总额	亿元	X4	正向
	金融发展环境	金融机构数量	家	X5	正向
		金融从业人数	人	X6	正向
		利用外资额	亿美元	X7	正向
		金融机构贷款余额	亿元	X8	正向
	政策制度环境	制度创新成果	件	X9	正向
	信用环境	不良贷款率	%	X10	负向

四、河南自由贸易试验区金融生态环境评价方法

（一）评价方法——熵值法

对河南省自由贸易试验区金融生态环境进行评价涉及多个指标，而且该问题为多属性决策问题，其决策的核心和关键是各个指标权重的确定。目前的指标赋权法有主观赋权法、客观赋权法及组合赋权法，本文选用的熵值法属于常用的客观赋权法。在信息论中，熵是对系统无序性的度量，如今熵已经被广泛用于发展评价研究等领域。熵值法依赖于离散型数据，通过各项评价指标观测值所提供信息量的大小来确定评价

指标权重系数：信息量越大，不确定性就越小，熵也就越小；信息量越小，不确定性就越大，熵也就越大。采用熵值法可以克服指标变量间信息的重叠以及人为的主观性，能够客观反映指标的效用价值，并且该方法赋权意义明确且对指标个数无限制，适合对于多指标体系进行综合评价。

1. 指标初始数据规范化处理

由于指标的量纲、数量级均有差别，为了消除其对评价结果的影响，需要对各个指标进行标准规范化处理。本文使用 min – max 标准化方法，对于正向指标，使用公式（1）进行标准化，对于负向指标，使用公式（2）进行标准化处理：

$$X'_{ij} = \frac{X_{ij} - \min\{X_j\}}{\max\{X_j\} - \min\{X_j\}} \tag{1}$$

$$X'_{ij} = \frac{\max\{X_j\} - X_{ij}}{\max\{X_j\} - \min\{X_j\}} \tag{2}$$

式中，X_{ij} 为第 i 年中第 j 个评价指标的原始样本值，$\min\{X_j\}$ 和 $\max\{X_j\}$ 分别为第 j 项指标中的最小值和最大值，X'_{ij} 为标准化处理后的数据。

2. 根据熵值法计算步骤计算各指标的差异系数

（1）计算第 i 年中第 j 个评价指标比重 Y_{ij}：$Y_{ij} = \dfrac{X'_{ij}}{\sum\limits_{i=1}^{m} X'_{ij}}$，其中 m 为样本年份数；

（2）计算第 j 项指标的熵值 e_j：$e_j = -k\sum\limits_{i=1}^{m} Y_{ij}\ln Y_{ij}$，其中 $k = \dfrac{1}{\ln m}$；

（3）计算第 j 项指标的差异性系数 g_j：$g_j = 1 - e_j$；

（4）给指标赋权，定义权数 w_j：$w_j = \dfrac{g_j}{\sum\limits_{j=1}^{m} g_j}$；

（5）测算样本的综合评价值，第 i 年中第 j 个指标的评价值为：$S_{ij} = w_j X'_{ij}$，则第 i 年的综合评价值为：$S = \sum\limits_{i=1}^{m} S_{ij}$。

（二）数据来源

河南自由贸易试验区涵盖郑州、开封和洛阳三个片区，为了便于对自由贸易试验区金融生态环境进行综合评价，将三个片区的数据进行加总，鉴于数据的可获得性、可比性和全面性原则，本文所用到的数据均来自河南自由贸易试验区发布的官方文件以及出版的相关官方刊物，研究的时间范围为 2017～2020 年。

（三）评价结果与分析

1. 河南自由贸易试验区整体金融生态环境评价的结果与分析

根据熵值法的计算步骤，对所取得的 10 项评级指标 40 个原始数据进行处理，得到河南自由贸易试验区自 2017 年成立以来至 2020 年金融生态环境各个指标的评价值（见表 2）以及四个准测层的综合评价值（见表 3）。

表 2　2017～2020 年各评价指标评价分值

准则层	指标层	2017 年	2018 年	2019 年	2020 年
经济发展环境	入驻企业数量（X1）	0.067195347	0.081151771	0.046003233	0.000811518
	外资企业数量（X2）	0.072172201	0.028028039	0.104404447	0.001044044
	注册资本（X3）	0.076470133	0.071678141	0.056919226	0.000764701
	进出口总额（X4）	0.000748187	0.066324856	0.069846122	0.074818728
金融发展环境	金融机构数量（X5）	0.000869987	0.039544884	0.073817117	0.086998745
	金融从业人数（X6）	0.000909962	0.036670112	0.080674246	0.090996203
	利用外资额（X7）	0.001013505	0.029461597	0.075290749	0.101350462
	金融机构贷款余额（X8）	0.001033099	0.029094037	0.065940661	0.103309939
政策制度环境	制度创新成果（X9）	0.001001835	0.031486237	0.060110089	0.100183482
信用环境	不良贷款率（X10）	0.180316090	0.014425287	0.043275862	0.001803161
总计		0.401730734	0.427864954	0.676281742	0.562080983

表 3　2017～2020 年各准则层的综合评价分值

年份	经济发展环境	金融发展环境	政策制度环境	信用环境
2017	0.216586256	0.003826553	0.001013505	0.180316090
2018	0.247182806	0.134770623	0.314862370	0.014425287
2019	0.277173019	0.295722772	0.060110089	0.043275862
2020	0.077438991	0.382655349	0.100183482	0.001803161

（1）综合分析。

由表 2 可知，2017～2020 年河南自由贸易试验区金融生态环境评价分值分别为 0.401730734、0.427864954、0.676281742、0.562080983，由于 2020 年数据只有上半年的，但是通过该分值可以预测 2020 年整年的评价值将会大于 2019 年的评价分值。随着年份的增加，河南自由贸易试验区金融生态环境评价值逐步上升，河南自由贸易试验区的金融生态环境不断改善，呈不断优化的趋势。其中，2018～2019 年的分值增长速度较快，说明河南自由贸易试验区在 2019 年各方面发展较好，相较于前两年金融生态环境得到了明显的提升。总体来说，河南自由贸易试验区金融生态环境朝着健康、完善的方向发展。

（2）具体分析。

综合分析过河南自由贸易试验区 2017～2020 年金融生态环境的总体发展趋势后，

接下来根据评价分值分析河南自由贸易试验区各准则层的情况，表3为四个准则层在2017～2020年的综合评价分值。为了便于观察每个准则层分值的变化趋势，以及不同准则层之间的差异，将表3的结果制作为图1。

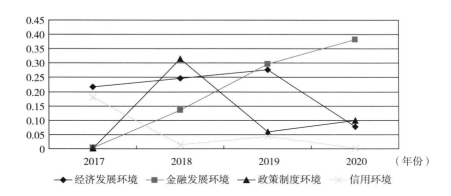

图1 各准则层分值的变化趋势

由图1可以看出，在2017～2020年，四个准则层变化趋势较为明显。经济发展环境评价值和金融发展环境评价值不断提高，虽然经济发展环境评价值在2020年有下降趋势，但需要注意的是，由于数据可得性，本文选取的只是2020年上半年的数据，因此自由贸易试验区内经济发展环境和金融发展环境总体来说是在不断优化的。并且2019年和2020年金融发展环境评价值超过了经济发展环境评价值，这表明河南自由贸易试验区内金融行业综合发展较好。同时也可以看到，政策制度环境的评价值有明显的升降变化，说明自由贸易试验区内政策制度环境发展并不稳定，2018年政策制度环境在四个准则层里评价值最高，说明2018年政府的相关政策和制度对营造自由贸易试验区良好的金融生态环境起到了重要作用，由此也可以看出营造优良的金融生态环境离不开相关政策制度的扶持。虽然在2019年政策制度环境评价值下降幅度较快，但是在2020年又有所回升。然而信用环境评价值一直处于很低的位置，并且变化幅度明显，这表明河南自由贸易试验区内信用环境情况不如人意，对自由贸易试验区金融生态环境的优化作用不大，因此自由贸易试验区未来的发展要紧扣营造良好的信用环境，这对优化河南自由贸易试验区金融生态环境的意义重大。

横向来看，在2017年，准则层指标得分最高的是经济发展环境，评价分值为0.216586256，说明该年自由贸易试验区经济发展情况良好，对自由贸易试验区金融生态环境的贡献最大。根据表2各个指标的评价分值来看，可知该年经济发展环境中，入驻企业数量、外资企业数量以及注册资本的评价分值较高，分别为0.067195347、0.072172201和0.076470133，这表明入驻的中外企业数量及企业注册资本是自由贸易试验区内经济发展环境优化的重要因素。2018年指标层得分最高的是政策制度环境，为0.31486237，排名第二的是经济发展环境，评价值为0.247182806，金融发展环境得分为 0. 134770623，信用环境得分最低，为 0. 014425287，这说明 2018 年自由贸易试验区相关政策制度执行情况较好，对自由贸易试验区金融生态环境贡献最大，经济、金融环境良好，而信用环境状况有待提升。2019 年金融发展环境评价值最高，为 0. 295722772，从图 1 也可以看出，金融环境评价值一直处于稳定上升的趋势，并在 2019 年超过经济发展环境排名第一，说明 2019 年自由贸易试验区内金融业发展较快，并使得自由贸易试验区金融生态环境得到优化。从表 2 具体指标的得分来看，2019 年金融从业人数、金融机构数量、利用外资额得分较高，分别为 0. 080674246、0. 073817117 和 0. 075290749，因此，相关的金融人才、金融机构的入驻对营造自由贸易试验区的金融环境有着重要的影响。2020 年上半年仍是金融发展环境评价值最高，为 0. 382655349，政策制度环境评价值也有所提高，但是信用环境评价值依旧处于低位。这表明就目前来说，河南自由贸易试验区内金融发展态势良好，并且对自由贸易试验区金融生态环境贡献最大。但是需要注意的是，自由贸易试验区信用环境评价值较低，并且变化趋势不稳定，因此自由贸易试验区应该更加注重信用环境的建设。

2. 三个片区金融生态环境的对比结果与分析

通过上文的分析，2017~2020 年河南自由贸易试验区整体的金融生态环境处于不断优化的状态。为了研究郑州、洛阳、开封三个片区各自金融生态环境的水平，缩小三个片区之间的发展差异，提高河南自由贸易试验区的综合实力，接下来将分析三个片区各自金融生态环境的发展程度，比较三者之间的发展差异。本部分选取了 2019 年三个片区的 10 个指标相关数据，同样运用熵值法进行分析，得到的评价值如表 4 和图 2 所示。

表 4　2019 年三个片区各个指标具体得分

准则层	指标层	郑州	洛阳	开封
经济发展环境	入驻企业数量（X1）	0. 089683064	0. 018880645	0. 000896831
	外资企业数量（X2）	0. 100892497	0. 014837132	0. 001008925
	注册资本（X3）	0. 119131427	0. 009000097	0. 001191314
	进出口总额（X4）	0. 136472999	0. 004101926	0. 001364730
	总计	0. 446179977	0. 046819800	0. 004461800
金融发展环境	金融机构数量（X5）	0. 111427536	0. 000111428	0. 011710537
	金融从业人数（X6）	0. 111250670	0. 000111251	0. 011766557
	利用外资额（X7）	0. 103633179	0. 013911350	0. 001036332
	金融机构贷款余额（X8）	0. 104610166	0. 013918856	0. 000104610
	总计	0. 430921551	0. 028052884	0. 024618036
政策制度环境	制度创新成果（X9）	0. 063237583	0. 034826495	0. 000632400
	总计	0. 063237583	0. 034826495	0. 000632400
信用环境	不良贷款率（X10）	0. 040854739	0. 059660889	0. 005966100
	总计	0. 040854739	0. 059660889	0. 005966100

从表4可以看出郑州片区的经济发展环境和金融发展环境评价值较高，分别为0.446179977和0.430921551，说明郑州片区的经济和金融水平发展较好，对片区内的金融生态环境贡献较大。洛阳片区和开封片区这两项指标的评价值都较低，与郑州片区相差较大。洛阳片区经济发展环境的评价值为0.046819800，金融发展环境的评价值为0.028052884；开封片区评价值最低，经济发展环境得分仅为0.004461800，金融发展环境得分与洛阳片区相差不大，为0.024618036。这表明与郑州片区相比，洛阳片区和开封片区的经济发展环境和金融发展环境较差，尤其是开封片区。虽然政策制度环境和信用环境评价值三个片区相差不大，但是评价分值都不高，这表明在政策制度环境和信用环境方面，三个片区都需要做进一步的完善工作。其中，政策制度环境郑州片区得分为0.063237583，洛阳片区为0.034826495，开封片区最低，仅为0.000632400；信用环境洛阳片区得分最高，为0.059660889，郑州片区和开封片区分别为0.040854739和0.005966100。

总体来说，三个片区金融生态环境差异较大，存在发展不均衡的问题。金融生态环境排名为：郑州片区＞洛阳片区＞开封片区。就经济环境和金融环境来说，郑州片区领先其他两个片区，从政策制度环境和信用环境来说三个片区相差不大，但是分值都很低（见图2）。因此郑州片区除了保持良好的经济和金融发展环境外，应该着重注意自由贸易试验区内政策制度环境和信用环境的建设，不能顾此失彼，政策制度环境和信用环境对自由贸易试验区健康的金融生态同样起着不可忽略的重要作用。对于洛阳和开封片区来说，应把提高片区的综合实力作为重点，积极推进经济、金融、政策制度和信用环境的相关建设工作，以此优化片区的金融生态环境。

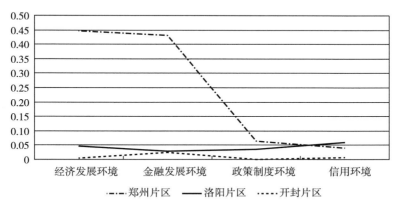

图2 2019年三个片区准则层综合评价值对比

五、相关建议

综合来看，河南自由贸易试验区自成立以来，总体金融生态环境呈现出不断优化的趋势，但考虑到自由贸易试验区成立的时间并不长，三个片区存在发展不均衡问题，加上河南自由贸易试验区与上海、天津等拥有成功经验的自由贸易试验区相比还存在一定的发展差距。因此，为实现三个片区的均衡发展，进一步优化河南自由贸易试验区整体金融生态，发展区域经济建设，加大河南自由贸易试验区的辐射带动作用，本文将提出以下建议。

（一）加快区域经济体制改革，提高自贸区经济综合实力

一个地区经济水平决定着当地的金融发展状况，河南自由贸易试验区的经济基础是决定金融生态环境质量的重要因素，良好的经济发展环境会促进金融生态环境的发展。河南自由贸易试验区应充分发挥其区位和交通优势，结合其功能定位，放大枢纽物流优势，加大与周围地区的经济交流；借助"一带一路"这个重要平台，积极参与国际合作，促进流通国际化和投资贸易便利化，积极推进我国与沿线地区和国家的互联互通，打造国际合作新载体，建设国际合作专业园区，完善境外投资者权益保护机制。此外，要实现河南自由贸易试验区金融生态环境的稳定发展，需要立足河南省实际情况，因地制宜加快经济体制改革，推动经济高质量发展，为河南自由贸易试验区金融生态的建设提供持久的动力源。

（二）加大金融资源配置，完善金融创新体制

鼓励金融机构加快组织创新，积极推进金融业务开放创新，学习上海、天津等自由贸易试验区的成功经验，推广有成效的金融创新成果，深化科技与金融创新相结合，构建服务于创新型企业的金融机构体系。推进金融服务业的创新发展，提高自由贸易试验区的对外开放水平，创新要素供给模式，积极引进高水平的金融人才和队伍。构建专业、联动、全面的融资支撑体系，优化金融供给结构，如建立中小企业纾困基金、加大信贷风险补偿力度、引导金融机构加大信贷投放力度等。引导股权投资基金和融资租赁产业创新发展，为河南自由贸易试验区内具有发展潜力和技术优势的企业提供多元化的资金支持，满足客户多样化的融资租赁需求。加强对本土企业的培育关注度，加大金融机构对小微企业的支持力度，创新对小微企业的融资产品。完善优化三个片区的金融资源分配状况，针对三个片区各自的发展特点和优势，因地制宜，开展具有针对性的金融资源配置和金融创新。加强片区之间的合作，形成三个片区之间的优势互补，完善自由贸易试验区的整体金融生态水平。

（三）加快转变政府职能，完善体制机制创新

进一步简政放权，释放自由贸易试验区改革活力，理顺和完善管理委员会管理体制机制，确保各项工作高效开展。继续推进建立完善绩效激励保障机制、容错纠错机制、联动机制及选人用人机制，积极研究人才引进、使用办法及新型管理方法。强化管理委员会的统筹领导作用，探索建立科学合理的自由贸易试验区工作考核评价方法，一方面将自由贸易试验区工作纳入政府部门的绩效考核，明确工作奖惩机制，探索完善自由贸易试验区工作打分机制；另一方面充分利用自由贸易试验区"大胆试、大胆闯、自主改"的政策优势，调动各部门干部干事创业的积极性和主动性。优化部门间工作联动机制，建立自由贸易试验区的工作信息交流平台，加强基础信息双向共享，形成推动改革创新的合力，加强政府在营造优良自由贸易试验区生态环境的主导地位。

（四）优化法律环境，加强信用环境建设

加快建立完善以企业大数据为基础，以信用监管为核心，政府主导、部门协同、社会共治的事中事后监管体系，着力构建集中统一的综合执法体系。大力推进河南自由贸易试验区企业和个人征信基础数据的建设，实现征信信息共享，不断完善信用征集、评价体系，形成信用监督机制与信用惩戒机制。优化征信体系建设，加快完善自由贸易试验区相关金融法律的制定，加大自由贸易试验区内金融法治的执法力度，减少金融类法律案件的积压率，推广金融涉诉案件简易程序，更好更快地结清金融类诉讼案件。按照现代市场经济的立法观念，以完善金融产权为核心，以强化信用秩序为重点，以市场原则为基础，改善金融主体法律制度，完善金融业务法律规范。宣扬诚信文化，不断加强市场经济参与者的主体信用意识，形成良好的社会道德风尚，健全社会舆论对信用行为的监督机制，为金融和经济的发展提供良好的信誉环境，促进河南自由贸易试验区金融生态的平衡和优化。

参考文献

［1］杜萍．河南省区域金融生态环境评价方法与实证研究［J］．改革与开放，2015（18）：11－12.

［2］刘园丽．基于区间分析的金融生态环境评价及其实证［J］．统计与决策，2017（11）：166－168.

［3］梁承寰，贺新然．金融创新视角下的河南自贸区建设问题研究［J］．征信，2018（10）：85－88.

［4］葛鹏．构建金融生态环境分析评价指标体系路径选择［J］．时代金融，2020（17）：7－10.

专题篇一：政府职能转变

河南自由贸易试验区行政管理体制改革
实践成效与政策建议

张婷玉[①]　　冯东旭[②]

党的十九大报告指出，"赋予自由贸易试验区更大改革自主权，推动形成全面开放新格局"；2018年河南省政府工作报告提出，要"提升对外开放水平，推进河南自由贸易试验区建设，赋予各片区更大改革自主权"。这彰显了国家坚定不移地推进自由贸易试验区建设、深化改革的决心，也为加快自由贸易试验区建设指明了改革方向。2013年7月，我国首个自由贸易试验区——中国（上海）自由贸易试验区获批，2014年12月，广东、福建、天津正式获批，成为第二批自由贸易试验区，2016年8月，河南、辽宁、浙江、湖北、重庆、四川、陕西作为第三批自由贸易试验区正式出炉，2019年又新增山东、江苏、广西、河北、云南、黑龙江6个自由贸易试验区，再加上海南自由贸易港，我国自由贸易试验区可谓全面开花，成为推动全面开放新格局的重要支点和抓手。

与国外自由贸易试验区不同，我国自由贸易试验区的战略目标不仅仅在于经济层面，更在于提供可复制推广的创新制度。李克强在规划自由贸易试验区蓝图时就指出，自由贸易试验区的设立并不是为这些经济领域提供特殊政策使之成为"洼地"，而是需要通过政府自身的制度创新实现改革高地。因此，中国自由贸易试验区的核心生命力在于制度创新，通过制度创新推进政府职能转变，从而更好地适应国际经济环境、服务本国市场经济发展。而纵观近年来各地自由贸易试验区改革实践经验，管理体制改革已经成为各类重点任务改革的起点，全面贯穿于投资体制改革、贸易便利化改革和金融改革，管理体制机制的创新从根本上保障了操作层面政策创新的推进。因此，如果管理体制改革效果欠佳，将直接影响自由贸易试验区所有制度创新工作的开展，而通过前期在河南、上海、浙江、广东等自由贸易试验区的实地座谈与调研，发现虽然河南自由贸易试验区在管理体制机制方面取得了一定改革成效，但随着自由贸易试验区建设的深入推进，管理体制机制问题日益凸显，成为制约自由贸易试验区进行创新试验的主要因素，因此，本课题将河南自由贸易试验区管理体制机制创新作为着眼点，通过实地调研以及比较，厘清河南自由贸易试验区管理体制机制的主要问题，思考河

---

① 张婷玉，博士，郑州大学商学院国际经济与贸易系副主任、讲师。
② 冯东旭，博士，郑州大学商学院讲师。

南自由贸易试验区深化管理体制机制改革的路径，为河南自由贸易试验区建设提供新思路，为国内其他自由贸易试验区提供可参考的政策建议。

一、河南自由贸易试验区管理体制机制改革的实践经验与成效

2016 年 8 月 31 日，国务院正式批复中国（河南）自由贸易试验区设立。2017 年 3 月，国务院下发《国务院关于印发中国（河南）自由贸易试验区总体方案的通知》以及《中国（河南）自由贸易试验区总体方案》。2017 年 4 月 1 日，中国（河南）自由贸易试验区正式揭牌。中国（河南）自由贸易试验区（以下简称河南自由贸易试验区）分为郑州、洛阳、开封三个片区，三个片区总面积约为 119.77 平方千米。郑州片区约 73.17 平方千米，洛阳片区约 26.66 平方千米，开封片区约 19.94 平方千米，各片区范围及发展重点如表 1 所示。

表 1　河南自由贸易试验区各片区范围及发展重点

片区	区块	面积（平方千米）	发展重点
郑州片区	国家郑州经济技术开发区	41.22	依托中欧班列和海关特殊监管区域等，重点探索以促进交通物流融合发展和投资贸易便利化为主要内容的体制机制创新
	郑东新区	31.67	依托金融总部和高端服务业集聚优势，重点探索投资制度改革、金融开放创新、要素市场建设、完善事中事后监管体系等
	金水区	0.28	依托服务外包、科技创新优势，重点探索服务贸易领域、"双自联动"体系等创新发展
洛阳片区	洛阳国家高新技术开发区	18.88	装备制造、机器人、新材料等高端制造业；研发设计、国际文化旅游、文化创意、电子商务、服务外包、文化贸易、文化展示等现代服务业
	涧西区	7.78	
开封片区	国家级开封经济技术开发区及开封城乡一体化示范区	19.94	重点发展服务外包、医疗旅游、创意设计、文化传媒、文化金融、艺术品交易、现代物流等服务业；提升装备制造、农副产品加工国际合作及贸易能力，构建国际文化贸易和人文旅游合作平台，打造服务贸易创新发展区和文创产业对外开放先行区，促进国际文化旅游融合发展

资料来源：根据河南自由贸易试验区官方网站资料整理所得。

河南自由贸易试验区自 2017 年 4 月 1 日挂牌运行以来，以制度创新为核心，以风险防控为底线，围绕政务、监管、金融、法律、多式联运构建五大服务体系，总体来

看，河南自由贸易试验区下放了 455 项省级管理权限，先后出台了 47 个针对性强的支持配套文件，打造了一网通办的政务服务体系，建设了一体联控的金融服务体系，优化了一律平等的法律服务体系，创新了一单关检的监管服务体系，健全了一单到底的多式联运服务体系。从具体任务落实情况来看，总体方案 160 项试点任务已完成 159 项，累计形成制度创新成果 392 项，政务服务、跨境电商、多式联运等领域制度创新走在全国前列。试点改革成效显著，下文进行具体分析。

（一）不断优化组织管理架构

根据前文分析，河南自由贸易试验区的行政管理目前属于政府主导型模式。如图 1 所示，在省级层面成立了河南自由贸易试验区建设领导小组，统筹负责自由贸易试验区重大问题决策，领导小组在商务厅下设办公室，负责领导小组日常事务。郑州、洛阳、开封三个片区分别设立管委会，并受省领导小组和地市政府领导，承担行政管理和经济管理双重任务。在人员配置方面，各片区根据自由贸易试验区发展要求，不断进行部门整合与调整，工作人员的聘用也采用多样化的渠道，大致可分为三类：一是原区域内相关部门工作人员，二是区域内遴选的工作人员，三是向社会公开招聘的聘用制工作人员。

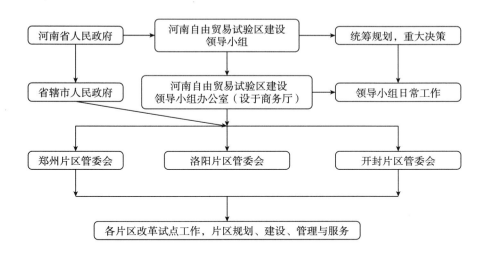

图 1 河南自由贸易试验区管理架构

资料来源：根据河南自由贸易试验区官方网站资料整理所得。

（二）显著提升政务服务效率

1. 成立综合审批机构

为了切实提高政务服务效率，对自由贸易试验区审批流程进行优化整合，成立了自由贸易试验区综合审批局，实行"一个印章管理，一个机构负责"的集中行政审批，对规划建设、项目投资、社会事务等事项进行综合审批，深入实践相对集中的行政许可权改革，促进简政放权，提高政府办事效率。在具体审批流程方面，取消了部分事项的审批，探索告知承诺制。例如，洛阳片区对 40 项事项审批实行告知承诺制，优化了大概 130 项审批流程。在具体操作层面，对海关备案、银行开户、企业注册等不断进行创新实践，实行 24 小时办结制度，将办公时间缩短了 2/3 以上。

2. 全面深化"放管服"综合改革

河南自由贸易试验区充分借鉴国内外自由贸易试验区的政策，并结合河南自由贸易试验区的实际情况，积极打造"综合成本最低、综合效率最高、综合流程最优"的模式。政府大力推进简政放权，深化"放管服"改革，在推动商事登记改革方面走在全国前列。河南自由贸易试验区率先全面推出"证照分离"改革，郑州片区 97 个事项实现了"证照分离"改革。先后推出"一照多址"和"一址多照"等新模式，开封片区率先实施的"三十五证合一"在全国得到推广。据河南自由贸易试验区官方数据，到 2017 年底，已经基本完成"多证合一""投资项目承诺制"等任务。"多证合一、一口受理"等服务模式的建立，实现了多个部门的协调管理，以"减证"的形式实现"简政"，打破了部门之间信息的独立，提高了政务的服务便利化水平，来自由贸易试验区注资成立的企业只需要到工商部门的窗口提交一次申请，便可以领取到具有统一社会信用代码的营业执照，随后便可开展正常的营业。这一举措使得办结的时限由原来的 50 个工作日缩减至 3 个工作日，极大地提高了办事效率，为企业营造了一个便利的营商环境。此外，以手机短信验证方式，"零见面、无介质、无纸化"办理电子营业执照，"政银合作"代办工商登记"直通车"服务等措施全国领先。

（三）逐步完善市场监管机制

政府由原来的注重事前审批到现在更加注重事中事后监管，一方面能够减少行政审批的事项，减少政府对市场的过分干预；另一方面能够使地方政府依据法律法规快速办理业务。在完善市场监管机制方面，河南自由贸易试验区进行了如下探索：

1. 强化政策保障

2018 年郑州市人民政府出台的《中国（河南）自由贸易试验区郑州片区事中事后监管体系建设总体方案（试行）》（以下简称《方案》），从政策层面进一步健全了自由贸易试验区事中事后监管体系，确保放得开、管得住，提高监管效率。《方案》的出台，有利于创新市场评价机制，促使参与市场的各方人员加强自我约束；有利于完善市场退出机制；同时，有利于自由贸易试验区政务服务平台建设，实现政务数据资源共享。

2. 实行部门联合执法

河南自由贸易试验区各片区综合监管部门采用"1 + N"执法模式，"1"即综合监管部门，"N"包括质检、工商、环保、消防等部门，统筹各部门，对企业联合进行一次检查，避免多次重复检查，提高工作效率，减少企业成本。例如，郑州片区管委会为了对片区内企业食品安全和消防安全进行综合检查评估，联合郑州市、郑东新区的食药监管、消防部门进行检查，实现了一次检查、多方参与的高效率联合执法。

3. 推行"双随机、一公开"监管模式

为了加强事中事后监管的公平透明，河南自由贸易试验区构建综合监管信息平台，在监管过程中，采取"双随机、一公开"的方式。首先建立检查对象库、执法人员库以及检查事项清单，在监管过程中，根据库存名单，随机选派执法检查人员，随机抽取检查对象，并对检查结果全面公开，这种监管模式有利于规范监管流程，减少腐败，强化企业日常规范经营。目前，河南在此模式基础上进一步升级，实现了"三双三联"，"三双"指双随机抽查、双智能监察、双告知推送；"三联"指联合监管、联合惩戒、信息互联互通。

4. 构建社会信用体系监管平台

河南自由贸易试验区积极落实国务院有关文件精神，出台了《河南省"十三五"社会信用体系建设规划》《河南省公共信用信息管理暂行办法》等文件①，为社会信用体系的建设提供了指南，转变了政府对企业评估的业务模式，由原来相对混乱的管理局面到建立相对完善的信用体系，在行政管理的事项中，将全面推广并使用信用产品，对失去信用的企业实行信用服务市场的监管和准入制度，并且对不同信用级别的企业实行不同的信用监管。评估模式的转变有利于提高政府对市场经济主体的管理效率，打造良好的市场环境，便利企业的投资。

5. 不断创新监管模式

河南自由贸易试验区首创的"跨境电商零售进口正面监管模式"成功入选2019年7月国务院自由贸易试验区工作部际联席会议发布的第三批"最佳实践案例"。跨境电商"网购保税＋实体新零售"模式获评2018年中国自由贸易试验区十大创新成果。

（四）切实加强营商环境建设

在河南自由贸易试验区成立两周年之际，毕马威在世界银行营商环境评价体系基础上结合郑州片区自身功能定位，构建了郑州片区营商环境评价指标体系。该指标体系由政府效能、开放程度、法治环境、要素支撑4个一级指标构成，包括14个二级指标和69个三级指标，根据评估结果，郑州片区营商环境世界模拟排名第35名，开封片区第43名，南沙片区第29名，成都片区第30名。总体来看，郑州片区多数指标高于全国平均水平。在法治机构保障方面，郑州、洛阳、开封三个片区都已经成立了自由贸易试验区法院或法庭，并在郑州、洛阳设立了仲裁委国际商事仲裁院和洛阳国际商事调解中心，为公平高效的营商环境提供保障。

在良好的营商环境下，河南自由贸易试验区市场活力不断被激发。根据2020年商务部驻郑州特派员办事处统计，河南自由贸易试验区自挂牌起累计新设企业8.88万

---

① 贾楠．政府主导型市场主体信用监管体系研究——以河南为例［D］．郑州：郑州大学，2017.

家，注册资本 1.1 万亿元，入驻世界 500 强企业 99 家、国内 500 强企业 109 家，带动产业向高端化、集群化、国际化发展。河南自由贸易试验区郑州、开封、洛阳片区新注册企业数分别是片区成立前的 3 倍、32 倍、3.5 倍。郑州片区日均新注册企业近 80 家。

二、河南自由贸易试验区管理体制机制存在的主要问题

建设自由贸易试验区是党中央、国务院在新形势下全面深化改革和扩大开放的战略举措，在我国改革开放进程中具有里程碑意义。深化行政管理体制改革，加快政府职能转变，创新政府管理方式，探索出一批可复制、可推广的改革经验是现阶段我国自由贸易试验区建设的首要任务。河南作为中国内陆省份，对外开放资源相对匮乏，更需利用好国家赋予的自由贸易试验区优势，把制度创新作为核心任务，围绕深化商事制度改革，推进政府管理模式创新，全面提高改革开放水平。河南自由贸易试验区设立后，就管理体制机制改革的主要内容、改革路径等方面已经探索出了一系列有效方法，但在管理体制机制改革创新方面，尚面临一些现实问题和困境亟待解决。

（一）自由贸易试验区上下相关机构管理模式有待优化

1. 高层统筹设计不足

河南自由贸易试验区建设领导小组（以下简称领导小组）自 2017 年 2 月成立以来，在河南自由贸易试验区建设进程中发挥的统筹领导作用有待进一步强化。领导小组由省人民政府成立，统一负责领导组织、统筹管理三个片区建设发展工作，研究决定三个片区发展规划、政策和重大问题，统筹指导改革试点任务①。领导小组成立的初衷是很好的，也在成立之后的前两年通过会议的形式切实促进了一些问题的解决，但后来会议次数渐少，这也意味着省政府对河南自由贸易试验区的关注度有待进一步提高。

领导小组由省长牵头任组长，行政权力和行政资源非常之富足，但其成立的自由贸易试验区工作办公室（以下简称省自贸办）运行机制并不顺畅。省自贸办的主要任务在于落实省人民政府有关自由贸易试验区发展的决策和部署，完成省人民政府和领导小组交办的自由贸易试验区有关事务，也就是说，省政府和领导小组对河南自由贸易试验区三个片区发展情况的了解和掌握主要依靠省自贸办的日常工作汇报，如果省自贸办创新动力不足或者积极性不够，抑或是压力传导不够，则省政府和领导小组就很难发现自由贸易试验区的真问题，也就无法统筹管理三个片区的建设发展工作。整体来看，省自贸办缺乏高效推动三大片区建设的有力抓手，推动三大片区的建设力度

---

① 参见河南省政府令 178 号《中国（河南）自由贸易试验区管理试行办法》第七条。

尚需加强。

在 2020 年 10 月的一次会议中，河南自由贸易试验区三个片区作为省政府派出机构的定位被修改为由所在地的省辖市人民政府领导。政府职能定位是自由贸易试验区机构设置的逻辑起点，这实际上是三个片区行政权力弱化的体现，自由贸易试验区的这种职能定位需要被优化。

2. 管理机构权限受限

授权不充分，改革权限受困，这是各地自由贸易试验区面临的一个共性问题。自由贸易试验区管理机构统一承担自由贸易试验区内行政与社会管理职能，但目前自由贸易试验区三大片区的很多行政与社会管理职能仍由原地方政府负责，自由贸易试验区管理机构仅承担小部分职能。自由贸易试验区肩负着创新发展的时代责任，而且自由贸易试验区管理机构与企业和群众距离最近、处理相关业务最为频繁、对企业与群众的需求了解得最多、对自由贸易试验区的核心任务与发展目标也更明确，但实践中，自由贸易试验区管理机构虽是自由贸易试验区发展的实际责任主体，却没有被赋予应有的权力，着实存在责任与权力不匹配的问题。

同时，因自由贸易试验区的实际工作受地方政府管辖，虽然地方政府不断下放管理权限，但自由贸易试验区的改革是涉及政府职能转变、投资贸易便利化、金融开放、法制建设等问题的综合性、国际化、高水平的改革，许多关键领域的改革需要多部门决策，还有部分改革隶属国家事权，涉及海关、税务等独立执法部门，这种模式从本质上看并没有跳出中央—地方垂直行政管理的模式，从而导致自由贸易试验区内管理机构的改革权力受限。例如，2020 年 6 月，海南自由贸易港引入高端人才和紧缺人才时开始实行"个人所得税实际税负超过 15% 的部分予以免征"，深圳前海也有类似的免税政策，这种政策涉及省级和地方税收，要试验这种政策，就需要逐层申请、层层审批。自由贸易试验区就像一块儿改革试验田，需要有法定权限才能试验出好品种。

河南自由贸易试验区与国内其他经济园区的管理模式类似，由片区管委会负责片区发展的重大问题及统筹推进片区的具体事务。但是在改革创新工作的实际推进过程中，郑州、洛阳和开封三个片区管委会进展都不顺利。作为体制机制改革创新先行先试的探路者，自由贸易试验区要发现的是国家级的问题，而实际工作中自由贸易试验区属于区级别，无论是从体制机制设计来说，还是从专业资格来说，这种试验和改革都缺乏保障。自由贸易试验区先行先试的主旨很明确，但在具体工作的落实过程中，由于缺乏试点权限，自由贸易试验区的任何试验和改革举措都要到相关部门层层申报，与其负责人商议，请求他们授予权限，而许多部门创新的责任意识并不强，在工作推动中存在不重视、不配合等情况，导致片区推动相关市级部门开展创新工作的能力十分有限，再加上改革本身并不一定会受到各部门的欢迎，所以实际工作中经常遇到千呼万唤未出来的结果，因此，自由贸易试验区缺乏一个自上而下强有力的制度创新协同机制。

政府行政管理体制改革越深入推进，面临的症结就越多，而囿于改革权限的不完全，涉及一些敏感问题或者关键领域的创新往往需要层层审批。实践中，河南自由贸易试验区三大片区的工作受地方政府管辖，任何一步改革举措横向纵向都是联动的，如果没有高位推动，或者缺乏特殊定位，权限的申请就不容易通过，这就如同拥有一片试验田，可是试验的权限有限；当了排头兵，却没有良好的兵器。这种权限受限的情况，不仅制约改革效率，而且容易浮于形式，制约自由贸易试验区改革创新能力的实现。

3. 部门间协调联动效果欠佳

自由贸易试验区改革创新措施的推进往往需要多部门协同完成，虽然自由贸易试验区方案中提出了信息互换、监管互认、执法互助，但目前大部门制改革进展缓慢，各部门之间多头管理的问题尚未得到有效解决，主要表现为：

第一，涉及部门众多，行政关系未捋顺。不仅涉及省级建设领导小组、各片区管委会，而且涉及中央部委、省市各级政府职能部门，各部门交叉管理，行政层级复杂，各层级之间的运行机制没有捋顺，增加了协调难度，降低了办事效率，这对于实现综合行政审批制度、综合监管体系构建（大监管）、综合执法体制改革（大执法）都是极大的约束和制约[1]。例如，郑州片区管委会是郑州片区的领导机构，但其实施具体的经济社会管理职能需要通过三个块区管委会和市直部门，其管理职能被局限在协调层面。

第二，权责界定不清，审批权限分散。因为所涉部门多，又缺乏统一的规章制度，在实际操作过程中存在职权混杂不清、审批权限分散的问题。例如，上级部门一般将权限下放到各个片区的主管部门，虽然在地理空间上设立了办事大厅，做到了整合，促进了一站式办理，但因为审批权限仍然分散在各部门，审批工作不仅受到上下级部门的约束，而且受到同级部门的制约。各部门简政放权，通力合作，执法互助能力仍需进一步提升。

第三，改革力度不齐，部门合力欠缺。不同部门的改革方案和推进力度参差不齐，推动河南自由贸易试验区建设的部门合力尚待加强。从三大片区近几年的实践情况看，均存在"总体方案"和"深化改革方案"推进不均衡的问题，贸易投资便利化方面推进效果较好，但自由化改革创新方面进展缓慢；单一部门的改革创新效果较好，但涉及多个部门的改革创新进展缓慢[2]。

4. 管理模式相对滞后

从我国目前自由贸易试验区片区机构设置和主要功能来看，我国自由贸易试验区行政管理体制模式可分为政府主导型、企业化治理型以及政府＋企业联合型。综合前三批自由贸易试验区的实践情况，11个自由贸易试验区共分为35个片区，目前只有上海、广东等地的3个片区选择企业化治理，这3个片区所处地区经济发达，市场机制

① 刘祺，马长俊. 自贸试验区"放管服"改革的成效、困境及对策——以上海、广东、福建、天津自贸试验区为分析蓝本 [J]. 新视野，2020（1）：37-42.
② 张绍乐. 中国自贸试验区体制机制创新的问题与方向 [J]. 区域经济评论，2020（4）：116-122.

相对完善。27 个片区选择政府 + 企业的联合治理模式,这表明当前我国大部分自由贸易试验区在不断探索"小政府、大企业"的模式,促进政府职能的转变。河南、辽宁的 5 个片区实行政府主导模式,管理体制相对滞后,有待进一步完善市场机制,释放市场治理力量①。

政府主导型以片区管理委员会为治理主体,既要行使行政职权及负责具体事务的落实,还兼管经济管理事宜,负责招商引资、服务企业、开发经营土地等。河南自由贸易试验区就是典型的政府主导型。政府主导型的优势在于管理权的集中,有利于在建设初期最大化地调配资源支持自由贸易试验区的发展。但长远来看,这不符合自由贸易试验区倡导的简政放权的发展趋势,一方面,权力的集中在一定程度上容易导致政府效率低下、制度僵化以及寻租行为,难以适应自由贸易试验区企业多样化的发展需求;另一方面,从法律地位上来看,宪法没有明确规定自由贸易试验区管委会的法律地位和行政主体资格,致使其法律权威性不足,管理权限受限。

(二) 法制体系改革滞后

截至当前,我国自由贸易试验区的法律制度仍然普遍存在供给不足的问题。现在很多其他地方的自由贸易试验区开始陆续出台自由贸易试验区条例等相关法律或政策规定,来确定自由贸易试验区改革的法律准绳,但是河南自由贸易试验区相关的法制保障目前仍处于极为缺失的状态。

1. 自由贸易试验区改革缺乏法律保障

同国内其他地方的自由贸易试验区一样,河南自由贸易试验区法治化建设面临的重要问题之一也是上位法依据不足。我国对于自由贸易试验区的法律制度存在着立法的标准不清和层次不高、执法的机构和技术手段不先进、涉外的司法机构和高素质的专业人才相对匮乏等问题。目前,国家层面尚未制定有关自由贸易试验区管理制度的专门立法,也就无法为各地方自由贸易试验区的立法工作提供基本立法依据,这对自由贸易试验区的有序发展极为不利。由于自由贸易试验区立法多与金融、海关、税收、贸易等事项紧密相关,而按照《中华人民共和国立法法》的规定,以上立法事项均属于法律保留事项,须由国家专门立法加以规定,由此导致各地自由贸易试验区在制定相关管理措施时,普遍面临法律依据不足的问题②。

反观国外自由贸易试验区的发展,新加坡在第一个自由贸易园区成立之初,便通过了《自由贸易园区法案》,从法律层面统一规定了自由贸易园区的运作模式、管理体制、功能定位等问题。韩国也在其自由贸易园区建立伊始,便颁布了运营法律,为自由贸易试验区改革提供法律保障。而目前我国的自由贸易试验区建设,由于没有最高法律作为统领,自由贸易试验区政府对一些问题的解决能力有限,由此便很难形成合力解决问题。法律方面发展滞后的状况,导致自由贸易试验区内很多规章制度缺乏可

---

① 蔡小慎,王淑君. 我国自由贸易试验区政府治理模式比较 [J]. 经济体制改革, 2018 (4): 45 – 49.
② 闫尔宝,程程. 天津自贸试验区法治化建设的问题与思考 [J]. 法治现代化研究, 2020 (6): 26 – 34.

操作性。为此，我国急需制定一部国家层面的自由贸易试验区法，在立法权限行使方面为各地自由贸易试验区开展相关立法活动作出整体规划，发挥统领作用。

立法的滞后将导致以下问题：第一，自由贸易试验区制度创新的合法性受到牵制，权力清单、责任清单、容错机制都缺乏相应的法理依据[①]。例如，政府体制改革涉及管理模式创新、政府流程再造、政府职能转变等，一些实质性的改革和突破难以找到法律依据或者与现行法律相冲突，最终致使改革举步维艰。第二，各地制度创新碎片化，由于自由贸易试验区缺乏统一的法律权威，各地创新标准、创新成果难以协调，不能形成体系。例如，一些自由贸易试验区行政事项名称不规范、口径不一致，不同地方数量相差悬殊，导致联合执法机构的整合、跨部门协作等因法律法规在权责归属、监管标准等方面的差异而陷入困境[②]。

2. 改革创新需要突破现有法律法规

我国在政治、经济、社会各方面已经形成了比较全面的法律法规体系，而当前自由贸易试验区的一些实质性的改革创新事项往往需要突破现有的法律法规，制定适合自由贸易试验区发展的政策制度，而自由贸易试验区条例或者办法作为地方性法律，法律阶位低，这使得自由贸易试验区行政管理体制机制改革的合法性受到牵制。

3. 自由贸易试验区法律法规与国际法接轨问题

自由贸易试验区是我国对外开放、探索制度创新的前沿窗口，区内活动更多的是对外经济，因此，法律法规的制定势必要考虑与国际法律的接轨问题，如环境条款、税收条款、劳动规则、企业业绩要求、争端解决机制、外汇管理等都涉及国际法[③]，河南自由贸易试验区通过"四条丝路"建设，综合开放程度得到深化，但在国际规则对接方面的工作尚未取得明确进展。在这些方面如何规定将直接影响自由贸易试验区具体工作的执行，所以，自由贸易试验区在制定法律法规的时候应当综合考虑，严格执行。

（三）综合监管体系仍需升级

在自由贸易试验区内，政府监管模式由事前审批向事中事后监管转变，目前，河南自由贸易试验区管理体制创新集中于"准入"阶段，对事中事后监管的创新力度稍显不足，监管体系尚不成熟，主要表现在以下几个方面：

1. 社会信用监管体系不成熟

事中事后监管的核心在于完善的信用监管，我国在社会信用体系方面做了诸多探索，但整体来看，还没有建立成熟的社会信用监督体系和惩戒机制。河南自由贸易试验区已构建了国家企业信用信息公示系统（河南），努力完善企业诚信清单体系的认

---

① 艾德洲. 中国自贸试验区行政管理体制改革探索［J］. 中国行政管理，2017（10）：36－39.

② 刘祺，马长俊. 自贸试验区"放管服"改革的成效、困境及对策——以上海、广东、福建、天津自贸试验区为分析蓝本［J］. 新视野，2020（1）：37－42.

③ 郭远来. 上海自贸试验区投资便利化研究［D］. 南宁：广西大学，2015.

证，但碍于我国整体社会信用水平建设的滞后，企业白名单、黑名单评估工作推进缓慢，致使企业信用清单与监管体制融合不深，对于企业失信、违法违规行为的全面高效监管仍存在较大难度。

2. 跨部门协同不足，存在数据壁垒

跨部门信息共享困难依然是阻碍综合监管的重要问题之一，垂直管理部门、地方政府部门办公系统、数据表格兼容性差，资源整合困难，尤其海关、公安、税务等部门共享难度大，增加了统一监管、动态监管的难度。

3. 行业协会监管力量有待挖掘

完善的行业监管体系可有效分担政府监管压力，约束企业遵守行业规范，但长期以来，我国行业协会自主性不强，缺乏主观能动性，对政府依赖性较强，且受到多重政府部门的领导和约束，政府与行业协会、商会之间信息共享程度不高，导致行业协会的监管力量没有得到有效释放，行业协会在制定行业标准、化解企业纠纷、监管政策实施方面的能力急需强化。

4. 社会参与体系不健全

简政放权意味着政府监管难度的加大，监管对象远远超过监管主体，引入第三方专业机构和社会公众监督有利于提高监管的民主性和高效性。目前，河南自由贸易试验区引入的第三方专业机构和社会公众的监督渠道较少，局限于电话举报这类传统模式。

（四）自由贸易试验区人员配置与创新能力有待提升

1. 用人机制有待完善

从对河南自由贸易试验区三大片区的调研中可以看到，各片区管委会的主要领导与相关工作人员主要靠"人事借调"聚集在自由贸易试验区共同办公，按照组织关系归属，被借调人员的组织行政关系仍在原单位，由于借调管理这方面没有统一的法律或制度进行规范，借调双方单位又都存在管理不便之处，所以经常导致被借调人员的权益无法得到保障。在考核评价方面，由于被借调人员长期不在原单位工作，即使他们在自由贸易试验区的工作中表现优异，原单位也倾向于将"优秀"这样的考核结果给一直在本单位工作的人员；在选拔任用方面，由于被借调人员不在原单位工作，所以晋升的希望十分渺茫。因此，很多人最初怀着一腔工作热情来到自由贸易试验区，但是实践中的以上种种问题最终导致很多人选择离开，自由贸易试验区用人机制的不健全造成人才流入困难、流失严重。

2. 人才缺失

自由贸易试验区旨在创新，创新是对既有体制机制的打破，从技术层面来说是熟能生巧，在这个过程中，自由贸易试验区先试先行的工作需要专家型人才来支撑，尤其需要的是既有理论又有实践的与自由贸易试验区战略定位相匹配的专家型人才。由于制度创新并没有丰富的经验和案例可供参考借鉴，可以说是平地起高楼，每个片区的工作人员都是零基础，都在摸着石头过河，工作的过程本身也是他们自己学习的过程，只有学习积累到一定程度，才能进一步摸索出新的改革思路和方案，工作量非常大，专业要求非常高。片区内自身的人才队伍需要与自由贸易试验区肩负的制度创新之使命相对称，目前来看，这仍是很大的短板。

三、河南自由贸易试验区管理体制机制创新的方向及政策建议

改革开放以来，为了适应经济发展新形势，在行政管理体制方面我国先后进行了六次改革，成效显著，但仍存在不少问题，未来深化改革要对标国际，加快政府职能转变，尤其要重视行政管理机构的调整和管理流程的优化，注重"国际意识"和"过程意识"。在商事登记制度、行政与市场运行机制方面对标国际最高标准，向法治政府、服务型政府转变[1]。

（一）优化上下相关行政管理架构和模式

1. 促进高层统筹设计

自由贸易试验区改革权力受限、行政层级约束、多头管理弊端在很大程度上源于缺乏国家层面的统筹规划与顶层设计，增加了各部门间的协调成本和难度。应呼吁推动在国家层面设立自由贸易试验区管理机构，尤其要引入海关、检验检疫、质检、工商等垂直管理机构，在国家层面起草全国性的自由贸易试验区立法，制定宏观政策，重点协调解决地方政府与垂直机构之间的条块分割矛盾，加速释放自由贸易试验区改革活力和潜力。

自由贸易试验区作为引领改革开放的新高地，承担着先行先试的重要任务，需要中央政府做好战略规划和统筹部署，细化改革目标和任务，建立有效的责任和压力传导机制。同时，也需要地方政府做好改革配套支持，给予自由贸易试验区更多更大的改革自主权，使其能够从地方实际出发，大胆探索，蹚路探道，为优化政府治理、推进政府职能转变试验出更多有价值的成果。

2. 优化自由贸易试验区的职能定位

河南自由贸易试验区三大片区的治理机构设置和职能定位要符合政府职能转变的要求，精简机构，简政放权，在保留应有的核心职能部门的同时，缩减自由贸易试验区治理机构和职能。目前，河南自由贸易试验区对相关的机构设置和职能定位很多都没有正式的规定，为了尽量避免出现反复更迭的现象，理应对自由贸易试验区相关治理机构的职能或职责范围进行编制审核，并以法律法规的形式固定下来，这将有利于

---

① 艾德洲. 中国自贸试验区行政管理体制改革探索［J］. 中国行政管理，2017（10）：36－39.

规制自由贸易试验区治理机构的行为，同时，可以促进社会监督和权力公开运行①。

为了避免自由贸易试验区管委会与地方其他管理部门之间出现职责划分不清晰、交叉管理混乱和管理空白等问题，河南省政府及三大片区所在地政府应统筹规划部署，将相关职能进一步下放至自由贸易试验区，之前由地方政府负责的相关行政事务可交由自由贸易试验区治理机构统一承担，尤其需要将一些与投资、贸易、金融等高含金量的关键领域相关的权力下放，不畏触动某些部门和集团的核心利益，真正实现简政放权和由"数量型"向"质量型"方向的实质性转变。同时，自由贸易试验区相关治理机构之间要明确划分权力和责任范围，建立沟通、协同、决策、评估等合作机制，促进片区治理模式的协调有效运行②。

3. 优化行政管理架构和流程

在优化河南自由贸易试验区管理架构和流程方面，可从以下几个方面努力：

第一，探索实施部门领导交叉挂职机制。目前，国内其他自由贸易试验区不断创新管理方式，如福建厦门自由贸易管理局采取部门领导交叉挂职方式，海关、税务、工商、商检等部门各派一名分管局领导到厦门自由贸易管理局挂职，有效推动了各部门之间的协调合作。河南自由贸易试验区可借鉴此模式，减少各部门条块分割的弊端。

第二，建立部门考核激励机制。因为自由贸易试验区的管理部门既有地方政府机构，也有中央垂直部门，地方政府对中央垂直部门缺乏约束力，且自由贸易试验区管理机构对其他平级机构各部门的工作协调难度大。因此，可尝试构建自由贸易试验区管理部门考评激励机制，重视自由贸易试验区管理局包括中央垂直部门在内的其他各部门的考核激励机制，督促各部门合力完成改革事项。

第三，建立容错纠错机制。对改革中出现的问题和错误进行全面客观分析，尝试界定容错的范围和程度，减少后顾之忧，最大化激发工作人员的创新热情。

4. 探索"政府＋企业"联合治理模式

自由贸易试验区承担的重要使命是制度改革创新，是我国政府职能转变和"放管服"改革先行先试的重要载体，各地自由贸易试验区根据国家战略部署及所在地区的地域特征，在管理体制改革创新方面呈现出不同特征。从我国目前自由贸易试验区片区机构设置和主要功能来看，当前我国自由贸易试验区行政管理体制模式可概括为政府主导型、企业化治理型以及政府＋企业联合型。这三种治理模式在治理主体、机构设置、职能定位和运行机制等方面都存在着各自的特征、优势与不足，作为一种制度安排，自由贸易试验区治理模式应该与其所在地区的经济、社会和法律环境等相适应。综合前三批自由贸易试验区的模式来看，我国11个自由贸易试验区共分为35个片区，目前只有上海、广东等地的3个片区选择企业化治理模式；27个片区选择的是政府＋企业联合治理模式；而河南、辽宁的5个片区则实行传统的政府主导模式，管理体制相对滞后。

---

① ② 蔡小慎，王淑君. 我国自由贸易试验区政府治理模式比较［J］. 经济体制改革，2018（4）：45－49.

为了充分刺激自由贸易试验区的市场活力，促进创新改革，国外自由贸易园区大多采用政企分离模式。我国自由贸易试验区治理模式的发展需要与国际接轨，市场发育较完善、法律较完备的上海、广州等自由贸易试验区片区可在现有基础上继续探索企业化治理模式，进一步加深企业化和市场化的程度。我国大多数采取"政府＋企业"联合治理模式的自由贸易试验区已经在一定程度上向企业化治理模式转变，市场化程度有所提高，法制环境有所完善，日后可根据自由贸易试验区发展的成熟情况，逐步过渡到企业化治理模式。河南自由贸易试验区目前尚处于政府主导型治理模式，由于市场化发育不够完善，法律法规制度亟待健全，如果直接进入企业化治理模式会导致治理失控和混乱、与本地制度环境相排斥等状况，所以，应循序渐进构建由政府主导模式向企业化治理模式过渡的"政府＋企业"联合治理模式，尝试逐步引入企业力量，灵活调整，及时改进，既充分发挥政府的监管作用，又合理利用开发公司在市场资源配置方面的活力和创新力。

5. 提高政府服务效率

现代政府是为人民提供服务的行政机构，自由贸易试验区政府更要坚持以人民为中心，以人民群众的利益为出发点，将以往的权力思维转变为服务思维，全面提升自由贸易试验区政府治理效能。在提高河南自由贸易试验区政府服务效率方面可从以下几个方面努力：

第一，进一步精简企业申办行政手续。进一步完善"单一窗口"制度，力争达到世行标准的最优水平。第二，整合审批权限和流程。充分利用互联网政务办公模式，增加更多实质性的网上审批事项，加强跨部门信息共享和反馈，提高审批和备案的流转效率，这样既可提高服务的效率，又可有效减少政府部门腐败现象。第三，进一步整合与提升"一网通办"服务能力。"一网通办"是各片区服务中心的重要载体，下一步要增加"一网通办"可办理的业务种类和数量，提高各部门间协作能力。第四，加强自由贸易试验区的人才培养。加强对自由贸易试验区政府服务人员的培训，加快服务人员服务意识的转变，提高服务人员办事的水平和效率。第五，创新对外投资合作的服务平台。加快改革境外投资管理方式，帮助自由贸易试验区内的企业开展对外经济活动，同时，要加强监管，注重风险预警机制的完善，构建紧急事件保障体系，为境外人员和资产安全提供更多保障①。第六，主动进行信息公开。要把与群众利益密切相关的事情及时向社会公开，敢于将行政权力尤其是权力行使过程放在群众监督之下，打造公开透明的政府，吸引更多投资，集聚优势资源，为自由贸易试验区建设发展提供便利②。

（二）健全法律法规

法治能力是夯实国家治理能力现代化的根本保证，法律引领和保障自由贸易试验

---

① 曹广伟. 经济"新常态"下自由贸易园区的功能定位研究［J］. 西部学刊，2015（12）：63－68.

② 蔡小慎，王淑君. 我国自由贸易试验区政府治理模式比较［J］. 经济体制改革，2018（4）：45－49.

区改革的顺利进行，自由贸易试验区发展的成果也需要法律法规来维护和巩固，应当把自由贸易试验区政府管理经济社会事务的行为尽快纳入法制轨道，将法律思维贯穿于整个治理过程中，确保自由贸易试验区政府是在公平、公正、公开的制度下规范治理。

1. 完善自由贸易试验区立法

当前自由贸易试验区的创新缺乏法律依据，这是我国自由贸易试验区面临的普遍问题，也是亟待解决的难题。国外自由贸易试验区一般是"先立法、后设区"，先制定出与自由贸易试验区相适应的法律法规，在此法律基础上再批准设立自由贸易试验区，并给予自由贸易试验区"境内关外"的法律地位，为其开展工作提供法律依据和保障①。国内外自由贸易试验区在管理体制方面的经验告诉我们，解决自由贸易试验区管委会法定职权不明确等问题，需要全国人大及其常委会尽快制定和出台符合我国实际情况的自由贸易试验区法律法规，对自由贸易试验区行政体制和管理内容做出统一的明确规定，对自由贸易试验区发展中的重要任务作出统一的安排部署，以更好地协调统筹各地自由贸易试验区之间的发展②。

以此为前提，进一步加快河南自由贸易试验区的地方性立法步伐。习近平多次强调，"凡属重大改革都要于法有据"，河南省人大常委会也应高度重视自由贸易试验区的法制建设，及时起草制定符合本地自由贸易试验区建设需求的地方性法规，以河南省三大片区的综合运行情况为基础，用规章制度的形式对自由贸易试验区的业务管理、执法监管等事项作出系统规定。结合自由贸易试验区发展的需求，甚至可以考虑修改相关立法以赋予自由贸易试验区管委会一定范围的立法权限，使其可以进行一定程度的自治立法。此外，随着自由贸易试验区各项工作的进一步发展与推进，片区所在地原有的地方性法律法规与自由贸易试验区发展不相适应的问题越发明显，为避免过时的政策规定成为自由贸易试验区发展的障碍，河南省人大还应当及时清理和修改那些不符合新时代需求、不利于自由贸易试验区改革创新发展的法律法规，同时，还需要把自由贸易试验区发展过程中所形成的成熟有效经验、制度和成果以法律法规的形式固定下来。

2. 转变自由贸易试验区政府执法观念

在自由贸易试验区的治理工作中，政府应该转变思维，依法办事，积极适应自由贸易试验区体制机制改革，为企业和投资者树立良好的榜样。结合自身发展情况，总结实践经验，河南自由贸易试验区在法制建设层面仍需继续深入推进，以加快完善法律法规。要积极呼吁和支持在国家层面制定自由贸易试验区法律，以从整体上提高自由贸易试验区的法律阶位，从根本上解决自由贸易试验区改革与地方立法不协调的问题。同时，要提高自由贸易试验区内企业的法律意识。企业是自由贸易试验区最为活跃的经济主体，要加大对企业的法律宣传，确保企业跟上自由贸易试验区法制改革的

---

① 张绍乐. 中国自由贸易试验区体制机制创新的问题与方向 [J]. 区域经济评论, 2020 (4): 116-122.
② 闫尔宝，程程. 天津自贸试验区法治化建设的问题与思考 [J]. 法治现代化研究, 2020 (6): 26-34.

079

节奏，遵守法律，保证自由贸易试验区法制建设的顺利推进。

还要注意的是，参照国外先进的立法经验，要建立系统完善的河南自由贸易试验区法治体系，不同层级的立法机关之间必须各司其职。对于关乎自由贸易试验区根本性发展的重大事项，应由国家级的自由贸易试验区立法进行总体部署；对于以改革创新、先试先行为特点的制度内容，可以交由自由贸易试验区管委会做出相应的自治立法；河南省人大及其常委会以及片区所在地市政府应当充分发挥承上启下的协调作用，对国家级自由贸易试验区法中的相关规定进行分解和细化，并通过地方立法的方式对自由贸易试验区的组织结构、职权划分、执法监管等具体事项制定适合当地发展特点的规定。以此，分别从国家、地方和自由贸易试验区三个不同的维度，为推动河南自由贸易试验区的法治化建设提供全方位的立法保障。

3. 积极探索国际规则

自由贸易试验区代表国内最高水平的开放探索，因此，要积极学习和对接国际规则，探索适合高水平开放的贸易、金融、投资等方面的法律法规，应尽快建立与国际惯例接轨的自由贸易试验区政策法规，充分借鉴国外自由贸易试验区好的优惠政策和发展经验，从而确保改革创新的国际合法性。

（三）完善监管体系构建

要完善综合监管体系就必须要加强事中事后监管。事中事后监管其实就是政府管理方式的转型，为适应当代中国发展的新需求和全面深化改革的新形势，自由贸易试验区应尽快完成由严格限制市场准入到更多注重事中事后市场秩序监管的转变。

1. 加快完善社会信用监管体系

社会信用体系建设是提升自由贸易试验区事中事后监管能力的强有力保障。要加快构建以信用监管为核心的综合监管体系，具体可从以下方面重点完善：

第一，完善企业诚信档案，对接惩戒机制。加快信用和诚信管理体系融入综合监管平台，完善企业诚信档案，建立白名单与黑名单，增加被监控企业范围，结合"双随机、一公开"对信用等级较低的企业重点监控，督促整改，并及时向社会公众公示，对信用等级相对较高的企业可适当减少检查频率，降低政府和企业监管成本。企业抽检结果要和事中事后监管的惩戒措施做好对接，加大对企业失信、违法违规行为的惩戒力度，充分发挥诚信评估的作用。

第二，设立综合监管执法部门。集中行使市场监管、城市管理、民防、环保、药品食品监管等领域的行政检查权、处罚权等，避免多头管理、重复检查。

2. 建立监管机构间的沟通机制

为加强监管机构之间的沟通，打破跨部门监管机构之间的协同不足和数据壁垒等，可借鉴上海市2019年在金融方面建立"协调联席会议制度"的方式，在河南自由贸易试验区各片区也设立协调联席会议制度，并明确会议制度的决策机制及议事规则，切实起到监管机构之间交换数据信息与落实监管协调的双重作用①。

当今互联网的飞速发展极大地促进了沟通的便利，可以在监管机构之间建立信息共享平台，完善信息共享机制，畅通监管机构之间的沟通。充分利用前沿信息技术实现电子化监管。结合业务发展需要，利用区块链、大数据、物联网等前沿技术，加强监管基础设施建设，改变过去"靠腿监管"的模式，加快综合监管数字化和流程化建设，真正实现现代化的综合监管治理。与此同时，也要加强工作人员的技术培训，适应新型监管方式。

3. 发挥行业协会的监管力量

可借鉴美国自由贸易园区的发展经验。放宽政府对行业协会的多重领导，赋予行业协会更多自主权。支持行业协会制定行业监管标准、监管办法，形成行业自律机制。同时，为行业组织与政府之间的企业信用信息共享构建互通互联机制，增强信息的共享度，充分发挥行业协会在政府与企业之间的桥梁作用。

积极加入世界自由区组织等国际行业协会，学习国际先进自由贸易试验区管理模式和经验。在建设自由贸易试验区进程中，随时关注全球经济发展走势和河南自身特点，根据自由贸易试验区实际情况及时调整贸易政策体制，保证体制机制的不断创新。

4. 健全社会参与监管机制

完善社会参与监管平台建设机制，充分尊重新闻媒体和社会公众对重要公共事件的知情权，及时公开突发敏感事件处置信息，探索实施"吹哨人制度"，加强舆论监督。例如，在河南自由贸易试验区企业信用信息公示系统中增加群众登录口，拓宽群众反馈渠道；完善社会举报奖励制度以及处罚结果信息共享制度，加大力度推进政务公开。

（四）优化人员配置与提高创新能力

1. 优化用人机制

广东自由贸易试验区前海片区在用人机制的创新方面取得了较为突出的成绩，真正地实现了用人机制上的企业化和市场化。《深圳市前海深港现代服务业合作区管理局暂行办法》明确提出，"前海管理局实行企业化、市场化的用人制度，享有独立的用人自主权"②。前海管理局可根据发展需要，自主招考工作人员，亦可招聘外籍人才参与自由贸易试验区的管理工作。此外，自由贸易试验区内工作人员按企业员工进行管理，实行三年一签的劳动合同制，人员进出效率得到了质的提升。编制内人员和新聘用人员在原有的政府编制管理体制内改为员额制，虽然用人数量依然受编办限定，但人才的整体素质和管理效率实现了全方位提升。为弥补政府编制相对缺失造成的保障性不

---

① 郑艺镕，刘玉东. 海南自贸试验区（港）背景下地方金融监管体系法治化构建的研究［J］. 经济研究，2020（8）：23 - 27.

② 参见深圳市人民政府办公厅《深圳市前海深港现代服务业合作区管理局暂行办法》（深圳市人民政府令第232号）。

足问题，前海管理局实行市场化的薪酬制度，将固浮薪酬比例提高到6∶4，对表现出色的员工给予更多的物质激励。同时，前海管理局还非常重视人员专业素质的提升，实行管理人才和专业人才并重的"双职级发展通道"，两类人才都能够按照各自擅长的发展轨迹获得成长，并相应地获得薪资提升①。

前海片区这种市场化用人机制，人尽其才，物尽其用，切实实现了政府减负与人才自主发展的双重目标，组织活力得到了质的提升。目前，河南自由贸易试验区用人机制仍受到体制制约，日后可借鉴前海模式，循序渐进地逐步实现市场化用人机制，优化薪酬体系，提高专业素养，并根据发展需要，引进高端人才和团队。

在人才管理制度上，试验区应结合本区域的发展特点，从全局着眼，灵活应变，在政策允许范围之内，积极寻求最佳解决方案，为试验区的发展建设提供人才支撑。

2. 培养专业人才

人才对河南自由贸易试验区的建设发展有举足轻重的作用，自由贸易试验区先试先行的工作需要高端人才的支持，尤其需要既有理论又有实践的与自由贸易试验区战略定位相匹配的专家型人才，而每个片区的工作人员都是零基础，都在研究摸索，蹚路探道。要使自身的人才队伍与肩负的制度创新使命相对称，需立足长远，加快推进人才队伍建设，建立人才引进计划，吸引大量人才投入到河南自由贸易试验区建设过程中。

第一，自由贸易试验区管委会可以鼓励用人单位以技术指导、技术入股等方式引进高端人才，还可以依托河南自由贸易试验区内部重大科研项目、重点工程、重要课题等，采用"重点项目＋重点人才＋重点资金"的形式引进专业人才或团队。

第二，可以通过与大学科研机构的联动，聘用具有相对较高业务水准的高校教授来自由贸易试验区挂职。既可以提供专业见解，还可以促进理论与实践的进一步融合。

第三，可以鼓励自由贸易试验区内高校开设符合河南特色区位优势的自由贸易试验区课程，依托河南历史悠久、文化产品众多等优势，在高校培养出既懂河南文化又懂文化贸易的复合型人才②。

第四，可以积极吸收高校毕业生、在校生进入到河南自由贸易试验区实习，让他们提早了解自由贸易试验区的工作，理论结合实践，解决自由贸易试验区人员不足问题的同时，丰富他们的实践能力，为其日后进入自由贸易试验区工作打下良好基础。

第五，建立人才特聘岗位机制，对于自由贸易试验区建设和发展所急需的特殊专业人才，给予不受岗位总量与比例限制、先入职后调整等特殊待遇，以增大对引进人才的吸引力。

第六，营造良好的有利于人才健康发展的工作环境，建立充满生机活力的人才工作机制。同时，建立健全相关医疗、教育、文化、社保和住房等公共服务体系，以更

---

① 参见深圳市人民政府办公厅《深圳市前海深港现代服务业合作区管理局暂行办法》（深圳市人民政府令第232号）。

② 刘家骅. 河南自由贸易试验区建设发展研究［D］. 南宁：广西民族大学，2019.

优惠的政策吸引高质量人才入驻。

3. 提高服务能力

各片区政府部门要进一步更新观念，增强服务意识，创新管理方式，提高公共服务效率，主动为入驻企业提供政务服务。河南自由贸易试验区成立相对较晚，有借鉴其他自由贸易试验区有效经验和地方政府高效管理流程之优势，例如，为加强自由贸易试验区政府以及各相关机构跨部门之间的反馈，可定期进行跨部门之间的沟通和检讨，建立推动各部门之间协调联动的机制，并通过定期举办业界研讨会等方式聆听业界的意见和建议。各片区还要不断提高其政府管理流程的透明度，对各职能部门的职责加以规范，使各部门在权力范围内行使行政职能，以提高政府工作效率，转变职能。

4. 深化对自由贸易试验区的认知

改革创新意识是河南自由贸易试验区发展的主要思想推动力，要比肩东部沿海地区先进的发展状况，首先应打破传统思想的桎梏，转变观念，加强宣传改革创新意识，上至政府领导下至一般工作人员都要认识到，只有走改革创新之路，才能适应社会经济发展的新需求。东部地区经济的发展离不开改革意识的深入人心和改革实践的不断深化，改革创新精神使东部地区充满活力与竞争力，经济也得到了快速发展。河南自由贸易试验区的建设不仅仅是自由贸易试验区工作办公室和三个片区管委会的事情，而且是各个成员单位、三个片区所在地政府、政府有关机构和部门共同的任务和使命，是整个河南省的大事情，当举全省之力大建设、大发展。金融、投资、贸易等领域的"放、管、服"等制度创新涉及一系列制度设计与制定，而每个新制度的出台和实施又都牵涉到很多相关部门的参与，任何一个部门不扭转保守僵化的思想意识、怯于尝试新方案新举措、惧怕改革创新带来的风险和成本，都会大大增加自由贸易试验区整体工作的推进难度和阻力，改革创新的效果将大打折扣，进而不利于制度创新的设计和落地实施。

改革创新是自由贸易试验区的精神支柱和思想推动力，自由贸易试验区的建设离不开意识创新与观念转变。树立、培育全新的改革意识、开放意识、创新意识不仅是自由贸易试验区建设的先导，更是自由贸易试验区建设的关键。

参考文献

［1］艾德洲．中国自贸试验区行政管理体制改革探索［J］．中国行政管理，2017（10）：36 – 39.

［2］蔡小慎，王淑君．我国自由贸易试验区政府治理模式比较［J］．经济体制改革，2018（14）：45 – 49.

［3］曹广伟．经济"新常态"下自由贸易园区的功能定位研究［J］．西部学刊，2015（12）：63 – 68.

［4］陈香桦．河南自贸试验区行政管理体制优化研究［D］．郑州：郑州大学，2019.

［5］郭远来．上海自贸试验区投资便利化研究［D］．南宁：广西大学，2015.

［6］刘家骅．河南自由贸易试验区建设发展研究［D］．南宁：广西民族大学，2019.

［7］刘祺，马长俊．自贸试验区"放管服"改革的成效、困境及对策——以上海、广东、福建、天津自贸试验区为分析蓝本［J］．新视野，2020（1）：37－42.

［8］闫尔宝，程程．天津自贸试验区法治化建设的问题与思考［J］．法治现代化研究，2020（6）：26－34.

［9］张绍乐．中国自贸试验区体制机制创新的问题与方向［J］．区域经济评论，2020（4）：116－122.

［10］张婷玉，王海杰．新形势下中国自贸试验区深化政府职能改革的痛点与对策［J］．区域经济评论，2020（4）：123－130.

［11］郑艺镕，刘玉东．海南自贸试验区（港）背景下地方金融监管体系法治化构建的研究［J］．经济研究，2020（8）：23－27.

河南自由贸易试验区事中事后监管改革
成效与政策建议

孙彩梅[①]   徐　琪[②]

自由贸易试验区作为中国自主开放的产物，是我国试行外资自由化、便利化管理的一个突破口和试验田，同时也是中国经济改革深化的产物。2016年8月31日，党中央、国务院决定在河南等7个省份新建一批自由贸易试验区。自2017年4月1日河南自由贸易试验区正式挂牌到现在，三年多来，河南自由贸易试验区以制度创新为重点，突出与国际通行规则相衔接，按照市场经济和更加开放的要求，积极探索以政府职能转变为核心的事中事后监管模式改革创新，切实建立健全自由贸易试验区建设的管理保障。事中事后监管模式改革创新，主要是指政府依据法律规定和行政法规的要求，在政府相关职能部门相互协调的基础上，对市场及市场经营主体正在进行的或已结束的行为和活动进行整体性、全过程、多方位的监督和管理，其目的在于规范各种市场行为，维护市场基本秩序，创造良好的自由贸易试验区市场环境，营造便利化的营商环境，打造提升政府治理能力的先行区，构建与国际接轨的投资贸易新体系。

一、河南自由贸易试验区事中事后监管模式现状

建立事中事后监管体系是自由贸易试验区建设的重点任务之一，也是实施准入前国民待遇和负面清单管理制度后，实现"宽进严管"的重要配套措施。能否探索建成完善的事中事后监管体系，是自由贸易试验区进行政府简政放权、推进投资贸易便利化、扩大市场开放、加强金融创新等改革开放试验能否成功的关键所在。河南自由贸易试验区自2017年挂牌以来，结合自身发展情况，依托片区政务服务平台，建立事中事后监管平台，运用互联网推动审批监管大数据与社会信用体系建设相结合，创新建立了"大数据+""互联网+"综合监管模式，以企业为核心的新型市场执法监管体制，以海关监管为主实现针对跨境电商进行多种事中事后监管的新模式。

---

①　孙彩梅，硕士，郑州大学商学院副教授。
②　徐琪，博士，郑州大学商学院讲师。

（一）以政务服务平台为主的大数据监管

政务服务平台监管模式是一种依托网络信息平台，提升监管效能，打造事前诚信守诺、事中评估分类、事后联动奖惩的全链条监管体系。河南自由贸易试验区事中事后监管以依托政务服务平台为主，建立新型事中事后政务服务监管平台。

1. 郑州片区的事中事后监管链条全覆盖

河南自由贸易试验区郑州片区利用郑州市政务服务平台，通过建设数据归集共享、监管措施、联合监管、联合惩戒、公示管理、企业信用地图、社会共治、系统管理8个功能模块和企业主体信息库、项目库、执法人员库、监管库、检查方案5个数据库，辅以必要的应用支撑系统和行政审批服务平台、信用信息平台等，基本实现了事中事后监管链条全覆盖。

2. 开封片区的"三双三联"综合监管新模式

开封片区则依托事中事后监管平台，成功探索实践以"三双三联"（即双随机抽查、双智能监察、双告知推送；联合监管、联合惩戒、信息互联互通）为主要内容的事中事后综合监管新模式，完善监督考核机制，对行政执法等行政权力运行过程进行实时全程监督，实现监管留痕，可计量、可检索、可追溯、可问责，确保各项事中事后监管措施到位，并探索运用移动办案、电子案卷等手段，进一步提高监管和执法效能。另外，开封片区还依托事中事后综合监管平台，实现电子化、全透明监管，并加快实现开封片区综合监管平台与国家、省相关信用公示平台以及自由贸易试验区开封片区官网的无缝对接，实现"一平台录入，多平台公示"，及时公开监管信息，真正做到事中事后监管全程封闭、过程记录、责任明确。

3. 洛阳片区跨部门"双随机、一公开"的常态化电子监管执法模式

洛阳片区则通过"互联网＋政务服务"建设，建立了"两库一单"（执法人员名录库、市场主体名录库、随机抽查事项清单），通过综合监管信息平台，运用随机抽取检查对象、随机选派执法检查人员、全面公开抽查结果的抽查方式，对片区内市场主体实施跨部门"双随机、一公开"联合抽查，督促片区内企业依法诚信经营、稳步健康发展，还建立企业信用机制，实现了跨部门"双随机、一公开"联合执法常态化，运用物联网、信用技术手段，创新电子监管执法模式。

总之，河南自由贸易试验区三个片区，一方面，通过事中事后综合监管平台，使得政府职能部门和综合执法机构之间可以实时共享有关业务信息，统一归集、交换和共享行政审批和执法监管信息，实现行政许可、日常监督、行政处罚信息实时流转、实时抄告、实时监控、实时留痕。同时，进一步加强执法监管大数据、互联网应用的深度开发和应用，推动实施"智慧监管"。另一方面，通过与企业信用数据、社会信用体系对接，强化信用监管，进一步建立健全守信激励和失信惩戒的诚信约束机制，对存在经营异常和严重违法失信行为的当事人，各监管部门依照各自职能对其在本领域内的经营活动采取一种或多种惩戒措施，实现"一处违法，处处受限"的目标，各职能监管部门之间共享监管信息和数据，在此基础上实现各部门协同监管，从而提高自由贸易试验区事中事后监管效能。

（二）以工商等部门联合监察为主的监管

河南自由贸易试验区三个片区挂牌三年来，借助自由贸易试验区的东风，围绕市场监管体制改革，以企业需求为导向，紧盯企业准入、准营、准建、准退等各环节中的难点、痛点、堵点问题，积极联合各行政职能部门，探索"最多跑一次"的改革创新举措，切实增强企业获得感。例如，为了进一步优化营商环境，给企业提供更加便利的商事登记服务，助力企业集聚发展，郑州片区率先实施企业集群注册新模式，该模式在前期集群注册"绿色通道"机制的基础上进一步放宽住所登记条件、简化登记手续、规范管理和服务，最大限度释放创业场所空间、支持创新创业，切实做到为企业省事、省时、省钱。另外，通过整合商事登记、税务、银行、企业设立等相关业务职能部门，建立企业服务中心，相关企业可通过企业服务中心一站式办理业务，大幅提升了办事效率。在监管方面，市场监管部门等有关职能部门依职责对托管公司及入驻企业进行监督管理，金水自贸办定期组织市场监管部门对托管公司职责履行情况及业务开展情况进行调查，托管公司建立联络人制度和入驻企业档案管理制度，配合市场监管部门对入驻企业依法进行检查。该创新举措以制度创新为抓手、以登记更加便利为目的，在深化商事登记制度改革上先行先试、敢闯敢试，交出一份充分体现河南郑州特色的亮眼成绩单。

在联合监察方面，开封片区采用了以"三双三联"为主要内容的事中事后综合监管新模式，联合成立由工商、发改委、环保、食药监、城建、城管、安监、质监等部门组成的执法小组，到项目建设现场实地开展监管检查。另外，整合执法资源，按照"法定职责必须为"的要求，探索形成以市场监管、投资建设、城市管理三大综合领域为重点，若干专业领域（知识产权、劳动监察、反垄断、国家安全审查等）为补充的联合执法体系，并有效运用大数据系统、智慧政务服务平台、网络检测软件和工具等，做好与自由贸易试验区网上审批系统、工商部门市场主体名录库、信息公示系统的"三个数据对接"，运用网络技术获取企业经营行为，实现各领域监管信息的实时传递和无障碍交换，打造"全区一张网"，为多部门在同一平台上实施综合监管提供技术支撑。该举措既提高了监管部门监管的精度、效率和透明度，也保障了企业的权益。

（三）以海关监管为主的跨境电商企业监管

随着对外开放的不断发展，越来越多企业的业务拓展到了海外，企业对外贸易活动更加频繁。河南自由贸易试验区郑州片区海关监管部门本着"以交易真实性为重点、以电商企业为单元"的监管原则，将海关正面监管无缝嵌入企业经营环节，事前加强风险预判、事中突出真实性核查、事后进行差别化管理，形成了一系列针对跨境电商的事中事后监管模式。例如，郑州片区形成了适应跨境电商特征的一系列监管新模式，如跨境电商零售进口正面监管模式、跨境电商"神秘买家"风险风控模式、跨境电商企业"风险画像"监管模式、跨境电商账册差异化盘库方式、原产地证书"信用签证"监管、跨境电商"网购保税＋线下提货"新模式等。该系列监管模式主要通过海关部门及时发现、总结跨境电商企业在准入环节可能面临的风险点，并对风险点进行分类监管，从源头上降低跨境电商进口的风险；另外，在事中严把通关、查验、物控等环节，有效把控风险，对高风险电商转人工重点审核，验估部分电商是否涉嫌低报价格，并加大对入境报关单的查验力度；事后对电商企业进行风险数据分析和账册应用分析，并得出经营电商企业信用风险画像评估结果，该风险评估结果也会反作用于通关、查验、盘库等监管环节，及时发现风险及监管漏洞，确保跨境电商业务合规有序开展。此外，开封片区因缺少海关及特殊监管区，为实现有效监管，积极争取并得到了郑州海关、省商务厅、省工商局、省外汇局、中国电子口岸数据中心郑州分中心等相关部门政策支持，率先启动了电子口岸企业入网联审优化改革试点模式，企业无须到各部门现场办理审查手续，对河南地区电子口岸企业入网资格审查实行联网自动审核，对片区内企业审核实行联网"一站式服务"新模式，扩宽了监管覆盖面，提高了监管效率。洛阳片区海关则综合应用大数据、云计算、互联网和物联网技术，扩大"自主报税、自助通关、自动审放、重点稽核"试点范围，建立检验检疫风险分类监管综合评定机制，完善进口商品风险预警快速反应机制，加强进口货物不合格风险监测，实施消费品等商品召回制度，探索持续扩大检验鉴定结果国际互认的范围，进一步改革海关业务管理方式，对接国际贸易"单一窗口"，建立权责统一、集成集约、智慧智能、高效便利的海关综合监管新模式。

总之，河南自由贸易试验区通过对跨境商品、外贸企业实施动态管理，加强风险防控，定期组织效果评估，建立信用等级数据库等，为下一步与政府一体化信用平台对接和数据整合做好了准备，也进一步深化了"互联网＋政务"服务模式改革，缩短了企业检验检疫通关时间，提高了检验检疫效率，使企业降本增效，提升了企业获得感与满意度，提高了海关事中事后监管效率，有利于推动跨境贸易的发展，促进了跨境电商新兴业态规范健康发展。

二、河南自由贸易试验区事中事后监管改革成效

河南自由贸易试验区各片区推行的事中事后监管模式，如郑州片区推行的"大数据"综合监管模式，开封片区实行的1234精准监管方法、"三双三联"监管模式，洛阳片区实施的"两库一单"监管方法等，是加快政府职能转变、完善事中事后监管机制的有效实践，上述监管方法和模式符合国家关于加强事中事后监管工作的精神与要求，是对《中国（河南）自由贸易试验区整体方案》中完善事中事后监管机制任务的积极探索与落实，其监管改革成效包括以下几个方面：

1. 依托政务服务平台，扩大监管覆盖面，提升便利化水平

河南自由贸易试验区各片区通过利用信息化手段，综合应用以政务服务平台为主的"大数据＋"监管模式，实施在线监测，实现各职能部门信息共享，提升了监管的便利化水平，扩大了随机抽查监管覆盖面，并合理确定随机抽查的比例和频次，对行政执法等行政权力运行过程进行实时全程监督，实现监管留痕，可计量、可检索、可追溯、可问责，既保证了必要的抽查覆盖面和工作力度，又防止了检查过多和执法扰民，确保各项事中事后监管措施落实到位。通过抽查，及时向社会公布抽查和处理结果，并与社会信用体系相衔接，实施"信用＋大数据"综合监管，根据企业信用迅速确定监管重点，形成有效震慑，督促片区内市场主体依法诚信经营，稳步健康发展。另外，通过大数据对片区内注册企业进行分类、信用分级和企业基本情况查询，提升了监管的便利化水平，既减少了现场核查等传统方式所需的人力成本和时间成本，又能根据分类等级和企业变动情况确定监管侧重点，及时发现风险点，并组织相关职能部门联合监管，进一步营造公平竞争的市场环境和法制化的营商环境。

2. 利用网络电子信息化技术，提升监管效率和效能

河南自由贸易试验区市场监管部门结合片区实际情况，有效利用"互联网＋"，实行"线上"和"线下"监管双管齐下的举措，对片区内企业进行事中事后监管，使传统市场监管模式结合现代化模式，并进行跨越和升级，给企业带来更加实实在在的便利，进一步增强了企业的获得感，营造了更加公平、健康、有序的营商环境。例如，郑州片区综合运用"互联网＋"思维，实施企业登记全程电子化，打破了以往企业登记的时间、空间限制，实现从"面对面"线下办理到"键对键"线上办理模式的转变，企业登记工作也由传统走向现代化模式。各类企业、个体工商户、农民专业合作社均可利用电脑或手机申请办理企业登记业务，无须再到登记窗口提交纸质材料。工商管理部门则运用互联网进行后台审查，在网上进行核准、发照、归档、公示。无纸全程电子化的一步到位，为企业提供了最前沿、最便利、最现代化的企业登记服务，同时，实行企业登记"零收费"，不以全程电子化登记为由向企业收取或者变相收取任何费用，不增加企业负担。全程网络化、电子化既节约了企业的办事成本，也节省了政府资源。同时，企业注册过程中运用全国企业登记身份管理实名验证系统，该系统通过国家政务平台统一身份认证系统与公安部人口数据库联网，彻底杜绝虚假注册、冒用身份信息登记等不法行为，推动身份信息"一经注册验证、全国联网应用"，提升了监管效率和效能。

3. 实施跨部门联动监管，提升惩戒力度

河南自由贸易试验区通过建立跨部门联动响应机制和失信惩戒机制，并协同其他监管部门统筹多元化监管力量，整合监管信息，实现了"一处违法，处处受限"的目标，提升了惩戒力度。例如，开封片区推行的"三双三联"事中事后综合监管，打造了事前诚信承诺、事中评估分类、事后联动奖惩的全链条信用监管体系，加大了对当事人、当事企业违法违规行为的惩戒力度，报送各部门当事人、当事企业违法违规行为的信息记录，建立失信联合惩戒措施清单或信用信息异常企业名录，对信用信息异常的企业或者个人名录实施动态管理，充分体现了"诚信守法便利，失信违法惩戒"的信用管理原则和理念。建立公检法机关与各相关职能部门间案情通报、信息共享和协调合作机制。同时，向社会提供市场主体信用记录查询服务，及时公开披露相关信息，便于有关市场主体识别失信行为并对失信主体进行惩戒，也为政府管理部门实现精准管理提供平台和依据。这种跨部门联动监管，有利于各监管部门监管信息的实时传递和无障碍交换，实现各监管部门对相关审批、核查和监管工作及时查询、及时审批、及时处理，以做好后续一系列监管工作。还可以有效避免一些不法企业通过"改头换面"方式重新注册企业，逃避信用管理，进一步引导自由贸易试验区内社会成员和市场主体诚实守信经营。

4. 创新海关监管方式，提升海关防控能力

中国（河南）自由贸易试验区创新跨境电商风险防控监管新模式，对跨境电商采取了一系列正面、主动的监管方式，如郑州片区的跨境电商进口正面监管模式、跨境电商"神秘买家"风险防控方式、跨境电商企业"风险画像"监管模式等。首先，这些创新监管方式实现了海关对跨境电商或企业的动态监控，使得海关部门可以及时发现、总结跨境电商企业在准入环节可能面临的风险点，有效防控事前准入风险。其次，海关部门通过创新监察方法（如神秘买家），变被动为主动，全面检测、监管跨境电商交易的真实性和商品质量，提升风险研判能力，能够针对片区内的不法行为及时采取有效措施，诸如对高风险企业采取增加转人工审核参数、增加抽查比例和抽查频率等方式，强化信息监管应用，震慑部分跨境电商企业，维护片区内跨境电商业态的良好营商环境。最后，海关还创新对跨境电商企业进行资质核验，引导企业强化自律，进一步强化风险防控监管手段。通过海关内部系统与自由贸易试验区外部公示系统，并结合电子信息和书面信息，定期验核开展跨境电商业务的企业，增加海关监管维度，一定程度上禁止不法分子利用"一条龙"角色开展走私等违法违规行为，弥补了跨境电商门槛低的负面影响，使得海关监管管理更加主动，这也是对传统监管方式的优化升级。

三、河南自由贸易试验区事中事后监管存在的难点

河南自由贸易试验区经过三年的发展，在创新监管模式、加强事中事后监管方面取得了一定的成效，但也还存在一些急需突破的难点问题。经过调研并结合河南自由贸易试验区各片区实际，笔者认为河南自由贸易试验区在事中事后监管方面存在的问题主要有以下几个方面：

1. 大数据服务平台监管面临内部行政难题和阻力

在数字信息时代的背景下，信息技术手段在行政执法中发挥着重要功用，现代行

政国家的发展趋势进一步体现为"国家愈发依赖线上平台工具来实现线下的监管目标",行政监管机构逐步适应借助各类信息平台与数据来取代传统的法律规则与技术手段,实现对市场主体的立体化监管。从理论层面上讲,相比于事前许可方式,作为事中事后监管重要组成装置的大数据监管,的确有助于行政监管机构以更低的执法成本、更为灵活的行政活动方式对市场主体实现立体全景化的精准规制,正如域外学者的形象比喻,"现代信息技术工具的发展将行政监管执法活动从特定检查日的'一次性快照',迅疾提升为工业流程化的电影全景"①。

但在事中事后监管的实践中,大数据监管模式在提升执法效率潜能的同时,也面临着一些问题。一方面,大数据监管体系对于企业主体和个人信息的汇集统合,始终面临国家治理需求与商业秘密、个人信息隐私之间的冲突张力,同时,也给网络信息安全带来极大的挑战;另一方面,从国家科层体系的内部视角来看,跨部门、跨区域的大数据监管体系在实践中亟待处理官僚体系内部的部门协调难题,亦即在主观层面行政监管部门倾向于将数据视为权力、利益和资源的来源,往往缺乏与其他部门进行数据共享的组织意愿②。因为"经纬交错、四通八达的信息交流矩阵将彻底打破职能部门的信息垄断,而信息是构成垄断性权力的基础"③。大数据体系的部门协调与信息共享始终缺乏主观动机,这就导致实践中政府诸多部门对数据资源分割垄断、数据标准格式不统一、不同系统之间的数据无法兼容的"数据孤岛"现象较为普遍④。而在客观层面,大数据监管对数据基础设施在财力与技术上有极为苛刻的要求,单个地方政府或者单个行政系统通常缺乏资源和能力去独立发展数据基础设施,而"各地政府仍以层层下派任务和按部门职责分工的模式推动大数据治理体系,这种将新型技术嵌套在传统官僚体制内的做法,将使数据孤岛问题进一步凸显,反而可能会使大数据治理丧失初衷"⑤。

大数据监管作为当前事中事后监管体系的支柱装置,理想层面上能够通过市场主体的全景大数据,提前进行风险预判与监管倾斜,进而得到数字信息时代下行政效能的最优解。但实践中却较难实现机构部门之间信息数据的汇聚集中,还会面临纷繁复杂的组织协调与数据冲突难题。

2. 自由贸易试验区各监管部门利益不协调

河南自由贸易试验区商事制度改革和审批制度改革后,各相关部门也相应开始探索事中事后监管部门改革。由于缺乏顶层的统一协调,各部门的监管体系五花八门,覆盖面宽,但部门分置、缺乏联系,法律制定、执行、识别、监管、授权等缺乏整合,

---

① Loo R. V. Regulatory Monitors: Policing Firms in the Compliance Era [J]. Columbia Law Review, 2019, 119: 369.

② 宋华琳. 建构政府部门协调的行政法理 [J]. 中国法律评论, 2015 (2): 48 – 49.

③ 林雪霏. 顶层逻辑与属地逻辑的博弈——行政审批制度改革"双轨制"的困境与契机 [J]. 社会主义研究, 2016 (6): 78 – 88.

④ 孙丽岩. 行政决策运用大数据的法治化 [J]. 现代法学, 2019 (1): 85 – 96.

⑤ 马亮. 大数据治理:地方政府准备好了吗? [J]. 电子政务, 2017 (1): 77 – 86.

而且系统各不相容。这种各部门监管体系的分化，不仅造成建设成本的浪费，而且容易出现重复监管和监管空白的领域。经过调研，河南自由贸易试验区片区相关人员普遍反映自由贸易试验区各部门监管权力过于复杂，如果没有相应的省级部门人员推动，那么，相应的监管权力也无法落实，权力无法落实即无法推行各项监管。关于由谁来具体监管，涉及的权力部门较多，在自由贸易试验区监管部门职能权力没有经政府部门分工、明确之前，怎样进行监管就变得形而上学了。

3. "双随机、一公开"存在风险漏洞

首先，"双随机、一公开"监管被视为事中事后监管方式的重要探索和本土创新，具体是指监管机构在"市场主体名录库和执法检查人员名录库中通过摇号等方式，从市场主体名录库中随机抽取检查对象，从执法检查人员名录库中随机选派执法检查人员"。《国务院关于在市场监管领域全面推行部门联合"双随机、一公开"监管的意见》对检查对象名录库和执法检查人员名录库、监管工作平台、抽查程序与结果公示等制度建设进行了详细部署，尤其提出要促进"双随机、一公开"监管与信用监管有效衔接，将"双随机、一公开"抽检结果作为企业信用风险分类的重要考量因素，并根据企业风险信用确定抽检比例与频次，由此形成"双随机、一公开"执法与信用风险分类监管相互嵌套的规制逻辑。在实践中，"双随机、一公开"监管的基层运行面临诸多困境。例如，从监管人员配备来说，各地虽然按照信息化要求设置了"双随机、一公开"电子工作平台与名录库，但是市场监管中可供随机抽取的检查人员只能本地化，"基层监管机构缺乏人员配置，真正有执法权的人更少，不管怎么随机抽取，样本库就是有限的，信息与权力的错配十分突出"。事实上，受困于地方编制资源的束缚，大量基层执法人员没有正式编制，无法进入"双随机"的执法人员名录，导致"双随机"监管方式取代日常监管巡查制的设想在现实中很难完全实现，甚至可能沦为一种空转的程序装置。正如法学、社会学学者所描述的基层执法能力悖论现象，"随着国家投入的增加和制度技术的发展，执法能力在不断提升，但在具体的社会问题面前，执法能力始终受到资源条件的制约而无法充分施展"①。

其次，经过对河南自由贸易试验区的实地调研，河南自由贸易试验区某片区负责人也强调，"在'双随机、一公开'的实施中，被随机抽到企业的可能只有5%，另外很多企业并不会被抽到，所以，有些企业就注册一个空壳公司，只干一些倒卖发票的事情，在此期间随机抽查也没有被抽到，没有被发现，那么一两年之后这个公司在赚完钱后就又把企业注销了，然后换个身份证又重新注册一个公司"。可以说，这也是对企业进行监管时存在的漏洞。

最后，"双随机、一公开"监管对行政执法程序的流程改造，在一定程度上也可能会加剧行政执法资源配给不足与市场监管对象众多之间的对比张力，尤其是使得基层执法资源的匮乏现象更加紧迫突出。

---

① 刘杨. 执法能力的损耗与重建——以基层食药监执法为经验样本 ［J］. 法学研究，2019（1）：25-42.

四、提升河南自由贸易试验区事中事后监管效率的政策建议

事中事后监管应有利于完善社会主义市场经济体制，应有助于实现民富国强的中国梦，应有助于推进中国的法治国家建设，应有助于增进、增强中国在经济全球化过程中的竞争力和领导力。因此，面对河南自由贸易试验区事中事后监管过程中存在的上述难点问题，河南自由贸易试验区可在片区之间实现数据互惠与信息共享，加强企业信用监管、工商部门能力建设及细化"双随机、一公开"监管程序等方面做出相应改善，提升河南自由贸易试验区事中事后监管效率和效能。

1. 实现片区之间数据互惠与信息共享

大数据监管在事中事后监管体系中扮演着重要角色毋庸置疑，大数据监管鲜明反映了信息时代下行政国家的治理模式变迁，行政手段变得更加非正式化，监管过程更加依赖市场主体的背景数据作为支撑。从制度优势来看，监管大数据有助于缓解执法资源匮乏等多重原因导致的规制不足现象，监管机构借助信息数据可以实现更优的执法效果，从而降低传统规制模式下较高的行政成本，并舒缓其过度正式化的弊端。在自由贸易试验区事中事后监管体系的建设中，河南自由贸易试验区三个片区均借助政务大数据平台和各类互联网技术，针对市场主体与个人的信用行为进行监控、评估，与多部门制定联合奖惩等机制，而中央至地方各级政府对于数据整合与大数据监管的重视早已不言而喻。例如，《国务院办公厅关于运用大数据加强对市场主体服务和监管的若干意见》明确指出："创新市场经营交易行为监管方式，构建大数据监管模型，进行关联分析，及时掌握市场主体经营行为、规律与特征，主动发现违法违规现象，提高政府科学决策和风险预判能力，加强对市场主体的事中事后监管。对企业的商业轨迹进行整理和分析，全面、客观地评估企业经营状况和信用等级，实现有效监管。"而《国务院关于加快推进全国一体化在线政务服务平台建设的指导意见》也同样提到："整合市场监管相关数据资源，推动事中事后监管信息与政务服务深度融合、一网通享。"

事中事后监管体系中的大数据监管建设，除了商业秘密、个人信息保护等以权利保障为核心的传统行政法议题之外，在中国的本土背景之下，更需要通过监管机构改革、组织协调互惠与数据信息共享等行政组织的革新机制，来破解大数据监管建构所面临的"内部行政执法"难题，防止现代行政国家下的碎片化治理格局[1][2][3]。鉴于河南自由贸易试验区郑州、开封、洛阳三个片区不同的战略发展定位，三个片区在市场

---

① 章剑生. 作为担保行政行为合法性的内部行政法 [J]. 法学家，2018（6）：66 – 80.

② 于立深. 现代行政法的行政自制理论——以内部行政法为视角 [J]. 当代法学，2009（6）：3 – 15.

③ Metzger G. E., Stack K. M. International Law [J]. Michigan Law Review，2017，115（8）：1239 – 1308.

主体和企业监管方面，尚未全面实现信息共享、政务融合。若要全面实现信息共享和政务融合，建议借助中央、地方或较高层级监管机构的统一协调，来舒缓传统条块分割、地方与部门利益化格局给事中事后监管带来的组织掣肘。因此，对于河南自由贸易试验区郑州、开封、洛阳三个片区而言，可以通过省级高位推动，制定相应政策，建立统一化的数据共享平台，进行信息共享、数据互惠，这样无疑将大幅促进自由贸易试验区相关职能部门决策科学化、治理精准化和公共服务高效化。

2. 加强企业信用监管

一般来讲，对于企业信用的监管，主要体现在行政措施约束和市场约束两个方面。目前，河南自由贸易试验区在企业信用监管方面实行诸如企业年报公示、经营变动异常名录等制度，主要是着力于行政约束，相对来说，市场约束不足。而企业信用监管更大的约束效力恰恰是市场约束。因此，河南自由贸易试验区要在进一步巩固行政约束的基础上，不断充实、完善市场约束。

第一，政府应根据企业、市场、消费者的需要，对政府部门掌握的企业信息进行归集和整合，并向社会公示，为企业或消费者自行作出是否交易或接受服务的决定提供信息支持。

第二，推进协同监管，增强社会监督。政府应广泛动员社会力量，鼓励市场主体和广大民众参与监管，增加监管力量，通过多数人的参与来提升自由贸易试验区的事中事后监管能力。同时，有效地参与自由贸易试验区制度创新，推动企业诚信体系和自律体系建设，形成行业自律、社会监督、行政监管、公众参与的综合监督体系。政府还应降低第三方机构参与事中事后监管的门槛，让一切具备条件的社会力量都能够参与监管。政府也要出台相应的扶持措施，鼓励和支持有意愿的第三方机构充分参与监管，在监管中获得正常的收益和社会的尊重。通过全社会参与监管，进一步降低交易成本和监管成本，更好发挥市场在资源配置中的决定性作用，有效激发市场活力。

第三，为了解决事中事后监管过程中存在的部门利益不均问题，尽快建立专门的事中事后监管的推进协调机构，有效舒缓权力利益问题，自由贸易试验区各片区可依据各自地方性事中事后监管条例成立专门的事中事后监管机构，由该机构负责制定相关工作原则、程序、手段等，协调各部门之间的监管职能，加强监管联系，保障事中监管的真实性、事后监管的联动性，有效地推进自由贸易试验区事中事后监管；当然，其他部门也可通过该事中事后监管机构，实现信息互联、互通、共享、互用，实现企业经营违法违规行为在统一部门协调下的各部门间共振、传导。

第四，发挥行业协会的行业管理、监督、约束和职业道德规范等作用。行业协会是政府和企业加强相互联系的媒介，行业协会的管理、监督、约束和协调等作用，能将各种与企业经营活动相关的信息有机组合，通过和政府相关部门互动，及时制约和惩罚违法违规企业。另外，自由贸易试验区部门协调、信息共享和协同监管的机制和平台尚不完善。例如，对于"对外提供保证担保""纳税总额""行政许可取得、变更、延续信息""知识产权出质登记信息"等信息，工商部门并不能及时全面掌握。而且，在目前的情况下，经营异常名录等信用约束手段的震慑力度还不够大，必须加强政府、行业协会之间的协调组合，共同监督企业行为，严厉打击各种违法违规企业。对于违法违规企业，及时提示社会公众存在的履约风险，在办理行政许可、政府采购、政府招投标、出入境、银行贷款、授予荣誉等多个领域对其进行限制和约束。

第五，进一步完善后续实施办法，加快完善和落实《国务院关于加强和规范事中事后监管的指导意见》后续实施办法，保证改革顺利进行。例如，明确企业不申报年报如何处理，"失联"企业和"僵尸"企业如何处理等。另外，以往对逾期年检的企业处以数额不等的罚款甚至吊销营业执照的处罚，而目前不履行信息公示义务以及在信息公示中弄虚作假、无法联系等的法律后果仅是列入经营异常名录并对外公示，是否应该考虑进一步加大对上述失信行为的惩戒力度。

3. 提升市场监管部门能力

市场监管部门作为市场监管的主力军，为了更好地服务和推进河南自由贸易试验区建设，需要做到以下几点：首先，充分利用信息化方法来提高监管效率和效果，因为市场主体数量多、分化细，只有采取微观的监管方法才能提高监管效率，信息化是最好的选择。实现信息公开、信息共享，提高信息分析和利用能力，转化为实际的监管效果。其次，积极适应自由贸易试验区管理的新形势、新要求，强化信用信息公示，完善信用约束机制，建立以市场监管部门经济户籍为基础的市场主体信息公示系统，推动社会诚信体系建设。再次，明确监管对象和范围，严格按照法律法规和"三定"规定明确监管职责和监管事项，依法对市场主体进行监管，做到监管全覆盖，杜绝监管盲区和真空。除法律法规另有规定外，市场监管部门负责对审批或指导实施的行政许可事项实行事中事后监管，确保事有人管、责有人负。最后，加强人才队伍建设，对在岗监管人员要适时开展有针对性的有效培训，不断提高监管能力和风险防范水平，对没有专门执法力量的行业和领域，审批或主管部门可通过委托执法、联合执法等方式，会同相关综合执法部门查处违法违规行为，相关综合执法部门要积极予以支持。

总之，通过市场调控无形之手和市场监管部门有形之手惩治自由贸易试验区内诚信缺失企业及违法主体，用好监管这只"看得见的手"，让监管部门"正确地做事""做正确的事"，大力培养"一专多能"的监管执法人员，推进人财物等监管资源向基层下沉，保障基层经费和装备投入，并不断推进执法装备标准化建设，提高现代科技手段在执法办案中的应用水平。与此同时，厘清市场、政府的边界，坚持建机制、补短板、兜底线，既着眼长远，又注重当前，科学、民主地制定后续配套措施，确保在推进商事制度改革的同时，进一步强化市场主体责任，加强对市场主体的监督管理，促进社会诚信体系建设，探索建立与国际高标准投资和贸易规划体系相适应的市场监管方式，这也是"宽进严管"的意义所在。

4. 细化"双随机、一公开"监管程序

"双随机、一公开"监管通过行政执法程序与公开机制的缚权再造，的确有助于规范行政裁量权、提升基层监管执法的法治水平，是一种较为典型的"控权论"改革思

路。而且在传统控权模式的基础上，应该对"双随机、一公开"监管与信用风险分类监管进行巧妙的技术衔接，使得"双随机、一公开"监管成为整个事中事后监管体系的通道入口，在入口处即对监管执法进行严格的流程框定，这符合事中事后监管改革旨在拘束行政执法、重塑营商环境并激发市场活力的核心目标。但是，也需要考虑自由贸易试验区各片区之间权力资源分配不均问题，省级层面应向资源紧缺片区调配各项资源，对其权力进行下放，真正做到"放、管、服"。另外，自由贸易试验区建设对于片区所在城市、地区经济以及行政监管领域会产生积极的影响，但事中事后监管应根据不同地区、不同监管领域执法资源的差异，有针对性地对各片区有关"双随机、一公开"的监管程序设计进行细化和创新，加大抽查比例，扩大抽查覆盖面，对被抽查主体身份进行信用验证和评估，制定一系列评价指标体系，防止其脱离本土情况而被悬置、空转。

五、总结

总之，加强事中事后监管是河南自由贸易试验区综合监管制度创新的重要内容，完善的事中事后监管制度是河南自由贸易试验区健康发展的制度保障。当前河南自由贸易试验区事中事后监管仍存在数据信息平台共享、监管部门权力利益不协调、监管制度如"双随机、一公开"方面有漏洞等难点问题。因此，河南自由贸易试验区必须对事中事后监管模式和监管权力进行顶层设计，加快完善管理体制和监管信息共享平台的建设，同时，建议建立专门的事中事后监管的推进协调机构，有效舒缓权力利益问题，协调各部门之间的监管职能，加强监管联系，保障事中监管的真实性、事后监管的联动性，有效地推进自由贸易试验区事中事后监管。最后，要加强事中事后监管配套制度建设，在完善风险预警、评估机制、综合监督和评估体系方面有所作为，只有这样，自由贸易试验区在综合监管制度方面的创新才能更好落地，自由贸易试验区才能更加健康发展。

参考文献

[1] 卢超. 事中事后监管改革：理论、实践及反思 [J]. 中外法学，2020（32）：783-800.

[2] 马亮. 大数据治理，地方政府准备好了吗？[J]. 现代法学，2017（1）：81.

[3] 梁平汉. 信息的逻辑：部门间关系与新经济功能 [J]. 探索与争鸣，2018（7）：55-58.

[4] 闫明. 上海自贸试验区发展与事中事后监管实践机制研究 [J]. 中国浦东干部学院学报，2015（9）：123-127.

[5] 钱丹. 政府治理视域下的重庆市自贸试验区事中事后监管策略研究 [J]. 科

技经济与管理科学，2019，27（23）：204－205.

　　［6］李猛，沈四宝．中国自贸试验区管理制度创新现状与发展［J］．名家观察，2017（4）：21－23.

　　［7］高凛．自贸试验区负面清单模式下事中事后监管［J］．国际商务研究，2017（1）：30－40.

　　［8］陈自立．上海自贸试验区事中事后监管的实践、困境及发展路径研究——以浦东新区为例［J］．安徽行政学院学报，2016（7）：51－56.

　　［9］张杰．辅助性原则视角下的自贸试验区监管模式［J］．山西省政法管理干部学院学报，2017（1）：99－102.

　　［10］丁水平，林杰．市场管理改革中事中事后监管制度创新研究——构建"多位一体"综合监管体系［J］．理论月刊，2019（4）：83－90.

　　［11］毛艳华．广东自贸试验区试点改革成效与制度创新方向［J］．国际贸易，2017（6）：24－28.

专题篇二：投资领域开放与金融创新

河南自由贸易试验区招商引资现状与优化措施

何枭吟[①]　毛　晗[②]

2017 年 4 月 1 日，河南自由贸易试验区挂牌成立，为河南省对外开放和招商引资带来前所未有的机遇。河南自由贸易试验区战略定位是：加快构建贯通南北、连接东西的现代立体交通体系和现代物流体系，将河南自由贸易试验区建设为服务于"一带一路"建设的现代综合交通枢纽、全面改革开放试验田和内陆开放型经济示范区。因此，努力扩大对外开放，不断推进招商引资，对于实现河南自由贸易试验区的发展目标具有重要意义。河南自由贸易试验区成立以来，政府先后通过改善投资环境、加大税收优惠力度等政策来促进招商引资，对于河南省贸易自由化、对外开放水平的提高都产生了重要影响。然而，目前招商引资的规模及质量仍然不能满足河南自由贸易试验区高质量发展的需要。特别是 2020 年新冠肺炎疫情全球流行，对招商引资工作造成重大冲击。为进一步加强新形势下招商引资工作，充分挖掘招商引资对于优化产业结构、哺育增长动能、促进经济转型升级的重要作用，河南省政府出台招商引资"19条"，积极创新招商引资思路方法，完善招商引资支持政策，培育招商引资平台，持续优化营商环境，健全招商引资工作机制。[③] 扩大招商引资规模、提高引资质量成为当前河南自由贸易试验区提高对外开放水平的重要举措。

一、河南自由贸易试验区招商引资现状

2017 年 4 月 1 日，河南自由贸易试验区正式成立，标志着河南省对外开放水平进一步提升，迈入一个新的发展阶段。河南自由贸易试验区正在成为河南招商引资的主平台。河南自由贸易试验区一共涵盖三个片区，分别是郑州片区、洛阳片区、开封片区，占地总面积约为 119.77 平方千米。其中，郑州片区占地 73.17 平方千米，其战略定位是发展现代服务业和高端技术产业，如智能终端产业、高端装备、生物医药业等先进制造业，以及现代物流、跨境电商、创意设计、商务会展等现代服务业；开封片

---

① 何枭吟，博士，郑州大学商学院副教授、博士生导师。
② 毛晗，郑州大学商学院硕士研究生。
③ 河南省人民政府关于加强新形势下招商引资工作的意见 [J] . 河南省人民政府公报，2020（16）：3 - 6.

区总面积 19.94 平方千米，主要结合自身优势发展新兴文化产业，尤其是利用当地特有的历史文化底蕴，发展特色文化旅游、文化传媒、艺术品展览交易等现代文化产业；洛阳片区总面积 26.66 平方千米，定位于装备制造和材料制造业，重点发展生产性服务业，打造区域性研发设计、信息技术服务中心。河南自由贸易试验区成立以来，河南省政府始终围绕建设高标准、高水平、高质量自由贸易区的发展目标，突出其辐射带动作用，坚持把招商引资作为加快河南自由贸易试验区经济发展的动力源泉，招商引资工作取得显著成果。然而，2020 年新冠肺炎疫情全球流行，国际、国内经济环境发生重大变化，给河南自由贸易试验区招商引资工作带来严峻挑战，迫切需要创新招商引资方法、完善招商引资政策、构筑招商引资平台、不断优化营商环境，推动河南自由贸易试验区高水平开放、高质量发展。

（一）各片区招商引资带动作用显著

招商引资工作是带动经济建设的重要推动力。河南自由贸易试验区成立以来，招商引资在推动自由贸易试验区建设方面发挥了不可替代的作用，极大地激发了市场活力，促进了自由贸易试验区三大片区高水平开放和高质量发展。由于自由贸易试验区给企业提供投资、税收等方面的便利措施，企业营商环境不断改善，一批批优质企业入驻河南自由贸易试验区，自由贸易试验区企业聚集效应显著。数据显示，截至 2017 年 11 月底，河南自由贸易试验区入驻企业达到 18978 家，注册资本 3175.4 亿元，实际利用外资 4.98 亿美元，吸引 137 家国内外 500 强企业入驻。2018 年和 2019 年，河南自由贸易试验区新设立企业分别为 2.63 万家和 1.95 万家。截至 2019 年底，累计 6.94 万家企业入驻河南自由贸易试验区（见表 1），其中，包括 400 家外资企业和 92 家世界 500 强企业。① 各片区招商引资齐头并进，促使河南自由贸易试验区在国际国内市场上的知名度不断提升。

表 1　河南自由贸易试验区入驻企业数量　　　　　　　　　　单位：万家

时间	新入驻企业	累计入驻企业
2017 年 11 月	1.8978	1.8978
2018 年	2.63	4.99
2019 年	1.95	6.94

1. 郑州片区

郑州片区发挥引资主体作用，对外开放程度进一步提高。据统计，在河南自由贸易试验区挂牌的最初 6 个月内，郑州片区开工和竣工项目共计 32 个，投资金额就已达

---

① 河南自贸试验区三周年成绩单来了　92 家世界 500 强［EB/OL］. 经济导报网，2020-04-02，http://www.ceeh.com.cn/chanjing/2020-04-02/37236.html.

到 208 亿元，共 26 个亿元以上投资项目。即使受到新冠肺炎疫情的影响，郑州片区通过网上招商也实现了招商引资的逆势增长。截至 2020 年 3 月底，郑州片区改革创新任务完成率高达 94%，共形成 160 多项创新成果；网上招商签约益海嘉里粮食加工、中信集团信金海外产业基金等 14 个重点项目，总投资额超过 10 亿元，其中，世界 500 强入驻项目有 3 个；实际利用外资 10.8 亿美元，其中，利用美国、新加坡等外资 12.2 亿美元，使用外资金额共占全市总额的 90% 以上。

郑州片区作为河南自由贸易试验区的主体构成部分，紧紧抓住制度创新这个核心使命，通过提升政务服务水平、加强市场监管、完善法律金融体系、构筑多式联运系统等，建设高质量营商环境吸引国内外优质企业。据河南自由贸易试验区官网统计，郑州片区在正式运营后的 10 个月内新注册企业突破 2 万家，数量在全国新设自由贸易试验区片区中位居前列。截至 2020 年 3 月 31 日，河南自由贸易试验区郑州片区新注册企业累计达到 58086 家，新注册资本总额达到 6764.5 亿元，相较于自由贸易试验区成立之前，注册资本总额扩大近 3 倍。其中，新注册外资企业 368 家，占郑州市的 50%[①]，先后引入微软、沃尔玛、正大等跨国企业入驻郑州片区。目前，郑州片区以七大工业主导产业和七大服务业主导产业为主要发展内容，强化实体经济支撑，优先发展现代服务业。其中，制造业、商贸服务业、房地产业、建筑业、能源供应业为外商直接投资领域排名前五位的产业，实际使用外资金额共占郑州市总额的 96.8%。[②]

2. 洛阳片区

洛阳片区利用自身制造业优势，不断吸引高端制造业和现代服务企业入驻，形成具有洛阳特色的现代制造业与服务业招商模式，带动整个洛阳市产业结构合理化。从入驻企业数量看，截至 2019 年底，洛阳片区入驻企业 12855 家，其中，高端制造业和现代服务业企业共计 1.2 万家，分别占入驻企业的约 16% 和 75%。亿元以上企业入驻 136 家，10 亿元以上企业入驻 10 家，世界 500 强企业入驻 25 家，国内 500 强企业入驻 19 家，行业 10 强企业入驻 26 家。此外，洛阳片区还引进了金融及类金融机构 62 家、主板企业 4 家、三板企业 16 家[③]。从引资规模看，截至 2019 年底，洛阳片区依据产业发展需求，实施重点产业招商，共签约 299 个亿元以上招商引资项目、80 个 10 亿元以上项目，实际投资总额 1592.08 亿元；实际利用外资 4.67 亿美元，较自由贸易试验区成立前增长 19.74%；实际发生进出口业务的企业 250 家，实现外贸进出口总额 34.09 亿元，较挂牌前增长 163.24%[④]。其中，仅 2019 年河南自由贸易试验区洛阳片区新设企业数量就已达到 2794 家，占洛阳市新增企业总数的 9.77%；实际利用外资 4.67 亿

---

① 赵柳影. 河南自由贸易试验区郑州片区挂牌三周年 改革开放试验田效应逐步显现［EB/OL］. 搜狐网，2020 - 04 - 02，https://www.sohu.com/a/384951921 - 160386.

② 参见河南自由贸易试验区官网。

③④ 河南自贸试验区三周年成绩单来了 92 家世界 500 强［EB/OL］. 经济导报网，2020 - 04 - 02，http://www.ceeh.com.cn/chanjiang/2020 - 04 - 02/37236.html.

美元，占洛阳市的16.27%；实际外贸进出口总额34.09亿元，占洛阳市的23.89%。洛阳片区整体呈现现代服务业发展态势良好、高端制造业发展水平不断提升的格局，带动整个洛阳市经济高质量、高水平发展。

3. 开封片区

开封片区在河南自由贸易试验区内率先推出自由贸易试验区营商环境评估指标体系，结合开封文化品牌，注重"文化"招商，形成具有开封特色的招商引资模式。此外，开封片区经批准引入国家级文化金融机构——深圳文化产权交易所，并依据区位优势成立了中部地区首个艺术品保税仓——国际艺术品保税仓，推出了省内首家离境退税文创商店，提升了开封片区文化产业的国际竞争力。截至2019年10月底，累计5010家企业入驻河南自由贸易试验区开封片区，入驻数量是挂牌前的29倍，其中，注册资本亿元以上企业146家，超10亿元企业13家，最高投资额100亿元；外资企业25家，注册资本9.4亿元，最高投资额3.33亿元。引入金融企业87家，总注册资本407.9亿元，占自由贸易试验区开封片区挂牌以来新增注册资本的48.02%[1]。此外，开封片区还引进丰树物流、金明食品、贝斯科超硬材料等贸易、物流类企业共计1587家，以促进开封片区贸易、物流类产业迅速发展。

（二）招商引资政策创新

为进一步将河南自由贸易试验区建设为全面改革开放试验田和内陆开放型经济示范区，河南省政府不断出台各种政策促进政府职能转变，推动投资、贸易、金融便利化，增强服务"一带一路"建设的交通物流枢纽功能。

1. 负面清单管理制度

在对外商投资市场准入方面，河南自由贸易试验区推行负面清单管理制度，负面清单体现的是"法无禁止皆可为"，相较于正面清单而言，能够给予外商更大的投资空间，减少各种投资限制，激发外商投资活力。在河南自由贸易试验区企业进口业务方面，探索"空检铁放""空检空放"等新型监管模式，减少报检、查验、送样、检测、出证等各环节时间，大幅提高工作效率。河南自由贸易试验区依托于"一带一路"建设，与沿线国家建立友好合作机制，鼓励自由贸易试验区内部企业开展国际国内贸易，对于有投资意愿的沿线国家或地区全面落实负面清单管理制度。此外，河南省政府不断完善自由贸易试验区知识产权保护制度，注重对企业知识产权的维护，大力发展知识产权专业服务业，不断完善知识产权纠纷调解、企业援助、仲裁工作机制，有效保障企业知识产权[2]。

2. 深化投资审批"三个一"改革

为进一步深化投资领域的"放管服"改革，规范政府审批行为，压缩政府审批时

① 厉害了！自贸试验区开封片区入驻企业突破5000家［N/OL］. 开封日报，2019 – 11 – 04，https：// m. thepaper. cn/baijiahao_ 4860510？ sdkver = f5bff46d.
② 参见河南自由贸易试验区官网，市场准入负面清单（2018年版）。

限，提高政府服务质量，河南自由贸易试验区推出投资审批"三个一"改革，即审批事项一清单、在线办理一平台、审批时间一百天。进一步规范投资项目审批制度，构建科学、高效的投资项目审批管理体系，使清单更加精简规范，平台更加便捷高效，一百个工作日内完成全流程审批的目标，覆盖更多类型投资项目，持续优化营商环境，有效激发各类市场主体投资活力。

2020 年 6 月 20 日，河南省政府办公厅发布《关于印发河南省深化投资审批"三个一"改革实施方案的通知》，要求进一步规范河南自由贸易试验区投资项目审批制度，构建科学、完善的投资审批管理体系，简化审批程序，缩减审批时限，持续优化营商环境，进一步激发市场主体投资活力。2020 年 8 月 5 日，为进一步加强新形势下自由贸易试验区招商引资工作，河南省政府出台《关于加强新形势下招商引资工作的意见》，旨在从创新招商引资方法、完善招商引资支持政策、培育招商引资平台、持续优化营商环境等方面，推动河南省高水平开放、高质量发展[1]。

3. "证照分离"改革

河南自由贸易试验区首先推出"证照分离"改革。为进一步营造公平、稳定、透明的市场准入环境，激发各类市场主体活力，推动经济高质量发展，河南自由贸易试验区在全省推广"证照分离"改革，对自由贸易试验区内投资企业分别采取直接取消审批、审批改为备案、实行告知承诺、优化准入服务四种改革方式。取消无用审批事项，在放宽条件的同时进一步加强管理，完善全程综合监管体系，加快建立事前信息收集整理、事中信息透明公示、事后信用监督管理的新型监管制度。各相关部门之间加强政务联系，建立信息共享、协同监管的高效管理体系，形成全过程、全方位监管体系[2]。

4. 政务服务"一次办妥"

"一次办妥"由河南自由贸易试验区郑州片区率先推出，主要做法是将实体办事大厅与网上办事大厅这两个渠道集中整合，结合省、市、区三级经济管理权限，优化跨部门办事流程和系统，使自由贸易试验区内部市场主体在郑州片区可一次性办结企业生命周期的所有经济管理事项。通过"一窗受理、一个标准、一张网络、一次办妥"四个基础工程，提高 0 部门办事效率，实现办事手续系统化、规范化，提升企业用户体验满意度。此外，加强政府各个部门办事过程数据的关联分析，通过大数据平台，提升政务服务水平，促进政府工作精准化、特色化，为自由贸易试验区内部企业提供良好的政务空间，推动重点领域"一次办妥"集成改革，便企利民，不断激发市场活力。

---

① 张红伟. 河北省博野县招商引资现状分析与对策研究 ［D］. 保定：河北大学，2020.
② 参见河南自由贸易试验区官网。

二、河南自由贸易试验区招商引资优势

（一）区位优势

1. 地理条件

河南省地处华中地区，位于丝绸之路经济带与海上丝绸之路的重要交汇处，依托于"一带一路"建设的良好发展机遇，同时，也是连接我国南北、东西部地区交流的重要桥梁和纽带。地处黄河流域中下游，与京津冀、长三角区域经济来往密切。第一批、第二批自由贸易试验区均在沿海地区，河南自由贸易试验区作为我国首批内陆自由贸易试验区之一，不仅能够受到现有其他省份自由贸易试验区的辐射带动，而且能够共同形成有效的发展区域网络，带动我国中西部区域经济的发展①。

郑州市作为河南省会，位于中原经济带中心区域，是我国重要的工业城市，是全国重要的电力、邮政、电信主要枢纽城市②，拥有完备的铁路、高速公路、航空等交通运输体系。开封市依托于黄河流域，主要为平原地区，位于河南省中东部，向西与省会郑州市相邻，向东与商丘市相连，向南毗邻许昌市和周口市，北接黄河与新乡市隔河相望③。洛阳市位于中国的中部核心区域，是中原经济发展区副中心城市。洛阳片区共占地 26.66 平方千米，地处洛阳市最核心的位置，拥有巨大的经济发展潜力，同时，拥有完善的政策、改革措施与之相配套④。

2. 交通条件

河南省是全国承东启西、连接南北的关键交通枢纽，不仅拥有铁路、公路、航空等完善的综合交通运输体系，而且陆空结合、多式联运，交通运输体系日益完善。已建成的铁路干线有京广线、京九线、陇海线、焦柳线等。郑州市交通网络发展完善，铁路、公路、航空、管道等构成了通达便利的综合交通体系。郑州位于我国三纵五横干线中京广线和陇海线的交会处，京港澳高速、连霍高速两大主干线均经过郑州；郑州市不仅拥有亚洲最大的列车编组站，同时也是中国境内最大的铁路集装箱货运中心，是国内普通铁路和高速铁路的"双十字"中心；郑州航空港经济综合实验区是国务院批复的全国首个也是唯一一个上升为国家战略的航空港经济发展先行区。

开封市交通条件也日益完善，其中，陇海铁路、郑徐高速客运专线贯穿全境，京广、京九铁路东西相邻；连霍、日南、大广、郑民四条高速公路相互依托。此外，开封市还与郑州高铁东站、郑州地铁相通，具有突出的交通优势。洛阳市为陇海线、焦枝线的交叉点，同时又是陆上丝绸之路的最东端，自古以来就是我国重要的交通枢纽，

---

① 刘皓玥. 中国四大自贸试验区发展历程及河南发展自贸试验区的优势所在［J］. 新经济，2016（3）：43–44.

②③④ 参见河南自由贸易试验区官网。

有"九州腹地、十省通衢"之美称,是中国中西部地区关键的交通枢纽。

(二) 资源优势

1. 人口资源

河南省作为我国人口大省,丰富的劳动力资源成为招商引资的重要优势之一。据河南省统计局公布,2018 年末河南省总人口为 10906 万人,相较于 2017 年增加 53 万人;城镇化水平不断提升,2018 年全省常住人口共 9605 万人,其中,城镇常住人口 4967 万人,城镇化率约为 51.71%,比 2017 年末提高 1.55%[①];2019 年河南省普通高校毕业生 59.34 万人,研究生毕业生 16107 人。人口数量及人口质量双重优势有利于吸引产业和资金流入。一方面,高素质的劳动力资源解决了现代产业发展与高素质劳动力需求的矛盾;另一方面,丰富的人口资源一旦转化为巨大的消费潜力,能够有效激发市场需求和经济活力。

2. 旅游资源

丰富的旅游资源,有利于提升区域服务经济竞争力,吸引服务业资金流入。河南省源远流长的历史留下了丰富的文化遗产,拥有各类文物点大约 3 万处,其中,国家级非物质文化遗产共 95 个,省级非物质文化遗产共 148 个,有利于建设特色旅游产业,发展创意文化园区。郑州市是中国著名的历史文化古城和八大古都之一,拥有裴李岗文化遗址、大河村文化遗址等著名人类活动遗址。开封市是中国著名的八大古都之一、历史文化名城,文物遗存丰富,城市格局悠久。洛阳是华夏文明的发祥地之一、丝绸之路的东方起点、隋唐大运河的中心,历史上先后有十多个王朝在此建都,是我国著名的优秀旅游名城,拥有国家 5A 级景区 5 个、4A 级景区 16 个,同时,拥有世界文化遗产龙门石窟、中国第一座官办寺院白马寺、武圣关羽的陵寝关林等众多历史古迹。近年来,河南省旅游业不断向高质量发展,且对经济的带动作用日益显著,2019 年河南省旅游总收入达到 9607.06 亿元。

3. 工业资源

良好的工业资源有利于吸引、打造高端制造业产业链条。河南省虽然是传统的农业大省,农、林、牧、渔行业产值占生产总值的比重超过了 10%,但第二产业工业仍然是河南省经济发展最重要的行业。近年来,工业产值占河南省生产总值的比重有所下降,但仍在 40% 以上,高于其他行业。河南省是我国重要的工业大省,食品工业和装备制造业产值都已超过万亿元,而电子信息产业的发展将推动河南省从工业大省迈向工业强省。2018 年河南规模以上工业增加值增长 7.2%,高于全国平均水平 1%,其中,装备制造业、食品制造业、新型材料制造业、电子制造业、汽车制造业五大主导产业增长 7.7%;高科技产业也不断发展,同比增长 12.3%,战略性新兴产业同比增长 12.2%。河南省紧抓新一轮科技革命发展机遇,推动一批批终端智能产业项目不断落

---

① 河南省统计局. 2018 年河南人口发展报告 [R/OL]. http://www.ha.stats.gov.cn/2019/06 - 14/1371953.html, 2019 - 06 - 14.

地，3个项目入选2018年国家工业互联网试点项目名单，工业企业不断向智能化、高端化发展，推动传统工业转型升级①。

（三）政策优势

1. 国家支持中部地区发展的政策优势

1999年11月，中共中央开始规划实施西部大开发战略，进一步加快中西部落后地区发展，促进区域协调发展。当前正处于西部大开发的第二个阶段——加速发展阶段，河南省可以充分享受西部大开发的相关优惠政策②。2004年3月5日，温家宝首次提出中部崛起战略，主要目的是进一步推进中部地区经济发展，缓解我国当前区域发展不平衡问题，促进区域均衡发展。河南省作为中部崛起战略中的重点省份，应该抓住机遇，充分利用国家政策促进自身发展，在推动经济高质量发展的同时，进一步提高开放型经济水平。2011年，国务院针对河南省经济发展状况，出台了《国务院关于支持河南省加快建设中原经济区的指导意见》的特色化政策，为河南自由贸易试验区的建设和发展提供了有效的政策支持。2013年9月和10月，习近平提出构建"新丝绸之路经济带"和"21世纪海上丝绸之路"的合作倡议，"一带一路"政策的出台，给沿线国家和地区带来了更多的发展机会，加强了不同国家地区之间的经济贸易往来，促进对外贸易发展。

2. 河南省支持自由贸易试验区发展的政策优势

2017年4月，河南省政府出台160项改革举措，其中112项为河南省创新举措，用于促进河南自由贸易试验区发展，提高通关便利化程度，为自由贸易试验区建设提供良好的基础条件。为了紧抓服务河南自由贸易试验区"放管服"改革创新这个主要目标，出台了《关于支持中国（河南）自由贸易试验区建设的意见》，推出多项支持政策，不断降低企业准入成本，营造宽松便利的市场准入环境，为企业提供高效率、高质量的服务。河南省银保监局、国税局等也都纷纷出台政策支持河南自由贸易试验区建设，推出多重优惠政策，共同助推河南自由贸易试验区发展。2017年4月18日，河南省发改委网站公布了《河南省发展和改革委员会支持中国（河南）自由贸易试验区建设的若干政策》，表示将从加快投融资体制改革等六大方面着手，全力支持河南自由贸易试验区建设。

2018年1月，河南自由贸易试验区实施"证照分离"改革试点方案，通过直接取消审批、由审批改为备案、强化准入监管等方式进一步促进政府职能转变，营造公平、稳定、透明、便捷的营商环境，不断释放企业创新活力。对于外商投资或省外资金投资，河南省政府设立专门的跨境电商支持政策、物流业支持政策、创新创业支持政策等对相关企业给予奖励，吸引外来资金投入。洛阳市为加快推进产业结构升级，促进

① 河南工业发展报告出炉 2018年河南规模以上工业增加值增长7.2%［EB/OL］．搜狐网，2019－06－10，http：//www.sohu.corn/a/319482380_114731.

② 赵强．河南省国家级自贸试验区建设路径分析［J］．中国国际财经（中英文），2017（1）：65－68.

经济高质量发展，出台招商引资优惠政策"金十条"，对于新材料产业、电子信息产业等给予一定的优惠政策①。

三、河南自由贸易试验区招商引资面临的挑战

（一）知识产权纠纷不断

企业的私人财产能否得到充分保护是企业在进行投资时会考虑的主要因素，近年来，我国不断通过完善相关法律制度保障企业的私人财产。同时，也暴露了我国现有法律体系的一个缺点——知识产权保护意识相对薄弱，这也是造成我国企业对外投资时不断陷入知识产权纠纷的主要因素。据统计，2010～2019 年，全国各地法院审结的知识产权案件共有 660960 件，其中约 91% 的案件为知识产权权属、侵权纠纷。

河南自由贸易试验区的知识产权纠纷除了具有一般知识产权纠纷的常见问题外，还具有它特有的问题。首先，自由贸易试验区的市场主体较为复杂，有外资、省外投资企业、电商企业、虚拟企业等，这些因素使得知识产权纠纷的管理问题更为复杂，难以推出统一的细则进行管理②。其次，由于自由贸易试验区的发展带动了许多新产业、新经济，这类企业在涉及知识产权纠纷问题时往往没有先例可循，进一步增加了管理难度。最后，由于河南自由贸易试验区涵盖三个片区，区域范围跨度较大，且每个片区的定位各不相同，对纠纷解决上的统一和协调问题也提出了新的挑战和新的要求，需要河南自由贸易试验区在借鉴其他自由贸易试验区相关经验的同时，不断结合自身实际情况进行制度创新，发展新模式，不断消除外来资本进行投资时所产生的顾虑。

（二）协议资金与实际到位资金不符

2018 年河南省商务厅公布第一批招商引资项目总投资额 1.4 万亿元，第二批招商引资项目总投资额 1.39 万亿元。但 2018 年实际吸收外资 179 亿美元，实际吸收省外资金 9647.1 亿元，协议资金与实际到位资金相差较多。之所以会出现这种现象，原因有以下两点：一是政府盲目招商。河南自由贸易试验区建立之初，政府缺乏相关经验，在进行招商引资时往往会陷入一定的误区。为了实现"引资多少亿元、引资企业多少个"的目标，很有可能盲目招商，没有明确的招商对象和招商计划，这样的招商模式不仅成本耗费较大而且成果甚微，甚至可能由于部分招商引资质量较差，从而影响自由贸易试验区的整体发展规划。二是企业"钻空子"。这个问题涉及产业招商和注册招

① 参见河南自由贸易试验区官网。

② 吕明瑜，介晓宇.河南自由贸易试验区知识产权保护难点问题研究［C］.第十二届"中部崛起法治论坛"论文汇编集，2019：785－796.

商两种类型，产业招商即在某个开发区或自由贸易试验区，企业投资设厂，真正在这个区域内生产经营；而注册招商即企业将自己的注册地放在某个开发区或自由贸易试验区，享受这个区域的关税优惠政策和高额返税率等，但企业的真实经营活动在其他地方。由于未能对企业准入做出清晰的界定标准，部分企业利用这个漏洞享受自由贸易试验区的红利。这样不仅会造成市场秩序混乱，而且会浪费自由贸易试验区的优势资源，不利于其他企业在自由贸易试验区进行投资，影响自由贸易试验区的整体发展水平。由于自由贸易试验区内部对投资企业实行优惠关税和高额返税政策，许多企业企图通过注册招商来享受自由贸易试验区的各种优惠政策。然而，对于河南自由贸易试验区的发展而言，这些注册企业并没有真正地带动当地经济的发展。

（三）投资领域开放不足

从河南省商务厅公布的历年招商引资数据来看，投资资金大部分都来源于内资，外资投入所占比例较小，且大部分为港资投入，剩余外资主要来自美国、英国等中国主要贸易伙伴①。截至2019年11月底，郑州片区累计新注册企业53895家，注册资本6396.7亿元，其中，内资注册资本总额6276.1亿元，约占注册总额的98%；外资注册资本总额120.6亿元，约占注册总额的2%。开封片区累计入驻企业5073家，新增注册资本853.63亿元，其中，外资企业25家，外资9.4亿元，仅占新增注册资本的约1%②。河南自由贸易试验区成立不久，在国际上的知名度并不是很高，而且郑州航空港区并未被纳入河南自由贸易试验区郑州片区，没有充分利用郑州航空港区的知名度和发展水平。

外商投资比例过低，一方面会加重省外投资企业的财务压力，不利于多元开放投资体系的建设。而且省外资金也主要来源于粤、京、沪、浙、苏、鲁六省，其他省份投资较少，不利于构建区域协调发展格局。另一方面不利于国外资金和先进技术的引进，产业结构转型升级困难，阻碍河南自由贸易试验区金融体系的改革和发展。外资构成方面，大部分外资为港资，其余主要为美国、英国、新加坡等国家的投资，"一带一路"沿线国家投资所占比例较小，资金来源渠道较为单一。贸易伙伴过度集中，这些地区的对外贸易政策稍有变化就会给河南对外贸易带来较大影响，增加投资不确定性。河南自由贸易试验区应该加强与"一带一路"沿线国家的经济合作，积极融入"一带一路"建设工程中，充分利用自身优势建成服务于"一带一路"建设的现代综合交通枢纽③。

---

① 姚尧. "一带一路"背景下河南省自贸试验区建设面临的挑战与对策［J］. 产业创新研究，2019（10）：19－20.

② 最全盘点！两年九个月，河南自贸试验区晒出亮眼"成绩单"［EB/OL］. http：//www. zzftz. gov. cn/qydt/1997. jhtml，2020－01－13.

③ 任伟斐. 河南自由贸易试验区建设与"一带一路"倡议的融合路径［J］. 中外企业家，2018（10）：42－43＋47.

（四）投资结构不尽合理

尽管河南自由贸易试验区投资项目中有相当部分的高新技术产业，政府也一直积极促进产业结构转型升级，但由于一直以来河南省对外贸易发展主要依赖货物贸易和加工贸易等低端制造业，短期之内很难改变这种局面。高新技术产业发展水平整体落后，难以产生规模效应，这样一来又很难吸引到相应企业入驻，进一步阻碍高新技术产业的发展。同时，河南省服务贸易发展相对滞后，传统的加工贸易科技含量较低，很难带动服务的出口，且相应的基础设施建设和法制建设仍不健全，企业在进行投资时往往会综合考虑①。截至 2020 年 9 月，河南自由贸易试验区产业结构不断优化，尽管郑州片区传统企业占比相比挂牌前下降 10%，但仍占据相当部分比重；开封片区也有近两成企业仍是传统企业。此外，自由贸易试验区累计入驻 500 强 99 家、国内 500 强 109 家，占全省总数的七成。其中，郑州煤矿机械集团有限公司 2019 年营业收入 257.2 亿元，较 2016 年增长 6 倍，河南开元国际经贸公司转型跨境电商行业，新加坡益海嘉里集团等也都实现了企业的持续发展壮大，但这些企业产业构成和自由贸易试验区投资领域仍属于低端产业，不利于产业向高端化、集群化、国际化发展②。

另外，由于河南省一直是我国的农业大省，农民人口较多，总体受教育水平偏低，劳动力素质较低，缺乏相应的高端人才，这一点也不利于河南自由贸易试验区高科技产业的发展。自由贸易试验区的建设不仅需要拓宽资金来源渠道、争取政府大力支持、完善基础设施建设等，还需要金融、商贸、交通等各领域的专业人才支撑，这样才能促进自由贸易试验区全面发展③。

（五）政法体系不够健全

河南自由贸易试验区作为我国第一批内陆自由贸易试验区之一，在法治建设和市场监督等方面可以借鉴上海自由贸易试验区的一些经验，但由于发展目标、经济基础、地方特色不同，河南省需结合自身情况不断进行探索。在探索的过程中，往往会暴露现有法制体系的一些弊端。

虽然河南省各个片区都在积极推进自由贸易试验区审批事项改革创新工作，但仍在某些方面存在着权责不清、各自为政等问题。由于政府相关部门未能对审批事项进行统一整合，投资企业在进行行政审批时，往往需要经过较为烦琐的流程。此外，三个片区在涉税业务上也未能进行统一整合，税务便利实施范围较小，不能高效率、高质量地办理企业的涉税业务。自由贸易试验区成立以来，河南省政府做了很多关于投资和贸易便利化的探索，但由于缺乏相关经验，且受到原有制度惯性的影响，许多业

---

① 王丽霞. 河南自由贸易试验区建设存在的问题及对策研究 ［J］. 中国商论，2019（9）：199－202.

② 河南自由贸易试验区：成立三年成绩靓眼构筑内陆开放高地 ［EB/OL］. https：//www.sohu.com/a/416126671_120090266，2020－09－02.

③ 张慧. 河南自贸试验区人事机制存在的问题及对策 ［J］. 行政科学论坛，2018（12）：33－38.

务办理制度仍不够健全，未能纳入"一厅通办"的范围，相应制度不够完善。[①]

（六）全球新冠肺炎疫情蔓延

2020年初，随着新冠肺炎疫情蔓延全球各地，各国经济都遭受到一定程度的冲击。对于中国而言，此次疫情暴发处于春节期间，对节后复工有较大影响。同时，我国外贸也面临着出口下行的危险，在中美贸易摩擦的背景下，会给外向型经济带来较大压力，我国出口企业也会蒙受较大损失。

对于河南自由贸易试验区招商引资而言，新冠肺炎疫情对其产生了重大的影响。首先，疫情背景下全国各地停工停产，人口流动困难，导致自由贸易试验区内企业普遍开工不足，生产水平下降，给企业带来了房租、工资等多方面的损失。其次，不利于河南自由贸易试验区进一步招商引资，导致外资引进压力加大，部分国家和地区出于新冠肺炎疫情的防控考虑，减少甚至暂停同我国的贸易、投资、金融等经济活动，扰乱自由贸易试验区内部的资金供应链条。最后，会导致自由贸易试验区整体经济水平降低，新冠肺炎疫情的发展会降低市场主体对经济增长的信心，做出相对悲观的判断，做出消极的决策，从而对经济增长造成不利影响。

四、河南自由贸易试验区招商引资的建议

充分发挥河南自由贸易试验区资源优势、政策优势、区位优势，积极围绕河南自由贸易试验区定位建设多式联运国际性物流中心、国际文化贸易和人文旅游合作平台、国际智能制造合作示范区，不断优化自由贸易试验区营商环境，提升招商引资竞争力。

（一）依托"一带一路"发展机遇，结合自由贸易试验区定位，拓宽招商引资渠道

国家出台"一带一路"政策，目的是加快促进整个国家的经济发展。河南省位于我国中部地区，区位优势显著，河南自由贸易试验区是在"一带一路"倡议大背景下建设的，因此，更要充分利用好"一带一路"政策带来的发展机遇。基于河南自由贸易试验区的战略定位，不断总结并发展"一带一路"建设需求的产能、贸易发展方式，与沿线国家建立良好的经贸合作关系，并且充分利用好郑卢"空中丝绸之路"，打造国际空中枢纽，提升河南自由贸易试验区在国际市场上的知名度。充分发挥郑州航空港区等开放平台的辐射带动作用，不断加深与"一带一路"沿线城市，尤其是国家和区域重点城市之间的良好联系，形成设施互通，提升文化互动、能源资源深度合作，打造高质量开放合作交流格局，不断丰富投资领域渠道[②]。

通过政府引导、市场结合，不断丰富招商引资方法。政府整体规划自由贸易试验

---

① 陈香桦. 河南自由贸易试验区行政管理体制优化研究［D］. 郑州：郑州大学，2019.

② 宋锐. 高质量建设河南自贸试验区服务"一带一路"建设［J］. 中国商论，2020（18）：6-8.

区招商引资方向、产业链集群效应、重点企业入驻等，并借助于市场手段，发展中介招商、以商招商、节会招商等。积极组织参与中国国际进口博览会、中国国际贸易投资洽谈会、中国—东盟国际博览会等国家级重要经贸活动，充分利用好"一带一路"发展机遇，吸引沿线各国参与到河南自由贸易试验区招商引资建设中来。此外，通过税收优惠、奖励补贴等方式，鼓励"走出去"企业返程投资、引进技术等，通过招商引资带动自由贸易试验区内部消费水平和产业结构的提升。通过发达的现代信息技术，着力构筑大数据平台，持续完善线上—线下、政府—市场相结合的招商模式，吸引一批批高质量、高水平的企业入驻河南自由贸易试验区。

（二）持续优化营商环境，提高政务服务水平

良好的市场环境是一个企业决定进入该市场的关键因素。河南自由贸易试验区应以上海自由贸易试验区为例吸取经验教训，不断完善"负面清单"准入制度，凡是法律法规没有明确规定禁止的投资领域，全部向外来投资开放。对各类市场主体一视同仁，保证各类市场主体公平使用生产要素、平等参与市场竞争、同等受到法律保护。建立健全相关法律法规体系，完善企业纠纷调解仲裁机制，用法律法规约束政府和市场行为。加大市场监管力度，营造公平良好的市场环境。强化对招商引资企业知识产权的保护，建立完善的知识产权保护体系，不断激发市场主体创造活力[①]。

提高政府工作效率，提升政务服务水平，减少各类事项审批手续，缩短企业审批时间，给自由贸易试验区内投资企业带来最大限度的自由空间，不断激发各类市场主体创造活力。河南自由贸易试验区三大片区之间应加强协商沟通，建立一致的审批制度和税收优惠制度，推进各部门协同创新，变"分散化政府"为"整体化政府"。对政府公职人员进行专业有效的技能培训，不断提高政府公职人员工作效率，提升企业对于政府服务的满意度[②]。充分利用"互联网＋"的政府服务模式，通过现代信息技术构建大数据平台，将部分审批手续纳入网上流程，减少企业审批时间，提高工作效率。构建完善的政府信用体系，不断加强法治政府建设，通过多种渠道实现招商引资承诺兑现，拓宽自由贸易试验区企业投诉工作机制，完善企业投诉处理渠道[③]。

（三）完善招商引资支持政策，提高招商引资质量

对于部分企业融资难、融资贵的问题，河南政府应出台相关政策加强金融保障，支持重点招商引资项目融资，对于自由贸易试验区经济高质量发展和产业结构转型升级有重要推动作用的企业，政府应对其给予充足的金融、税收政策支持。营造良好的

---

① 仝如琼. 自贸试验区建设背景下河南优化营商环境对策研究［J］. 大众投资指南，2019（17）：206 - 207.

② 张嘉斐. 自由贸易试验区政府职能转变的对策建议——以河南自由贸易试验区为例［J］. 中小企业管理与科技（中旬刊），2020（4）：114 - 116.

③ 河南省人民政府关于加强新形势下招商引资工作的意见［J］. 河南省人民政府公报，2020（16）：3 - 6.

人才发展环境，完善各类人才保障机制，确保招商引资企业人才享受相应的政策补贴，切实解决人才在河南境内的住房、医疗、教育、社保等方面的后顾之忧。自由贸易试验区内部设立招商引资专项资金，依据不同片区政府财务状况、企业投资规模、投资产业类型、产生集聚效应等，对招商引资落地项目给予不同等次的支持奖励。对于世界500强、中国500强企业等重点招商项目，应针对企业发展路径、发展理念、未来规划等方面，结合企业自身意见，出台相应的特色化支持政策，通过引进一批优质企业提升整个河南自由贸易试验区的经济发展水平。

在进一步扩大招商引资规模的同时，也要注重提升招商引资质量。政府应从自由贸易试验区的战略目标和长远发展角度统筹规划，增强招商引资的准确度和有效性，推动招商引资高质量发展，注重技术、人才和管理经验的引进。一对一引进500强企业，建立重点企业投资分析数据库，促进产业聚集、产业升级，形成新经济增长极。自由贸易试验区三大片区要结合自身战略定位和地方特色有选择性地进行招商引资，向特色服务贸易和现代服务业倾斜。例如，郑州市作为省会城市，应当充分利用信息资源和区位资源优势，大力发展现代金融、高端制造、跨境电商等产业；洛阳市和开封市作为历史文化名城，应当以自身历史文化底蕴为依托，大力发展以文化为主的旅游业和相关衍生的文化产业，不断优化自由贸易试验区的对外贸易结构和格局。

（四）借鉴国内外自由贸易试验区的成功经验

1. 积极借鉴国内自由贸易试验区的经验

一是学习上海自由贸易试验区，建立地方政府与中央政府之间直接沟通联系机制。上海自由贸易试验区是我国设立的首个自由贸易试验区，招商引资模式及管理体系都较为成熟。为提高招商引资工作效率，上海自由贸易试验区正式成立以来，相关政府部门和国家各部委就不断出台与之配套的相关政策准则，在海关、税务等多个方面给予政策支持，地方政府与中央政府之间直接建立沟通联系机制，有关部门可以第一时间掌握动态信息，更好地推进招商引资工作进程。河南自由贸易试验区可以根据自身情况复制推广该经验，建立对接机制，进一步优化营商环境，吸引更多外来资本入驻[1]。

二是借鉴广东自由贸易试验区发展高水平、多层次金融市场，完善知识产权保护机制。广东自由贸易试验区出台的知识产权证券化措施也可为河南自由贸易试验区复制推广，对自由贸易试验区内部企业资金状况、经营稳定性、破产风险等方面严格把关，将企业拥有的知识产权证券化，使其可在市场上自由流通，这对于河南自由贸易试验区建设高水平、多层次金融市场，完善知识产权保护机制具有重要意义，河南自由贸易试验区可以在知识产权保护体系构建方面借鉴此经验[2]。

---

[1] 徐健蓉. 上海自贸试验区对江浙招商引资的影响及思考 [J]. 现代物业（中旬刊），2014，13（11）：35-37.

[2] 参见广东自由贸易试验区官网。

三是借鉴福建自由贸易试验区的企业信用管理分类制度。为进一步提高招商引资质量，对自由贸易试验区内部企业实行更为有效的管理，河南自由贸易试验区可以借鉴福建自由贸易试验区的企业信用管理分类制度，根据企业借贷资金状况、经营行为情况对企业进行信用等级评价，推行失信企业黑名单惩戒机制，为所有企业提供公平公正的市场环境①。

四是借鉴天津自由贸易试验区国际合作经验。在扩大对外开放、丰富招商引资资金来源方面，可以借鉴天津自由贸易试验区建设京津冀协同开放国际合作示范区的相关经验，加强与国内其他自由贸易试验区的合作，建设跨区域协作机制；依托于"一带一路"工程建设自由贸易试验区企业综合办事处和境外办事机构，与"一带一路"沿线国家或地区试验区建立良好的战略协作关系，通过资源优势互补开展国际产能合作②。

2. 积极借鉴国外自由贸易试验区的经验

除了借鉴国内自由贸易试验区的经验，河南自由贸易试验区也应该多关注国际动态。一是借鉴新加坡自由港金融体系构建、金融政策、税收政策等方面的经验，保障金融支持政策，完善金融市场体系，大力引进各类金融机构，优化整合金融资源③。二是借鉴鹿特丹自由港物流发展模式、运营模式等方面的相关经验，通过建设功能齐全的物流工业园区，带动自由贸易试验区对外贸易的发展④。此外，河南自由贸易试验区应该走出国门，通过学习国外其他自由贸易试验区的发展理念、发展模式，并结合河南省的实际情况，立足河南自由贸易试验区的战略定位和发展目标，将河南自由贸易试验区建设成为国内国际知名试验区，高质量、高水平推动经济全面发展。

参考文献

[1] 张红伟. 河北省博野县招商引资现状分析与对策研究［D］. 保定：河北大学，2020.

[2] 刘皓玥. 中国四大自贸试验区发展历程及河南发展自贸试验区的优势所在［J］. 新经济，2016（3）：43－44.

[3] 赵强. 河南省国家级自贸试验区建设路径分析［J］. 中国国际财经（中英文），2017（1）：65－68.

[4] 姚尧."一带一路"背景下河南省自贸试验区建设面临的挑战与对策［J］. 产业创新研究，2019（10）：19－20.

[5] 任伟斐. 河南自由贸易试验区建设与"一带一路"倡议的融合路径［J］. 中

① 参见福建自由贸易试验区官网。
② 参见天津自由贸易试验区官网。
③ 金冬琴. 新加坡自由港金融服务发展的经验借鉴［J］. 商业观察，2020（2）：122－123.
④ 邓春，翟羽. 欧亚典型港口经济发展经验与模式分析——以鹿特丹港、新加坡港和台湾港口为例［J］. 产业与科技论坛，2017，16（18）：89－90.

外企业家，2018（10）：42－43＋47.

　　［6］王丽霞．河南自由贸易试验区建设存在的问题及对策研究［J］．中国商论，2019（9）：199－202.

　　［7］张慧．河南自由贸易试验区人事机制存在的问题及对策［J］．行政科学论坛，2018（12）：33－38.

　　［8］陈香桦．河南自由贸易试验区行政管理体制优化研究［D］．郑州：郑州大学，2019.

　　［9］宋锐．高质量建设河南省自贸试验区服务"一带一路"建设［J］．中国商论，2020（18）：6－8.

　　［10］全如琼．自贸试验区建设背景下河南优化营商环境对策研究［J］．大众投资指南，2019（17）：206－207.

　　［11］张嘉斐．自由贸易试验区政府职能转变的对策建议——以河南自由贸易试验区为例［J］．中小企业管理与科技，2020（4）：114－116.

　　［12］金冬琴．新加坡自由港金融服务发展的经验借鉴［J］．商业观察，2020（2）：122－123.

　　［13］邓春，翟羽．欧亚典型港口经济发展经验与模式分析——以鹿特丹港、新加坡港和台湾港口为例［J］．产业与科技论坛，2017，16（18）：89－90.

河南自由贸易试验区外资引致效应与政策建议

王伟强[①]

自 2008 年金融危机爆发以来，全球经济形势越发复杂多变，经济不确定性因素不断增多。美国从自身利益出发制定了一系列"逆全球化"的经贸政策，对全球正常经济秩序造成强烈冲击；欧盟在经历债务危机、难民危机、英国脱欧等事件冲击后，未来发展前景亦不乐观；2020 年初暴发延续至今的新冠肺炎疫情使全球艰难的经济复苏过程雪上加霜，加剧了一些国家的贸易保护主义思潮。在此背景下，我国经过统筹规划、科学防控，成功控制住疫情蔓延，并采取多项举措着力确保经济企稳回升，同时，为了应对不断升级的中美贸易摩擦和日益严峻的国际竞争环境，我国决定加快构建以国内大循环为主体、国内国际双循环相互促进的新发展格局。双循环发展格局是适应我国比较优势和社会主要矛盾变化、适应国际环境复杂深刻变化的迫切要求，是当前和未来较长时期我国经济发展的战略方向。

不可否认的是，自由贸易试验区已经成为保障和促进我国国际国内双循环发展战略顺利贯彻和有效执行的重要载体，也是实现我国"一带一路"倡议方针的内容依托和重要媒介。自由贸易试验区作为我国新一轮制度创新的"国家试验田"，可以通过建设多功能经济性特区，加快促进投资和贸易便利化，为全面深化改革和扩大开放探索出一条新的发展路径。以 2013 年 9 月国务院印发《中国（上海）自由贸易试验区总体方案》为标志，我国便开始了建设国内自由贸易试验区的探索之路。在此之后，从沿海到内地，由点到面，我国各地快速建立起各具特色的自由贸易试验区，自 2013 年 9 月至 2020 年 9 月，我国已经分多批次批准了 21 个自由贸易试验区，初步形成了"1 + 3 + 7 + 1 + 6 + 3"的基本格局，实现了东西南北中协调、陆海统筹的开放态势。

2017 年，辽宁、浙江、河南、湖北、重庆、四川和陕西建立自由贸易试验区，标志着我国自由贸易试验区开始由沿海向内陆推进，河南省地处中原腹地，是国家中部地区经济崛起战略的主要支撑，自由贸易试验区的设立对河南省进一步扩大对外开放、提高企业投资便利化水平、优化营商环境和促进传统产业转型升级发挥了重要作用。

从自由贸易试验区的现有内容举措来看，以金融改革为切入点，以制度创新为突破口，扩大投资领域开放是各地自由贸易试验区的一个共同发展目标，河南自由贸易

---

① 王伟强，博士，郑州大学商学院副教授。

试验区也不例外。为了提升利用外资水平，河南自由贸易试验区对外商投资实行准入前国民待遇加负面清单管理制度，着力构建与负面清单管理方式相适应的事中事后监管制度。进一步减少或取消外商投资准入限制，提高开放度和透明度。为了支持企业境外投资，河南自由贸易试验区积极构建对外投资合作服务平台，改革完善境外投资管理方式。

截至目前，河南自由贸易试验区成立已三年有余，那么，河南自由贸易试验区实施的一系列针对外资的改革举措，是否产生了预期的效果？自由贸易试验区的设立对河南省外商直接投资的引进效果究竟如何？显然，这是一个值得探究的课题，为了准确评估和科学预测自由贸易试验区的设立对河南省外商直接投资的影响，我们将基于一种准自然实验方法——合成控制法，对河南自由贸易试验区的外资引致效应进行实证研究。

一、典型化事实

河南自由贸易试验区拥有综合保税区、出口加工区、保税物流中心、国际陆港、郑州期货交易所等种类健全的开放平台；具有郑州航空口岸、铁路货运口岸、洛阳航空口岸三个一类口岸，水果、冰鲜水产品、汽车整车、进口肉类、澳大利亚活牛、食用水生动物、邮政国际经转口岸，进境粮食、进境种苗、药品等内陆指定口岸，以及木材和矿产品指定口岸等10多个特定口岸加速建设。河南自由贸易试验区的设立，将不沿海、不临边、地处内陆的中原大地，历史性地推向改革开放的最前沿，河南改革开放从此站上新的历史起点。

在企业投融资便利化方面，河南自由贸易试验区成绩显著、成效斐然。郑州片区作为河南自由贸易试验区的核心片区，日均注册企业数量居全国前列，创下了多个全国第一、全省第一，截至2019年12月底，自由贸易试验区郑州片区新注册企业55671户，新注册资本总额为6581.2亿元，是自由贸易试验区成立前的近3倍，日均新注册企业近80家。洛阳片区累计入驻市场主体2.5万户，注册资本突破1000亿元，达到1014.73亿元，累计进驻亿元以上企业136家，其中，10亿元以上企业10家，累计进驻世界500强25家、国内500强19家、行业10强26家，新入驻企业8530家，是挂牌前存量企业的1.94倍。开封片区以推进文化产业为主线推进自由贸易试验区建设，截至2020年3月底，入驻企业5366家，是挂牌前的近30倍，外资企业是挂牌前的28倍，税收年增幅100%，高新企业年增幅100%，对外贸易逆势飘红，带动开封市进出口贸易增幅位居全省前列。

2020年新冠肺炎疫情的迅速蔓延对我国经济社会发展造成了较为强烈的冲击，党中央做出了统筹推进疫情防控和经济社会发展，构建国内循环为主、国内国际互促双循环新格局等多项重大战略举措。为了保证河南省外资外贸的平稳发展，河南自由贸易试验区主动作为、以变应变、精准施策。在创新开展招商引资方面，通过组织开展"线上招商周""银企对接会"等活动，切实减轻企业停工负担，帮助企业寻找资源，面向全球集中推介自由贸易试验区，200 多家境内外媒体关注报道，提供融资便利，推动重点项目及资金落户，同时，建立重大项目"三个一"推进机制，建立产业链招商图谱，加强跨国公司培育引进，加快项目签约落地。2020 年 1～7 月，自由贸易试验区经济运行实现全面向好回升发展，实际利用外资 10.3 亿美元，同比增长 49.6%；进出口总额 165.8 亿元，同比增长 37.6%，增速均高于全省平均水平，自由贸易试验区郑州片区、开封片区、洛阳片区均实现了外贸外资两位数正增长。郑州片区新签约重大项目 49 个，项目总投资 981 亿元。洛阳片区引进 10 亿元大项目 3 个，总投资 80 亿元。开封片区新签约重大项目 15 个，项目总投资 76.6 亿元。

二、文献综述

自我国第一个自由贸易试验区成立以来，许多学者除了对自由贸易试验区的内涵、特征、意义、建设实践、存在问题及对策建议等方面进行定性分析外，还从定量角度就自由贸易试验区的设立对区域经济增长、产业结构升级、技术创新水平提升等方面的影响进行了不同程度的实证探索。

比较典型的文献包括：李世杰和赵婷茹（2019）以中国（上海）自由贸易试验区为例，采用回归控制法，从产业结构高级化和产业结构合理化两个层面分析了自由贸易试验区的设立对产业结构的处理效应。方云龙（2020）以沪、津、闽、粤自由贸易试验区为例，实证考察了自由贸易试验区建设对区域产业结构优化调整的效果及传导渠道。叶修群（2018）先利用双重差分法实证检验了自由贸易试验区对地区经济增长的影响，又利用反事实分析法进一步检验了自由贸易试验区经济增长效应的地区异质性。冯帆等（2019）基于双重差分法以及反事实分析法，分析了上海、浙江自由贸易试验区设立对长三角开放型经济增长的影响及其外溢效应。彭羽和杨作云（2020）基于交互固定效应模型的广义合成控制法，以上海、广东、天津自由贸易试验区和对应的长三角、珠三角、京津冀三大区域经济圈为例，就自由贸易试验区运行对区域经济总量和质量提升的辐射效应进行了实证分析，同时，运用双重差分法检验了广义合成控制法结果的稳健性。刘秉镰和王钺（2018）在理论分析上海自由贸易试验区影响区域创新生产活动内在机制的基础上，利用合成控制法实证考察了上海自由贸易试验区成立对上海市创新水平的影响。

除了上述学者围绕自由贸易试验区设立效应开展的实证研究外，还有少数学者从外资流动视角考察了自由贸易试验区设立对当地外商直接投资或对外直接投资的影响。项后军和何康（2016）以上海自由贸易试验区为例，从自然实验的角度出发，考察了上海自由贸易试验区的设立对上海地区资本流动的影响，证实了自由贸易试验区设立政策对对外投资的影响是有效的。黄启才（2018）同样以上海自由贸易试验区为例，基于合成控制法实证检验了自由贸易试验区设立政策的引资动态效应，同时，采用合成控制法和双重差分法进行的稳健性检验结果也表明，自由贸易试验区的设立对地区吸引外资具有正向溢出效应。韩瑞栋和薄凡（2019）采用合成控制法，就上海、天津、广东和福建自由贸易试验区设立对跨境资本流动的影响效应进行了实证研究，结果发现，自由贸易试验区设立有效地促进了国际资本"引进来"和国内资本"走出去"。

归纳现有关于自由贸易试验区设立对外商投资或资本流动影响效应的实证文献，可以发现大多数研究是以上海自由贸易试验区为例开展的，我国现已设立了 21 个自由贸易试验区，各个自由贸易试验区所归属的区域在经济发展基础、人才储备条件、制度创新能力、科技发展水平、基础设施建设、政府政策支持等诸多方面存在着显著差距，尤其是在沿海地区和内陆地区之间，这种差异更为显著。因此，基于上海自由贸易试验区的实证研究所得出的结论不一定适用于其他地区，而现有的实证研究并未关注中部地区自由贸易试验区设立政策对当地外资流入的影响。基于上述考虑，将以河南自由贸易试验区为例，采用合成控制法实证检验自由贸易试验区设立对河南省外商直接投资的作用。

事实上，双重差分法和合成控制法都是针对政策评估的主流准实验方法，在实证研究中早已获得了广泛的应用，因此，双重差分法和合成控制法也成为了评价自贸试验区设立政策影响效应的重要手段，但由于双重差分法在控制组选择上具有主观性和随意性，而且要求处理组和控制组具备共同趋势，假设条件比较苛刻，所以，采用合成控制法来检验和评估自由贸易试验区设立政策对河南省的外资引致效应，以规避双重差分法的缺陷。

三、研究方法、变量选取与数据说明

合成控制法最初是由 Abadie 和 Gardeazabal（2003）提出的，用于研究西班牙某地区的恐怖活动经济成本，该方法对双重差分法进行了改进，克服了双重差分法要求处理组和控制组要受相同因素影响且有共同趋势的缺点，其基本思想是基于控制组的数据特征构造处理组的一个"反事实"对象，通过比较真实处理组和合成控制组之间的差异，来刻画政策效果。

（一）研究方法

现以自由贸易试验区的设立对河南省外商直接投资（Foreign Direct Investment, FDI）的影响为例，来说明合成控制法的具体构造过程。假设我们可以观测到 $J+1$ 个地区在 $[0, T]$ 期内的 FDI 数据，不妨假定第一个地区（即河南省）T_0 时期开始受到自由贸易试验区设立的影响，属于处理组，其余 J 个地区在观测期内均未设立自由贸易试验区，因此，不受政策影响，属于控制组。

令 FDI_{it}^N 表示地区 i 没有受到自由贸易试验区设立影响的外商直接投资水平，FDI_{it}^I 表示地区 i 受到自由贸易试验区设立影响的外商直接投资水平，那么，可设定 $FDI_{it} = FDI_{it}^N + D_{it}\alpha_{it}$，当时间 $t > T_0$，且地区 $i = 1$（即河南省）时，$D_{it} = 1$，否则，$D_{it} = 0$。其中，α_{it} 是待估变量，当 $D_{it} = 1$ 时，说明该地区会受到自由贸易试验区设立政策的影响，此时，$FDI_{it} = FDI_{it}^N + \alpha_{it}$；而当 $D_{it} = 0$ 时，意味着该地区并未受到自由贸易试验区设立政策的影响，此时，$FDI_{it} = FDI_{it}^N$。

当 $t > T_0$ 时，河南自由贸易试验区设立，$\alpha_{it} = FDI_{it}^I - FDI_{it}^N = FDI_{it} - FDI_{it}^N$，$FDI_{it}$ 是处理组河南省真实的外商直接投资水平，但由于我们无法观测到未受到河南自由贸易试验区设立影响的 FDI_{it}^N，需要拟合一个与 FDI_{it}^N 相对应的反事实对象，根据 Abadie 等（2010）的研究，可以通过如下形式的因子方程对 FDI_{it}^N 进行反事实估计：

$$FDI_{it}^N = \beta_t + \theta_t Z_i + \lambda_t \mu_i + \varepsilon_{it} \tag{1}$$

其中，β_t 表示对所有地区 FDI 具有相同影响的时间固定效应，θ_t 表示 $1 \times r$ 维的未知参数向量，Z_i 表示可观测的控制变量，λ_t 表示 $1 \times F$ 维不可观测的共同因子，μ_i 表示 $F \times 1$ 维不可观测的地区固定效应误差项，ε_{it} 表示每个地区的瞬时冲击，其均值等于 0。

为了评测自由贸易试验区设立对河南省 FDI 的实际影响，需要使用控制组地区的加权来模拟处理组地区的特征，得到处理组地区（即河南省）没有设立自由贸易试验区状态下的外商直接投资水平 FDI_{it}^N。

我们的目的是要得到一个 $J \times 1$ 维的权重矩阵 $W = (w_2, \cdots, w_{J+1})$，其满足对任意的 J，$W_J \geqslant 0$，同时，$w_2 + \cdots + w_{J+1} = 1$。每一个向量的参数值均对应一个潜在的合成控制组合，经过加权后可得：

$$\sum_{j=2}^{J+1} w_j FDI_{it}^N = \beta_t + \theta_t \sum_{j=2}^{J+1} w_j Z_j + \lambda_t \sum_{j=2}^{J+1} w_j \mu_i + \sum_{j=1}^{J+1} w_j \varepsilon_{it} \tag{2}$$

假设存在一个最优向量组 $W^* = (w_2^*, \cdots, w_{J+1}^*)$，使得：

$$\sum_{j=2}^{J+1} w_j^* FDI_{j1} = FDI_{11}, \sum_{j=2}^{J+1} w_j^* FDI_{j2} = FDI_{12}, \cdots, \sum_{j=2}^{J+1} w_j^* FDI_{jT_0} = FDI_{1T_0} \text{ 和 } \sum_{j=2}^{J+1} w_j^* Z_j = Z_1 \tag{3}$$

可以证明，如果 $\sum_{i=1}^{T_0} \lambda'_t \lambda_t$ 非奇异，则：

$$FDI_{1t}^N - \sum_{j=2}^{J+1} w_j^* FDI_{jt} = \sum_{j=2}^{J+1} w_j^* \sum_{s=1}^{T_0} \lambda_t \left(\sum_{i=1}^{T_0} \lambda'_t \lambda_t \right)^{-1} \lambda'_s (\varepsilon_{js} - \varepsilon_{is}) - \sum_{j=2}^{J+1} w_j^* (\varepsilon_{js} - \varepsilon_{is}) \tag{4}$$

Abadie 等（2010）认为，若政策实施前的时间相对于政策实施后的时间较长，那么，式（4）右侧最终将趋近于 0，也就是说，可以利用 $\sum_{j=2}^{J+1} w_j^* FDI_{jt}$ 作为河南自由贸试验区设立之后时间段内外商直接投资水平 FDI_{1t}^{N} 的无偏估计量，近似替代 FDI_{1t}^{N}。

从而可以利用 $\hat{\alpha}_{1t} = FDI_{1t}^{N} - \sum_{j=2}^{J+1} w_j^* FDI_{jt}$ 估计 α_{1t}，测算自由贸易试验区设立之后对河南省 FDI 的影响。

（二）变量选取与数据说明

截至 2020 年，我国已成立 21 个自由贸易试验区，各自由贸易试验区设立时间的先后顺序为：2013 年 9 月，上海自由贸易试验区成立；2015 年 4 月，广东、天津和福建自由贸易试验区成立；2017 年 3 月，辽宁、浙江、河南、湖北、重庆、四川和陕西自由贸易试验区成立。2018 年 10 月，海南自由贸易试验区成立；2019 年 8 月，山东、江苏、广西、河北、云南和黑龙江自由贸易试验区成立；2020 年 9 月，北京、湖南和安徽自由贸易试验区成立。为了保证用于变量合成的控制组地区数量和质量，在考虑数据可得性基础上，将时间范围最终设定为 2000～2018 年。这样，仅剔除了此前除河南省外已经设立了自由贸易试验区的 11 个地区，将剩余的 19 个地区作为控制组进行"合成河南 FDI"的模拟。

在具体实证研究中，结果变量 FDI 采用各地区外商直接投资总额进行刻画，参考现有的相关研究（项后军和何康，2016；黄启才，2018），从以下五个层面选取了 9 个控制变量：①经济发展水平，采用各地区国内生产总值和人均国内生产总值进行刻画，分别记作 GDP 和 PGDP；②产业结构水平，采用各地区第二产业产值占国内生产总值比重和第三产业产值占国内生产总值比重进行刻画，分别记作 IND 和 SER；③对外开放水平，采用各地区进出口总额占国内生产总值比重进行刻画，记作 OPEN；④政府干预水平，采用各地区政府一般预算支出占国内生产总值比重进行刻画，记作 GOV；⑤市场需求规模，采用各地区城市消费品零售总额、城镇人均可支配收入以及城市人口密度进行刻画，分别记作 RET、INC 和 DEN。

所有数据均来自中经网统计数据库，为了消除可能存在的异方差问题，所有变量都经过对数化处理，各变量的描述性统计结果如表 1 所示。

表 1　变量描述性统计结果

	变量	观测值	最小值	最大值	平均值	标准差	偏度	峰度
处理组	FDI	19	3.2121	11.1546	7.0671	1.6060	-0.0277	2.9460
	GDP	19	4.7661	11.4360	8.6858	1.3033	-0.5114	3.0494
	PGDP	19	7.8868	11.8509	9.9248	0.8420	-0.1845	2.1853
	IND	19	2.9246	4.1187	3.7820	0.2168	-1.6260	6.1466
	SER	19	3.4321	4.3942	3.7164	0.1916	1.4467	5.2442
	OPEN	19	0.5153	5.1925	2.5550	0.8527	1.1723	4.4599
	GOV	19	1.9300	4.9266	3.1034	0.5623	0.7832	4.2400

	变量	观测值	最小值	最大值	平均值	标准差	偏度	峰度
处理组	*RET*	19	3.7581	10.4237	7.6155	1.3762	− 0.4321	2.8771
	INC	19	8.4604	11.1271	9.5871	0.6075	− 0.0007	1.9531
	DEN	19	3.2581	8.7233	7.4239	0.8347	− 1.2465	5.3057
控制组	*FDI*	361	6.7259	8.8619	7.7402	0.6560	0.1292	2.1030
	GDP	361	8.5444	10.7801	9.7812	0.7518	− 0.3188	1.7128
	PGDP	361	8.6023	10.8228	9.8373	0.7517	− 0.3337	1.7131
	IND	361	3.8254	4.0480	3.9427	0.0802	0.0645	1.3981
	SER	361	3.3539	3.8116	3.4945	0.1470	1.0849	2.6420
	OPEN	361	1.3025	2.5192	1.9749	0.4134	− 0.0024	1.6002
	GOV	361	2.1601	2.9539	2.6074	0.2703	− 0.2256	1.5577
	RET	361	7.4881	9.9328	8.7622	0.8355	− 0.0961	1.5999
	INC	361	8.4693	10.3696	9.5140	0.6131	− 0.2371	1.7462
	DEN	361	7.2130	8.6940	8.3285	0.4999	− 1.7418	4.2335

四、实证结果与分析

（一）合成控制法模拟结果分析

将河南省作为处理组，将 2000~2018 年未设立自由贸易试验区的其他 19 个地区作为控制组，借助 Matlab 软件对河南省进行合成模拟，得出控制组 19 个地区的具体权重，如表 2 所示。

表 2　合成河南的地区权重

地区	权重	地区	权重
北京	0	湖南	0.3617
河北	0.5529	广西	0
山西	0	贵州	0
内蒙古	0	云南	0
吉林	0	西藏	0
黑龙江	0	甘肃	0
江苏	0	青海	0

续表

地区	权重	地区	权重
安徽	0	宁夏	0
江西	0.0854	新疆	0
山东	0		

由表2可知，基于合成控制法对19个潜在合成地区进行权重估计，最终确定将河北、江西和湖南3个地区用于合成河南省，除了这3个地区以外，其余16个地区所占权重均为0，这3个地区的合成权重之和等于1。河北、江西、湖南三省与河南省在区域经济发展的各个维度均比较相似或接近，说明控制组的地区构成具有一定的合理性。

在确定了控制组地区权重之后，便可以合成河南省外商直接投资历年数据，图1给出了合成河南FDI与真实河南FDI的逐年变化趋势，为了揭示自由贸易试验区设立政策的实际效果，同时给出了真实河南FDI与合成河南FDI的差值，如图2所示。

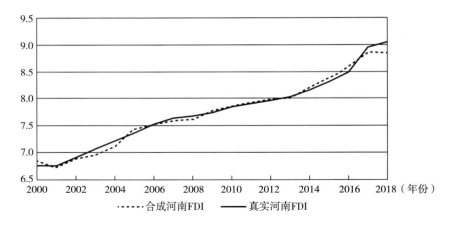

图1 真实河南 FDI 与合成河南 FDI 变化趋势

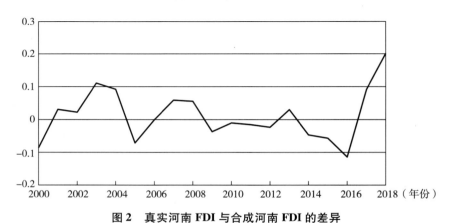

图2 真实河南 FDI 与合成河南 FDI 的差异

从图 1 可以看出，在河南自由贸易试验区设立之前，即 2000～2016 年，真实河南的外商直接投资水平与合成河南的外商直接投资水平比较吻合，这说明控制组地区数据对河南省 FDI 的拟合效果较好，可以使用合成河南来考察自由贸易试验区设立对河南省外商直接投资的实际影响。在 2017～2018 年，也就是河南自由贸易试验区设立之后的两年里，河南省的真实外资水平均高于合成河南的外资水平，而且对比自由贸易试验区设立之前两者的变化轨迹和大小关系可以发现，真实河南 FDI 与合成河南 FDI 的差距有扩大的趋势，这可以从图 2 中得到更为直观的反映。

在图 2 中，真实河南的 FDI 与合成河南的 FDI 的差值在 2017 年自由贸易试验区设立之后开始变大，并在 2018 年达到了最大正值，这意味着自由贸易试验区的设立对河南省外资引入的确产生了一定的积极作用，不过同时也可以看出，河南自由贸易试验区的外资引致效应并不是非常突出，仍有很大的提升空间。

（二）稳健性检验

1. 基于处理组变换的安慰剂检验

借鉴 Abadie 和 Gardeazabal（2003）以及 Abadie 等（2010）的研究，我们也采用安慰剂检验方法对上述实证分析结果进行稳健性检验。"安慰剂"一词来自医学上的随机实验。例如，要检验某种新药的疗效，可以将参加实验的人群随机分为两组，其中一组为处理组，服用真药；而另一组为控制组，服用安慰剂（如无用的糖丸），并且不让参与者知道自己服用的究竟是真药还是安慰剂，以避免由于主观心理作用而影响实验效果，称为"安慰剂效应"，安慰剂检验借用了安慰剂的思想。

具体到自由贸易试验区设立对河南省外商直接投资影响的案例，就是想证实，使用上述合成控制法所估计的自由贸易试验区外资引致效应是否完全由偶然因素驱动得到，换言之，如果从控制组地区中随机抽取一个地区（不是河南省）进行合成控制估计，能否仍然得到类似的效应？如果仍旧可以得到类似效应，则意味着上文中得出的结论并不可信；反之，则说明自由贸易试验区的设立的确对河南省产生了外资引致效应，使用合成控制法得出的结论是可信的。

安慰剂检验的合理选择对象通常是构成合成河南省权重较大的地区（Abadie et al.，2010），因为权重较大意味着更为相似的经济基本面特征。根据表 2 得出的合成河南权重情况，我们对河北、湖南和江西分别实施了安慰剂检验，结果如图 3 至图 8 所示，其中，图 3、图 5 和图 7 分别表示真实河北和合成河北、真实湖南和合成湖南、真实江西和合成江西的历年变化趋势，图 4、图 6 和图 8 分别是对应图 3、图 5 和图 7 得出的真实值与合成值的差异，以揭示自由贸易试验区设立的实际影响。

从图 3 至图 8 能够看出，河北、湖南和江西 FDI 的真实值与合成值变化路径基本一致，合成河北对河北的拟合结果相对较好，同时，并没有发现在 2017 年之后河北、湖南和江西 FDI 出现类似河南 FDI 变化趋势的显著证据，这在一定程度上说明，自由贸易试验区的成立确实对河南省外商直接投资产生了影响，并非是由其他共同的偶然或遗漏因素所导致的。

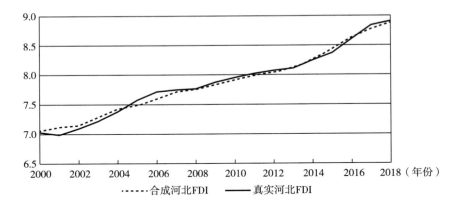

图3　真实河北 FDI 与合成河北 FDI 变化趋势

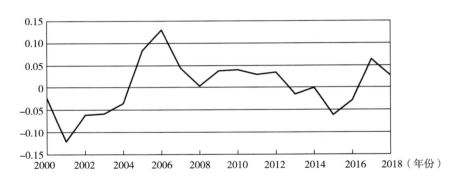

图4　真实河北 FDI 与合成河北 FDI 的差异

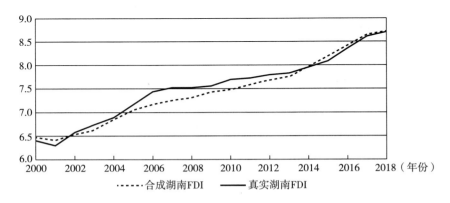

图5　真实湖南 FDI 与合成湖南 FDI 变化趋势

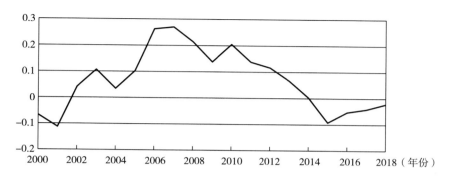

图 6　真实湖南 FDI 与合成湖南 FDI 的差异

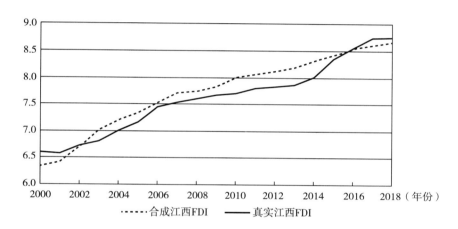

图 7　真实江西 FDI 与合成江西 FDI 变化趋势

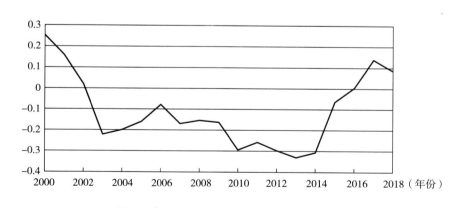

图 8　真实江西 FDI 与合成江西 FDI 的差异

2. 基于时间节点变换的安慰剂检验

除了通过更换处理组对象进行稳健性检验外，还需要利用基于时间节点变换的安慰剂检验方法做进一步的验证，因为到目前为止，仍不能确定到底是2017年自由贸易试验区的设立所带来的外资引致效应还是2017年发生的其他重要事件诱发了外资引致效应，为此，我们将在自由贸易试验区设立年份之前和之后任意选取一个时点重新进行模拟分析，如果检验结果发现，在任意选取的这个时点前后河南省外商直接投资的真实值和合成值具有明显的差异特征，则说明前文得出的实证结果是不稳健的；反之，则意味着前面的实证分析结论是稳健的，可以排除2017年作为政策发生时点的偶然性与人为操作性。

不妨以2008年为例进行稳健性检验，图9和图10给出了当政策发生时点为2008年时，真实河南FDI与合成河南FDI的变化趋势和差异情况。

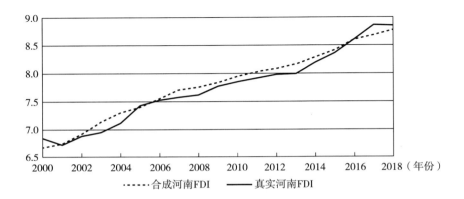

图9 真实河南FDI与合成河南FDI变化趋势

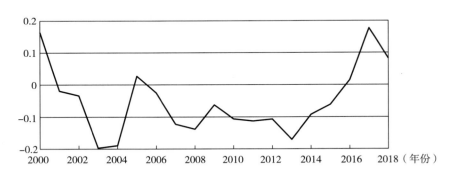

图10 真实河南FDI与合成河南FDI的差异

根据图9和图10的模拟合成结果能够看出，如果将2008年作为政策发生时点进行安慰剂检验，并没有出现与图1和图2类似的变化特征，换言之，实证分析结果是稳健的，2017年自由贸易试验区设立对河南省FDI产生了一定的促进效应。

五、研究结论与政策建议

自 2017 年 4 月中国（河南）自由贸易试验区正式成立以来，河南省便成为我国从南到北、由东到西自由贸易试验区试点全面铺开规划中的关键一环，肩负着建设内陆省区开放高地、服务国家"一带一路"倡议和推动中部地区经济转型升级的重要使命，必须加快解放思想，不断探索创新，实现"为国家试制度，为地方谋发展"的责任使命。根据国务院公布的河南自由贸易试验区的总体建设方案，河南省将努力把自由贸易试验区建设成为辐射带动作用突出、高端产业集聚、投资贸易便利、交通物流通达、监管高效便捷的高标准、高水平自由贸易园区，带动内陆地区经济的转型与发展，构建全方位对外开放新格局。

扩大投资领域开放是河南自由贸易试验区建设的五项重点任务之一，关于如何扩大投资领域开放，郑州片区、洛阳片区和开封片区均进行了一系列创新措施的探索实验，那么，这些举措是否真的对河南省外商直接投资产生了影响？最终影响效力如何？这是一个值得探究的课题。在此次研究中，借鉴现有学者的研究思路和分析方法，利用合成控制法这一准自然实验方法，实证考察了自由贸易试验区的成立对河南省外商投资的引致效应，该方法克服了以往双重差分法的内在缺陷，能够更好地反映一项政策措施的影响效果。

通过将河南省作为处理组，其余 19 个未设立自由贸易试验区的地区作为控制组，我们从经济发展水平、产业结构水平、对外开放水平、政府干预水平以及市场需求规模方面选取了 9 项预测变量，基于 2000 ~ 2018 年年度数据进行了实证检验。研究结果表明，河南自由贸易试验区的设立的确对当地外商直接投资产生了一定的促进效应，可以有效推动外商投资规模的增长，基于处理组变换和时间节点变换的安慰剂检验结果也证实实证分析结果是稳健的。但需要说明的是，自由贸易试验区设立对河南省的外资引致效应并不是很强，仍有较大的提升潜力和空间。

为了进一步提高河南自由贸易试验区对外商直接投资的促进效应，尝试梳理了以下几点政策建议以供参考。

第一，应通过完善外资准入前国民待遇加负面清单制度、放宽外资准入限制、鼓励外商投资先进制造业、扩大服务业对外开放、支持外资参与基础设施建设等措施，不断扩大外资准入领域。

第二，应通过加快公平竞争制度建设、深化政府采购改革、促进内外资企业公平参与政府采购招投标、降低外商投资企业成本、支持外商投资企业公平参与研发活动等措施，营造更为公平的市场竞争环境。

第三，应通过拓宽外商投资企业融资渠道、支持各地制定出台因地制宜的招商引资优惠政策、完善外商投资企业外债管理、推进外资跨国公司本外币资金集中运营管

129

理改革、加强外资项目用地支持、加大政府性资金对外资项目支持等措施，加快升级利用外资要素支持。

第四，应通过提升开发区利用外资水平、积极发挥航空港区辐射带动效应、推动内陆口岸开放创新发展、支持洛阳航空口岸扩大开放、加快建设郑州航空和铁路国际枢纽口岸等措施，逐步完善引资载体和平台建设。

第五，应通过提高外商投资综合服务水平、深化外资管理体制改革、提高外资工作的统筹协调能力、加强重大外资项目谋划实施等措施，压实强化外资工作保障。

参考文献

［1］李世杰，赵婷茹．自贸试验区促进产业结构升级了吗？——基于中国（上海）自贸试验区的实证分析［J］．中央财经大学学报，2019（8）：118－128．

［2］方云龙．自由贸易试验区建设促进了区域产业结构升级吗？——来自沪津闽粤四大自贸试验区的经验证据［J］．经济体制改革，2020（5）：178－185．

［3］叶修群．自由贸易试验区与经济增长——基于准自然实验的实证研究［J］．经济评论，2018（4）：18－30．

［4］冯帆，许亚云，韩剑．自由贸易试验区对长三角经济增长外溢影响的实证研究［J］．世界经济与政治论坛，2019（5）：118－138．

［5］彭羽，杨作云．自贸试验区建设带来区域辐射效应了吗——基于长三角、珠三角和京津冀地区的实证研究［J］．国际贸易问题，2020（9）：65－80．

［6］刘秉镰，王钺．自贸试验区对区域创新能力的影响效应研究——来自上海自由贸易试验区准实验的证据［J］．经济与管理研究，2018，39（9）：65－74．

［7］项后军，何康．自贸试验区的影响与资本流动——以上海为例的自然实验研究［J］．国际贸易问题，2016（8）：3－15．

［8］黄启才．基于非参数合成控制法的自贸政策引资动态效应——以上海自贸试验区为例［J］．亚太经济，2018（3）：112－120．

［9］韩瑞栋，薄凡．自由贸易试验区对资本流动的影响效应研究——基于准自然实验的视角［J］．国际金融研究，2019（7）：36－45．

［10］Abadie A．，Gardeazabal J．The Economic Costs of Conflict：A Case Study of the Basque Country［J］．American Economic Review，2003，93（1）：113－132．

［11］Abadie A．，Diamond A．，Hainmueller J．Synthetic Control Methods for Comparative Case Studies：Estimating the Effect of California's Tobacco Control Program［J］．Journal of the American Statistical Association，2010，105（490）：493－505．

河南自由贸易试验区离岸金融中心建设研究

田　霖[①]　张仕杰[②]

2020 年初突如其来的新冠肺炎疫情席卷全球，对人们的日常生活、工作和国际交往均产生了巨大影响。尽管目前国内新冠肺炎疫情的形势趋于平稳，然而全球疾病流行的趋势依然没有得到有效遏制，货币流动性明显降低，疫情蔓延严重影响双边、区域贸易投资自由化和经济一体化进程。

面对全球化的不稳定性和不确定性，我国经济增长动力结构逐渐从外贸和投资主导转向内需和消费主导。习近平指出，要深化供给侧结构性改革，构建国内国际双循环相互促进的新发展格局。可见，相较于过度依赖以出口导向为主的单循环模式，把满足国内需求作为发展的出发点和落脚点，培育新形势下我国参与国际合作和竞争的新优势，是我国大国经济特征的内生性所决定的，也与我国主动推进更高水平对外开放的要求相适应。

在双循环的新发展格局下，稳步推进自由贸易试验区高质量发展，发挥改革开放排头兵的作用，为我国经济增长注入持久动力已然成为当务之急。那么，河南自由贸易试验区作为新时代改革开放的试验田，如何在促进双循环发展中承担新的历史使命？

在双循环的新发展格局下，金融支持体系是河南自由贸易试验区发展的稳定器和助推器。我国中共中央政治局会议曾指出，"我们遇到的很多问题是中长期的，必须从持久战的角度加以认识"。从这一高度和视角出发，虽然当前中国经济的"内循环"已经率先回暖，但是由于全球疫情仍在加速发酵，全球经济"外循环"的压力预计难以消解，金融领域将形成两大长期挑战：其一，从总量来看，在全球经济衰退的拖累之下，"内循环"中的经济周期与金融周期的匹配难度加大。其二，从结构来看，疫情时代高涨的全球不确定性或将压低风险偏好，抬升信用溢价，扩大交易成本。受此影响，一方面，自由贸易试验区内的中小微企业等将承受非对称的成本冲击和难以跨越的融资成本；另一方面，将阻滞自由贸易试验区内经济循环的正常运转。因此，面对上述长期挑战，促进河南自由贸易试验区能级提升必须要建立与之相适应的金融支持体系，同时，也是稳固中国"内循环"的关键之一。

如何在借鉴现有的国际自由贸易港区成功发展经验和金融政策体系的基础上，精

---

①　田霖，博士，郑州大学商学院教授、博士生导师。
②　张仕杰，郑州大学商学院硕士研究生。

心研判河南自由贸易试验区在新形势下新一轮的制度创新方向、目标和措施，促进河南自由贸易试验区能级提升和在岸—离岸双轨金融圈的构建，完善金融支持体系，充当联动国内外区域经济发展的先行军和示范区，冲破现有国际经贸体制的阻碍，提升我国在全球价值链中的地位和作用，是一个值得深入思考的问题。

一、理论框架

本研究的理论框架如图 1 所示。

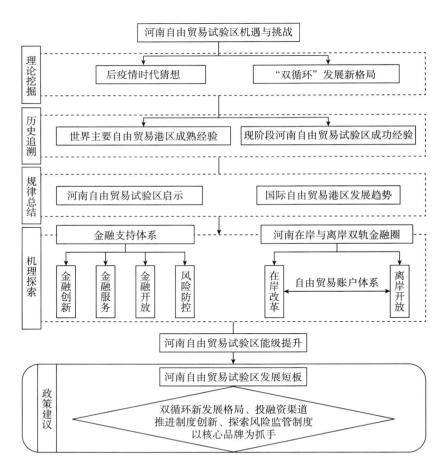

图 1　理论框架

二、国际自由贸易港区的金融政策经验借鉴

（一）国际自由贸易港区的历史演化

自由贸易港区在我国内地尚属新生事物，但全球范围内已有近千个自由贸易港区，其中，中国香港自由贸易港、新加坡自由贸易港、纽约港自由贸易试验区和荷兰鹿特丹自由贸易港是自由贸易港建设和发展的典范。

1. 中国香港自由贸易港发展与实践经验

中国香港自由贸易港经过百年的发展，从最初的转口贸易港口成长为如今的综合性自由港，且被美国传统基金会评为全球最自由经济体，香港行政部门始终奉行"积极不干涉"的经济政策，除了受到必要的法律限制和保障，香港的经济活动享有高度的自由权。

一是自由的贸易制度。香港对进出口贸易没有设置壁垒，且通关程序也很便捷，除了管制类物品和酒类、烟草与香烟、碳氢油类、甲醇外，所有货品都可以享受零关税，并且不受进口配额和进口许可证等规定的限制。此外，香港行政部门并未限制货物的进出口经营权，任何香港机构和个人均可办理进口和出口货物业务，并且无须向香港行政部门申请和登记。

二是自由的金融制度。香港行政部门实行一系列金融自由化政策和自由汇兑制度。货币市场和资本市场高度开放，外汇、黄金和钻石在香港自由进出，各种货币在香港自由交易和交换。由于取消存款利息税等政策，外国银行和跨国金融机构大量涌入香港，在世界百强银行中，有 74 家在香港开设有业务，因此，企业进行国际结算和融资申请也十分便捷。另外，香港行政部门通过专门的法律条例和设立金融监管机构来监管香港的金融体系，为投资者和经济平稳运行提供保障。

2. 新加坡自由贸易港发展与实践经验

新加坡地处太平洋和印度洋之间的航运要道马六甲海峡的出入口，位于东南亚各国中心位置，是便利的贸易港口。1969 年 9 月，新加坡在裕廊工业区裕廊码头建立了第一个自由贸易区，此后逐渐发展成为一个高度开放的自由贸易港口，是亚洲地区重要的金融、贸易和航运中心。截至目前，其凭借稳定的政治环境、优越的地理位置、完善的基础设施和完整的英语语言环境，吸引了在新加坡注册的离岸执照银行 82 家，并吸引大批国际性公司地区总部的入驻。

一是完善的基础设施。新加坡自由贸易港非常重视基础设施建设，拥有全球最繁忙的集装箱码头、服务最优质的机场以及亚洲最广泛宽频的互联网体系和通信网络。新加坡政府曾率先推出全球首个贸易管理电子平台，将海关、税务等几十个政府机构通过单一平台实现连接，为企业提供便捷的一站式通关服务。2007 年，新加坡又启用

了 TradXchange 平台，对服务贸易、物流行业团体和政府部门的 IT 系统进行流程与数据处理，使得政府流程更加便捷化和透明化。

二是便捷的金融服务。放松外汇管制，推进资本项目可自由兑换，允许本地资金和境外资金自由流动，对货币买卖不设数额限制，实行自由汇兑制度；在融资便利和利率市场化方面进一步开放，允许金融机构或个人等国际投资者自由投资本地的债券工具，不受资金来源、投资领域等限制。此外，新加坡自由贸易区政策规定，除了药品、化妆品和危险物品等需要出具许可证的商品，进出口货物在入关时只需填写和交验相关单证即可。

三是完备的法律法规。立法先行，在国家层面出台与自由贸易港建设有关的专门法律，为自由贸易港的高效运行给予顶层法治保障。在 2019~2020 年的世界法治指数排名中，新加坡居亚洲国家第一位。新加坡设立了专门的《自由贸易区法案》，对自由贸易试验区的定位、功能、管理体制等进行了全面的规定，保障自由贸易区的正常运转，执法机构根据《海关法》《公司法》《环境保护法》《商品及服务税收法》等法律制度进行监督。此外，新加坡的政府机构注重"高薪养廉"，保证了海外投资竞争的公平性，因而吸引了许多跨国资本流入。

3. 纽约港自由贸易试验区的发展与实践经验

1979 年，依据《对外贸易区法案》，纽约港自由贸易试验区为响应对外经济贸易的发展和适应转型需求，经美国国会批准设立，成为全美面积较大的自由贸易试验区之一。经过近 40 年的发展，除了货物中转、自由贸易的核心功能之外，纽约港自由贸易试验区不断提升服务能级，持续完善经营体系、功能布局、硬条件与软环境。目前，区内企业的经营业务涉及汽车进口与加工、食品、制药、化学品等进出口及分销等。由此使得美国对外贸易额占 GDP 的比例以及经济开放度逐年攀升。

一是独特的管理机制。国际银行业务设施（International Banking Facility，IBF），设立的目的是支持自由贸易区离岸金融业务的发展，增强美国金融机构的海外竞争力，经营境外美元业务，吸收离岸存款，再放贷给境外客户。IBF 采取的是"内外分离型"模式，在本国货币作为主要交易货币的离岸业务与境内金融市场之间采取严格的隔离措施，非居民的金融交易账户也要与境内账户相隔离，非居民不能经营任何在岸业务。由于 IBF 本质上属于离岸金融市场，所以其不受境内各项金融法律法规和监管措施的限制，不受存款准备金、存款保险制度、利率定价等方面的限制，而且还可以享受联邦税免除优惠政策。此外，政府在 IBF 制度设计和形成过程中发挥了巨大的推动作用，使得纽约港自由贸易试验区成为典型的内外分离型离岸金融市场。

二是税费政策优待。纽约港自由贸易试验区的税费政策鲜明地反映出其"境内关外"的特点，同时，也为自由贸易试验区内货品的仓储、加工、贸易提供税费减免的优惠，有助于关联产业和服务部门的增长。推迟缴纳进口关税，货物进入自由贸易试验区，不需要缴纳进口关税，待通关时再支付。节省为废品支付的关税，在自由贸易试验区设厂的企业，无须为进口原料中的废品以及生产过程中浪费的原料支付关税。

自由贸易试验区的产品出口如遇退货，无须为人力和行政开支付税，自由贸易试验区生产的产品在通关时，进口价格中涉及人力成本、行政开销和企业利润的部分不需要缴纳进口税。

4. 荷兰鹿特丹自由贸易港的发展与实践经验

荷兰鹿特丹自由贸易港是欧洲第一大港，也是全球最重要的物流中心之一。鹿特丹港之所以能够发展成为港城融合型的国际航运中心，其地理位置重要、腹地广阔是区位基础，临港产业规模和交通运输网络是硬件优势，法治化、便利化、国际化的营商环境是软件优势，欧洲经济一体化的进程则为其提供了更为广阔的发展空间。另外，鹿特丹港的炼油、石油化工和船舶运营维修、港口机械设备等部门构成了临港工业带，这条工业带是鹿特丹港的核心竞争优势。

一是核心产业特色。鹿特丹港利用文化产业和旅游产业促进港口发展。鹿特丹港在每年一届的世界港口节期间，举办世界港口、海运、物流等方面的专业国际会议和学术讨论会、展览会，以及各种海洋、港口和物流文化娱乐活动，此外，鹿特丹利用"欧洲之桅"等一系列港口特色观光景点，吸引了成千上万的企业代表、专家学者和游客前来参观。

二是成熟的运营物流服务体系。随着欧洲不断推进经济一体化，自由贸易港关税减免的优势在欧盟内部已失去竞争力。鹿特丹港则因其超强的港口服务引领能力、完善的海陆空运输网络和港口物流服务功能成为欧洲门户的一大重要支撑。鹿特丹自由贸易港的保税仓库众多，因此，保税仓储、运输体系较灵活，可对贸易货物进行临时存储并加工，能够通过多种运输渠道将高附加值产品通过货物分拨中心运往其他国家，形成了储、运、销一体化的高效模式。此外，鹿特丹港建立了配送物流园区，提供专业化的物流服务，其主要功能有拆装箱、仓储、再包装、组装、贴标、分拣、报关、集装箱堆存修理以及向欧洲各收货点配送等，整个港区均采用先进的电子信息网络和通信技术对港口进行管理。

三是贸易便利化措施。鹿特丹自由贸易港为进出口商品提供税务免缴或缓缴优惠。进口商品在荷兰海关保税仓库内暂存期间可免缴关税、增值税和消费税。此外，荷兰海关还出台了针对进出口货物加工的相关政策支持。例如，原料或半成品进入欧盟境内加工后再出口，可免缴进口关税、增值税或享受退税；海关监管下的商品出口至非欧盟国家或在欧盟外进行加工、修理后再次进入欧盟，可申请关税减免或零关税；进口产品如申请在海关监管下进行加工，可暂时免缴进口关税，之后按制成品税率缴纳关税。

（二）国际自由贸易港区发展特点和趋势

1. 国际自由贸易港区发展特点

伴随全球新的经济格局、贸易规则、贸易形式的形成，自由贸易试验区及自由贸易港发展也处于转型或调整过程中，新时期自由贸易港区的发展表现出四个新特点：

第一，贸易便利化、监管高效化是最大的基础优势。以制度性优势保障治理与服务水平，在全球自由贸易试验区体系中体现软实力竞争优势，如新加坡自由贸易港、纽约港自由贸易试验区等。第二，金融服务高度发达。以专业服务为基础构建的综合服务体系有力地支撑自由贸易港经济核心功能，如中国香港自由贸易港。第三，由传统的"制造+贸易"功能逐步向"科技+金融"模式过渡，成为国际自由贸易试验区核心发展趋势，如纽约港自由贸易试验区等。第四，基于独特的交通架构与互联网技术的现代物流系统及信息服务，促进第三产业快速发展，满足区域产业结构多元化，如荷兰鹿特丹自由贸易港等。

2. 新时期国际自由贸易港区发展趋势

第一，从最初的具体目标转向多层级宏观目标。国际自由贸易港区最初目标相对明确，大多是为了增加贸易机会、引进先进技术等，随着全球经济形势的转变，自由贸易试验区承载着更多国家层面的发展战略，如融入全球市场、建立新型贸易关系等。第二，由监管向多元化功能服务转变。自由贸易试验区政府导向型、独立型管理和行政区治理模式逐渐弱化，而自由贸易试验区内企业导向型、混合管理型及跨领域服务逐渐成为主导模式，强调高效、便捷和服务，内涵由以监控为主向功能服务、技术支持、新经济功能培育等方向转变。第三，由第三产业主导向三次产业协同发展演变。发达国家自由贸易试验区产业结构以第三产业为主导，新兴国家以第二、第三产业协同发展为主。

（三）对河南自由贸易试验区建设的启示

1. 借鉴 IBF 模式构建河南在岸与离岸双轨金融圈

河南自由贸易试验区可借鉴 IBF 模式建立自己的在岸—离岸金融中心。在建立之初，可采取特殊的账户安排，建立以账户隔离、分账核算的内外分离为主的模式。目前，我国尚未完全实现利率市场化，汇率形成机制有待进一步完善。短期坚持内外分离原则，可为金融改革提供缓冲机会，消除套利和避税空间，维持健康的金融秩序。

努力扩展离岸业务的范围。从 IBF 经验看，更多的金融机构参与离岸业务可以扩大海外网络，有利于培养中资银行的海外客户，推动我国金融机构更好地"走出去"。目前，我国离岸银行业务的融资和结算规模与我国每年贸易总额相比明显较小。因此，应进一步扩大中资、外资银行入驻的数量，推动业务规模增长。此外，制定政策要求非银行外国居民和企业存款必须达到一定天数才能转账和取现，以防止流动性过强，控制资金大量进出的风险。

河南在岸—离岸市场建设应纳入全球人民币离岸市场整体战略加以考量。随着中国香港、新加坡等地人民币离岸中心的建成，人民币离岸中心的境外区域布局已初步形成。而河南自由贸易试验区作为人民币离岸市场整体建设的重要环节，应定位为主要面对全球、连接境外与境内的离岸中心枢纽。该市场虽然会一定程度分流香港等地业务，但如果准确把握各市场定位，则可以合理引导资金流向，促进各离岸市场与在岸市场资金期限结构的优势互补，金融机构也会在良性竞争中获益。

2. 河南自由贸易试验区能级提升是关键

自由贸易试验区的经济本质是服务经济，新一代自由贸易试验区应是以区域知识与服务创新为核心的新型综合服务功能区。因此，在新一轮提升自由贸易试验区能级、充分发挥自由贸易试验区服务功能及促进区域经济功能升级的改革战略中，要率先突破先前改革"政策洼地"的局限性，进行"制度创新"式全面改革，不再是优惠政策的局部吸引，而是与国际接轨的市场规则与制度的整体环境创建。在功能服务、制度设计等不同层级、领域方面创新突破，推动自由贸易试验区能级提升建设，主导新一轮的对外开放格局。

自由贸易试验区能级的提升已不仅仅体现为区内经济效益的提高，其对周边区域的辐射影响力和对区域经济发展的带动能力也极为重要，尤其是作为综合服务功能区、自由贸易试验区，对人才、资本、技术等创新要素的配置能力将直接影响到周边地区的产业布局、经济结构等。

河南自由贸易试验区的能级提升与金融支持体系存在双向互促共进的关系。通过建立高效完备的现代金融服务体系，引导国有大中型银行、股份制商业银行在区内设立分支机构，鼓励银行保险资金向符合现代产业体系发展方向的产业领域倾斜。支持打造金融开放高地，建立金融、类金融企业和企业高管财税等奖补激励机制，积极引进境外金融机构，吸引融资租赁、商业保理、地方资产管理公司、征信等中介机构以及各类基金公司入驻，加快金融开放步伐，丰富金融业态，而良性业态将进一步催化自由贸易试验区的能级提升。

提升河南自由贸易试验区能级有利于强化交通枢纽优势。按照"加快建设贯通南北、连接东西的现代立体交通体系和现代物流体系，服务于'一带一路'的现代综合交通枢纽、全面改革开放试验田和内陆开放型经济示范区"的定位，努力为内陆地区甚至全国改革开放探索可复制、可推广的经验。另外，提升河南自由贸易试验区能级有利于提高金融跨境服务便利化水平。充分发挥现有自由贸易试验区作用，支持银行业金融机构积极开展离岸人民币业务，为企业提供高效快捷的跨境金融服务。

三、河南自由贸易试验区的金融创新与示范效应

2015 年 2 月 28 日，河南省政府向国务院上报了《河南省人民政府关于设立中国（河南）自由贸易试验区的请示》及《中国（河南）自由贸易试验区总体方案（草案）》。2017 年 4 月 1 日，中国（河南）自由贸易试验区正式挂牌成立。按照《国务院关于印发中国（河南）自由贸易试验区总体方案的通知》的要求，大胆试、大胆闯、自主改，各片区基本完成了党中央、国务院确定的阶段性任务和目标，并正在积极探索内陆地区深化改革和对外开放的新路子、新模式。

（一）河南自由贸易试验区郑州片区发展现状和成功经验

郑州片区作为河南自由贸易试验区的核心片区，承担着为国家试制度、为地方谋发展的双重任务，是改革试点任务最多、开放平台设施最齐备、创新资源要素最密集、先行先试成果最丰富的片区。2018年10月，郑州市政府印发了《关于中国（河南）自由贸易试验区郑州片区产业发展规划（暂行）的通知》，强调2018～2022年郑州片区产业发展规划要聚焦金融新经济、贸易新经济、物流新经济、制造业新经济等七大产业集群，着力打造彰显郑州特色的开放型自由贸易产业体系。在"引金入豫""金融豫军"等战略的推动下，郑州有了稳固的金融产业基础，通过借助自由贸易试验区对外开放平台，加大金融业对外开放的力度，推动实体经济的发展。

1. 金融业务拓展效果显著

自挂牌以来，郑州片区有81家银行、保险等金融机构及金融企业入驻自由贸易试验区，共有120多家世界五百强企业在郑投资、设立分公司及代表处，其中，主要包括中国银行郑州自贸试验区分行、中国工商银行郑州自贸试验区支行。2017年11月，河南省的本土银行中原银行正式入驻自由贸易试验区。2017年12月，中国农业银行郑州自贸试验区分行正式挂牌营业。2018年9月，中国光大银行自贸试验区支行揭牌成立，是股份制银行在河南率先成立的自贸试验区支行。洛银金融租赁公司和九鼎金融租赁公司也相继在自由贸易试验区内设立，为区内企业提供了更为便利的金融服务。

2. 金融创新理念涌现

各金融机构不断拓宽金融创新理念，本外币资金池、投贷联动、跨境融资、"双创"金融债券等创新业务不断涌现。中国银行河南省分行开设了自贸试验区跨境双向人民币资金池业务，涉及业务资金16.8亿元；郑州国际陆港开发建设有限公司为自由贸易试验区设计了批量汇款预处理系统＋中银全球智汇产品，大大节省了业务处理时间，为跨境电商和新型城镇化建设等项目提供了更好的服务平台；中原银行推出投行化产品、"商行＋投行"、"股权＋债权"，已累计为区内相关企业提供融资超100亿元。郑州宇通财务有限公司成为河南省首家获得即期结售汇业务经营资格的非银行金融机构；郑州商品交易所PTA期货引入境外交易者获批，向期货国际化迈出一大步。中国建设银行在全国率先推行企业在银行开户的"一站通"服务，缩短开户时间，打通金融服务"最先一公里"，大幅提高银行开户效率；在提供开户结算等基础银行服务的基础上，增设特色化、定制化业务，为郑州片区内的商事主体提供"一站式"增值服务。

3. 飞机租赁交易新模式

2018年12月，光大银行郑州分行、光大金融租赁公司和河南航投租赁公司共同推出国内首单公海交付跨境跨区飞机转租赁业务。河南航投租赁公司在郑州航空港区设立分公司，光大银行郑州分行给予融资支持。该飞机在境外公海区域上空完成产权交割，最终入关落地郑州航空港经济综合实验区。完成交付后，河南航投租赁公司将飞机继续转租给乌鲁木齐航空有限责任公司，支持"一带一路"建设。此架飞机大幅优化了交易结构，有效解决了资产转让方、飞机制造商、承租方面临的各种问题，实现交易多方利益最大化。

（二）河南自由贸易试验区洛阳片区发展现状和成功经验

中国（河南）自由贸易试验区洛阳片区挂牌三年多以来，着眼于构建服务实体经济的金融开放新制度，开创了以金融机构为核心，以政府政策体系为基础，依托国有投融资平台，再结合投资管理公司等新型金融公司的服务模式，为科技企业的发展提供一揽子综合化、专业化的金融服务，截至 2020 年 5 月，洛阳片区共入驻市场主体 2.65 万户；累计入驻金融及类金融机构 63 家。初步形成了以"政银企研所"多方协同、"信贷保产转"多元服务为内容的科技金融体系。

1. 深化金融开放和创新方面效果显著

洛阳片区着眼于构建服务实体经济的金融开放新制度，开创了以金融机构为核心，以政府政策体系为基础，依托国有投融资平台，再结合投资管理公司等新型金融公司的服务模式，为科技企业的发展提供一揽子综合化、专业化的金融服务，形成了以"政银企研所"多方协同、"信贷保产转"多元服务为内容的科技金融体系。"政银企研所"多方协同使得科技支行加速集聚，目前，已有中国工商银行、中国建设银行、中国农业银行、中国银行、中信银行、洛阳农商银行等 10 家银行机构和平安保险、人寿保险、泰山保险 3 家保险公司进驻自由贸易试验区，其中，自由贸易试验区科技支行占银行类金融机构的 60%。"信贷保产转"多元服务推动信用体系建设，打造了普惠金融示范区，借鉴台州市信用体系平台和信保基金经验，与中国人民银行洛阳市中心支行合作，组建信用体系联盟领导小组，共建中小企业信用体系。

2. 金融行业发展取得新突破

更多区内企业上市，深度参与资本市场融资。目前，涧光石化、众智软件过会材料已按时间节点报送至省证监局、证监会。洛阳鑫光锂电有限公司四板交易板工作正在推进。区内主板上市企业 4 家，全市占比 36%，位居全市第一。金融供给多元化发展。仅 2019 年全年区内新增金融及类金融机构共计 19 家，新增注册资本 6.69 亿元；新增类金融企业、行业涉及股权投资、融资租赁、商业保理、不良资产处置、金融服务等类型，其中包括区内首家外资融资租赁企业——河南华川融资租赁有限公司；区内首家商业保理公司——河南坤宝商业保理有限公司。截至目前，洛阳片区共有 15 家金融机构以及 47 家类金融企业，注册资本共计 159.62 亿元。

3. 金融服务水平持续提升

河南自由贸易试验区首单跨境金融区块链服务平台融资业务在洛阳片区成功落地，银行仅用 10 分钟就完成了 1 笔 12.8 万美元业务的融资受理、登记放款。这将助力外汇业务的"网上办""线上办"，逐步实现"货物报关、融资到账"的业务模式。构建科技金融深度融合发展新机制，探索形成了产业引导基金为先导、信贷和资本投资为支撑、间接融资与直接融资相结合的科技金融深度融合发展机制，构建覆盖科技型企业全生命周期的金融政策体系，破解了科技型中小企业"融资难、融资贵"问题，为中西部地区在促进产业转型升级、实现科技引领产业"弯道超车"方面，探索出了一条可行道路。

（三）河南自由贸易试验区开封片区发展现状和成功经验

中国（河南）自由贸易试验区开封片区按照党中央、国务院决策部署，在省自贸办等指导下，以制度创新为核心，以打造营商环境国际化引领区为目标，以"极简"审批、"极速"效率、"极优"服务、"极严"约束为标尺，已探索形成120项创新成果，多项改革被国家、省相关部门通报经验，创出制度创新"开封模式"。李克强在考察河南自由贸易试验区开封片区综合服务中心时指导说，开封既不沿海又不沿边，但通过自由贸易试验区试验照样创出了一流经验。开封过去以"古"闻名，今天通过自由贸易试验区要以"新"出彩。

1. 自由贸易试验区进出口企业二元多维评价体系构建

自由贸易试验区进出口企业二元多维评价体系可在对自由贸易试验区注册A类进出口企业的企业贸易经营信息、非银社会信用信息、金融信用信息全面衡量后，评选出A＋类企业，再由银行围绕贸易便利化、扩大授信、进行信贷产品创新等项目提供差异化金融服务。该体系率先构建起企业越诚信、手续越便利，银行越合规、审核越自主的信用激励机制。截至目前，各银行围绕"强信贷、减负担、促便利"，为所有A＋类企业累计授信增信3865万元，累计降低贷款利率274BP，累计降低结售汇率455BP，为辖区疫情防控及涉外企业复工复产提供有力支持。

2. 搭建国际文化旅游目的地

开封自由贸易试验区以"文化＋"及大文化建设为载体，重点发展文化旅游、文化传媒、艺术品交易、文博会展、创意设计和现代物流等文化服务产业。利用河南省投洽会、河南省招才引智大会等平台，截至目前，已赴境内外开展文旅产业专题招商对接活动44次，组织30余家企业参加路演，开展洽谈451场次，促使意大利SIDA集团中国区运营中心、中芬国际产业创新合作中心等30个项目成功签约。截至2019年底，自贸试验区开封片区有总投资千亿元的恒大童世界、文创艺谷创客中心等在建项目30个，其中，省市级重点文旅产业项目3个、在建文旅产业园区1个，健康乐谷入驻医疗健康类企业104家，积极响应了"行业龙头、产业高端、企业总部、科研机构和创新人才"的招商策略。

3. 深圳文化产权交易所河南自由贸易试验区运营中心启动

深圳文化产权交易所（以下简称深圳文交所）河南自由贸易试验区运营中心在开封片区正式启动，借助自由贸易试验区建设国家战略和国家级文化产权交易平台，不断放大文化金融对文化产业的杠杆效应，共同促进河南及周边地区文化资源在开封片区的优化配置，为开封乃至中原的文化产业注入资本的"血液"，将"文化＋金融"模式融入河南。深圳文交所重点打造服务贸易创新发展区和文创产业对外开放先行区，促进国际文化旅游融合发展，同时，在促进文化产业与金融服务融合创新方面具有丰富的资源和显著的优势。该项目成功挂牌运营，将有力促进中原传统文化资源的创造性转化与创新性发展。

四、河南自由贸易试验区在岸—离岸双轨金融圈建设的战略分析

我国实施自由贸易试验区战略的一个重大使命就是通过先试先行，探索与政府主导型经济向市场化开放经济转型相适应的新制度。基于我国当前的外汇和资本项目管制，在自由贸易试验区建设在岸与离岸双轨金融圈，既是尝试在我国内陆开展离岸业务的实验地，也是我国金融自由化改革的试验田，为我国金融业发展创造了一个吸收国际经验、增强自身金融服务能力的缓和期。

（一）河南自由贸易试验区在岸与离岸双轨金融圈关联分析

通过《河南省人民政府关于印发中国（河南）自由贸易试验区建设专项方案通知》不难看出，自由贸易试验区在金融服务体系建设方面，都将金融机构发展、利率市场化、科技金融、文化金融、跨境投融资、外汇管理以及金融风险防范等作为重点内容。总体来说，河南自由贸易试验区的在岸与离岸双轨金融圈的构建路径可由图2进行解释。

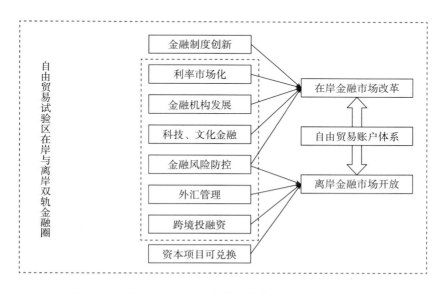

图2　河南自由贸易试验区在岸—离岸双轨金融圈关联机制

第一，从自由贸易试验区在岸金融市场来看，金融机构发展、利率市场化、科技金融、文化金融侧重于国内金融市场。自由贸易试验区为国内外金融市场和金融机构提供了相互交流和竞争的平台，从而进一步推动国内金融体制改革，提升我国金融的开放度。

第二，从自由贸易试验区离岸金融市场来看，跨境投融资、外汇管理、资本项目可兑换则主要是为了促进对外金融开放。离岸金融市场建设是实践自由贸易试验区资本账户放开的最优战略选择，是丰富人民币回流渠道、加速人民币国际循环的必要步骤。能够缩小我国金融市场与国际金融市场之间的差距，并在一定程度上帮助自由贸易试验区实现金融改革目标，为国内金融制度改革和国内外金融市场关联提供有效渠道。

第三，综合以上两方面看，无论是进行在岸金融市场发展，还是推动离岸金融市场开放，其主要目的都是加强国内外金融市场的联系。双轨金融圈的构建不仅是对国内外金融市场之间的相互联系和作用的强化，还要关注国内金融改革和宏观金融问题，包括金融风险防控、金融机构的内控机制等。因此，将自由贸易试验区的双轨金融圈构建视为建立中国的 IBF 有失偏颇。

在自由贸易试验区建设的过程中，在岸金融市场为离岸金融市场的建立与发展提供了良好的基础条件，而离岸金融市场发展从微观上推动在岸金融市场改革，促进区域经济发展和高水平的对外开放，两者相辅相成，互相依赖，而自由贸易账户体系则是连接在岸—离岸金融市场的重要载体。由此，在自由贸易试验区的总体战略框架下探索建立在岸—离岸双轨金融圈，不仅是我国金融发展的客观现实需求，更是从主观意愿上加快自由贸易试验区金融改革目标实现的有效手段，为最终实现金融体制改革和人民币国际化提供支撑。

（二）河南自由贸易试验区在岸与离岸双轨金融圈建设的必要性分析

第一，双轨金融圈促进河南经济多元化发展。目前，全球绝大部分离岸金融中心，如纽约离岸金融中心、东京离岸金融中心和曼谷离岸金融中心，既是全球重要旅游胜地，又是全球重要的高端房地产投资与消费市场。因此，河南开展在岸与离岸双轨金融圈建设可以促进旅游、航空、餐饮、房地产等相关行业的发展，促进河南经济多元化。

第二，双轨金融圈促进河南加速创建现代立体物流体系和交通体系。双轨金融圈的建立使得河南自由贸易试验区内的各类金融项目增多、大量投资引入，从而刺激河南物流体系的发展。同时，开设河南自由贸易试验区的主要目的是加速创建贯通南北、连接东西的现代立体物流体系和交通体系，并且借此期望河南自由贸易试验区能够服务于"一带一路"建设的需求，使其成为内陆开放型经济的试验田，为全国的改革开放做出引导性贡献。

第三，双轨金融圈构建是加快河南自由贸易试验区金融创新目标实现的有效手段。

自由贸易试验区为双轨金融圈的构建提供了政策框架和实施载体，但不能将自由贸易试验区的金融改革创新视为建立中国的IBF，更不能将发展自由贸易试验区与构建双轨金融圈画上等号。因此，在自由贸易试验区框架下建设双轨金融圈是自由贸易试验区的一种金融创新形式，是从主观意愿上加快自由贸易试验区金融改革目标实现的有效手段，它能够从微观上推动金融体制改革，促进区域经济发展和高水平的对外开放。

（三）河南自由贸易试验区在岸与离岸双轨金融圈建设建议

1. 建立内外分离的离岸金融中心模式

从目前世界主要国际离岸中心看，各离岸中心可以划分为三种类型，即内外混合型、内外分离型和渗透型。内外分离型一般是所在国政府专门为非居民交易而人为创设的国际金融平台，其典型例子有纽约、新加坡和东京等；内外分离型的国家的金融管理当局对离岸金融业务和在岸业务进行严格的分离，银行记录有在岸业务和离岸业务两套账户，账户之间不能混淆。在此模式中，金融当局对在岸业务和离岸业务分别加以管理，从而保持了国内金融市场的稳定。从国内天津、上海申报建立国际离岸金融中心的试点方案看，均采用内外分离型市场模式。对于河南自由贸易试验区，同样也需要采用严格的内外分离模式。目前，我国经济体制并不完善，尚未完全实现利率市场化，汇率形成机制有待进一步完善。此时，建立离岸金融市场应实行严格的内外分离制度，以便隔离风险，为金融改革提供缓冲。

2. 健全在岸与离岸双轨金融圈的业务体系

第一，外资银行与河南自由贸易试验区互相依存。外资银行作为连接国内和海外的媒介，对于双轨金融圈建设发挥着重要的作用。河南自由贸易试验区、"一带一路"建设使外资银行找到了新的发力点。从服务外国企业进入中国，到服务中国企业"走出去"，外资银行的服务对象也随之发生改变。"一带一路"让外资银行看到了发展契机。河南自由贸易试验区在银监会政策范围内，应最大程度简化程序，下放行政许可权限，从机构准入、高管准入等方面着手，简化自由贸易试验区内外资银行业准入方式，同时，进一步做好放管结合工作，加强事中事后监管。

第二，完善自由贸易试验区保险体系。银保监会应出台相关政策措施，对河南自由贸易试验区建设给予大力支持。可借鉴保监会提出八项措施支持上海自由贸易试验区建设，对河南自由贸易试验区保险体系从外资专业健康保险机构、保险公司在自由贸易试验区内设立分支机构开展人民币跨境再保险业务、保险机构开展境外投资试点、国际保险机构在自由贸易试验区开展业务、航运保险、创新保险产品这六方面入手，下发鼓励引导措施。

第三，加快自由贸易试验区与郑州商品交易所合作步伐。近年来，随着我国期货市场规模不断扩大，上市期货品种日渐产业化、系列化，加上"保险＋期货""订单＋期货"等新的创新服务模式的不断推出，期货市场逐渐成为推动我国经济稳定发展的好帮手，不但为实体经济提供了好的金融工具与平台，而且还将新的经营理念、金融思维模式等引入实体经济领域，支持自由贸易试验区先行先试，自然少不了期货市场的助力。

凭借拥有期货交易所的优势，河南自由贸易试验区总体方案提出，将依托郑商所支持拓展新的交易品种，促进发展大宗商品国际贸易，探索建立与国际大宗商品交易相适应的外汇管理和海关监管制度。在总结期货保税交割试点经验基础上，鼓励期货交易所在自由贸易试验区的海关特殊监管区域内开展期货保税交易、仓单质押融资等业务，扩大期货保税交割试点的品种。

3. 适当放松金融管制，降低金融交易成本

第一，适度降低金融领域准入门槛，有条件地逐步向自由贸易试验区内的境内民营资本开放金融服务行业，探索形成允许自由贸易试验区内个人和实体同时投资境内外市场的管控模式，提高区内企业跨境融资能力。

第二，逐步减少外汇管制，给予外资股权以及创业投资机构在自由贸易试验区发起股权和创业投资基金的国民待遇，支持跨国公司在自由贸易试验区发展总部经济，扩大金融对内对外开放。为提升贸易和投融资便利化程度，河南自由贸易试验区应减少资本流动限制，汇率随行就市，逐步建立起区域性的人民币自由兑换市场，并参照中国香港地区、新加坡的金融监管制度制定新的外汇管理制度。

第三，逐步放宽存款利率上限。资金的自由流动和套利使得离岸金融市场形成了高存款利率和低贷款利率的竞争性利率结构，河南自由贸易试验区可率先放宽利率管制，促使离岸金融市场形成竞争性的利率结构，引导资金优化配置，为在岸利率改革提供参照。

4. 构建在岸与离岸双轨金融圈风险监控体系

第一，做好跨境资金流动风险的防范措施。在"一线"宏观审慎、"二线"有限渗透的严格管理下，河南自由贸易试验区离岸金融市场应分别在"一线"和"二线"建立两道资金往来调控闸门，提前做好防范跨境资金流动风险的措施。从国际金融危机爆发的情况看，短期资本流动是冲击金融稳定、引发金融危机的重要因素，而对于国际长期资金借贷，其对金融稳定的冲击程度要小很多。因此，当资金在离岸与在岸市场之间流动时，如果出现严重的期限不匹配或受到国际金融市场大幅波动的冲击时，可以采取提高跨境资金收益税率的方式，抑制资金流动，降低对国内金融市场的冲击程度。

第二，构建跨境资金流动风险的监测机制。首先，针对自由贸易试验区离岸市场资金流动数据，建立监测系统和共享数据库，构建资金异常流动风险指标体系，加强对短期资金流动情况的信息监测，进行可视化、实时、全程监测，及早识别异常资金流动，并采取相应处置措施。其次，构建资金流动风险预警指标体系和预警模型，对短期资金的异常流动进行模拟和计算，防止资金在实体经济"体外循环"，建立并完善离岸金融市场的风险预警、风险处置以及突发事件的应对协调机制，制定多种应对预案，在危机出现之前及时警示，采取前瞻性、针对性的风险防范措施。最后，监管部门须加强对跨境资金用途的监管，实施严格的备案制和额度管理，加强与境外监管机构的沟通与合作，及时了解贷出资金的去向。同时，强化全流程监管，加强对区内日常资金运行的实时监测和短期投机性资本流动的监管，防止资金空转。

五、河南自由贸易试验区能级提升

2013 年 9 月，中国（上海）自由贸易试验区挂牌成立，自此一系列自由贸易港区的探索建设，促进了我国与世界经济的逐步接轨和深度融合，推动着我国凝心聚力与世界各国共建"人类命运共同体"的进程。在新冠肺炎疫情全球蔓延催化某些民粹主义、新的贸易保护主义抬头、美日撤企信号频现之际，中国继续践行大国的责任与担当，"虚拟境外"的营商环境、对外开放高地、制度试验田、贸易便利化的先行军、自由投资的港湾以及金融创新的孵化器，体现了中国自由贸易试验区的特色和阶段性成就，而"境内关外"的特殊属性和管理模式，使其成为打造中国竞争新优势、重构全球产业价值链、实现国际合作发展的新平台，亦成为探寻发展新模式、拓展经济增长新空间以及重启经济的新引擎。自由贸易试验区经济的本质是服务经济，新一代自由贸易试验区是以区域知识与服务创新为核心的新型综合服务功能区。因此，在新一轮提升自由贸易试验区竞争力、充分发挥自由贸易试验区服务功能、促进区域经济功能升级的改革战略中，要突破先前改革"政策洼地"的局限性，进行"制度创新"式全面改革，不再是优惠政策的局部吸引，而是与国际接轨的市场规则与制度的整体环境创建。在功能服务、制度设计等不同层级、领域方面的创新突破，将推动自由贸易试验区能级提升建设，主导新一轮的对外开放格局。

河南自由贸易试验区的"能级提升"不仅具备完善的底层逻辑，而且也与后疫情时代其高站位、宽视野相契合：第一，新的城市群发展规划要求河南郑州承载未来国家战略的关键节点角色。2020 年，平安证券的研究报告显示，新一轮区域经济一体化进程蓄势待发，五个城市群三角弯弓搭箭，将助力中国经济腾飞。这五个城市群分别为北部的北京、天津和雄安，东部的上海、杭州和南京，南部的广州、佛山和深圳，中部的郑州、武汉和合肥，以及西部的成都、重庆和西安。可见，河南应主动关注和抓住新一轮区域一体化所提供的投资机会和发展机遇，自由贸易试验区的建设要敢于有更高的站位，能够担当起中国经济崛起的脊梁。第二，自由贸易试验区能级提升与金融综合竞争力的提高符合我国新金融体系布局规划的需要。肖耿（2020）指出，新的金融体系应包括人民币体系（以人民币为核心的在岸金融，如上海在岸国际金融中心）、准美元体系（以港币和美元挂钩为基础的离岸金融，如香港离岸国际金融中心）以及与主要主权货币兼容的 e–SDR 体系（与超主权货币相关的离岸金融，如大湾区、海南、自由贸易试验区离岸—在岸双轨国际金融圈）。河南自由贸易试验区的建设应有更宽的视野，其能级提升和金融支持体系的构建也是全方位提升我国综合国力和金融竞争力的过程。第三，河南自由贸易试验区主动对接"一带一路"，可充分提升郑州中心城市的能级和增长潜力。新冠肺炎疫情期间，我国与欧美国家进出口贸易总量大幅度削减的同时，与"一带一路"沿线国家的交易量却逆势上涨，郑州作为关键物流节点城市发挥了不可或缺的重要作用。此外，在EWTO（电子世界贸易组织）背景下，郑州市作为全国唯一的综合性"E贸易"试点，是跨境电子贸易新业态、新模式、新规则的探索者和领头羊，而E贸易核心功能集聚区的建设离不开金融的创新和支撑。因此，自由贸易试验区的能级提升和金融支持体系的建设将大幅增强郑州的辐射力、开放力、聚集力、经济力、文化力、设施力、劳动力和环境力。

（一）自由贸易试验区能级的内涵

对于"能级"的研究来源于物理学中的"场"的研究。随着场论的发展，其在社会科学多个领域得以成功应用，肖国安（1995）将场态经济客体（城市的辐射作用、名牌产品的影响力等无形物质）称为"经济场"的表现形式；空间场则是从空间视角研究经济场的能量叠加、扩散通道选择和区域差异问题。相较于前者在空间上的扩散和辐射效应，后者更注重研究区位、资源禀赋、社会经济基础、交通通道对场源能量大小和空间势能扩散范围（或程度）的影响。弗里德曼和米勒（1965）认为，城市场是指环绕在大城市周边，明显受城市和乡村社会环境渗透、作用的地区。城市场域是都市生活空间超越地理边界的范围延伸，是一种功能空间而非地理空间。城市场重构核心区与腹地区的空间秩序，通过人、货币和信息流动整合核心区和边缘区，这种"相互依存"不同于单一的核心区依赖，更注重区域间功能的融合。在城市场的相关研究中，场域范围是在一定地域空间上，以物质性网络（交通运输、通信、电力等线路组织）和非物质性网络（市场要素流动）组成的复合化区域网络组织，其与自由贸易试验区自身所具有的交通贯通、生产要素的流动和互补、产业的转移衔接和优化升级等基础建设特征具有一定的相似性，差异则体现在如下层面：以城市场为基础的城市能级分析更强调随着地理距离的远近其能级辐射强度的大小，对于微观功能板块的升级作用关注较少；而由于自由贸易试验区自身基础贸易功能的定位，弱化了地理空间的作用，更强调其功能空间，即微观上功能板块的升级和宏观上的"流"空间建设，两者相辅相成、相互促进。功能板块的升级是自由贸易试验区竞争力提升的必然条件，而"流"空间建设则是场域能量扩散通道铺设的重点。可见，不同于城市场的"城市—区域"的地域关系演化，自由贸易试验区场域研究应侧重于探讨系统论视角的功能和结构的协同效应。

综上所述，自由贸易试验区场域是将全球贸易网络中节点自由贸易试验区视为"场源"，根据贸易资源、产业结构和区内产能形成不同贸易量级，场源与其有紧密社会经济联系的地区可形成不同的自由贸易试验区场域，用于表示贸易活动和相关经济活动的多种作用形式；自由贸易试验区场能则是自由贸易试验区场域内"力线"相互叠加作用的结果，"力线"用于衡量自由贸易试验区与其联系地区间能量相互作用程度的大小，其中，"流"空间中各线路的疏密、长短决定力线脉络的走向，贸易量级的高低决定力线脉络的宽窄，即力线是具有能量扩散方向和强度表征意义的矢量值。根据自由贸易试验区量级及扩散能力形成的不同规模、等级和结构的自由贸易试验区场能决定了场域的大小；自由贸易试验区能级是自由贸易试验区功能对其他地区的辐射影响程度，包括自身量级提升和通道建设两个方面，可分为创新功能、服务功能和经济功能。

（二）金融支持体系作用于自由贸易试验区能级提升的路径和机制

自由贸易试验区能级是自由贸易试验区功能对其他地区的辐射影响程度。一方面，在地理视域上，自由贸易试验区功能对外辐射范围越大，则能级越高；对外辐射范围越小，则能级越低。也就是说，能级的高低与辐射空间的大小呈正比关系。另一方面，按功能作用的方向不同可以分为内部功能和外部功能。内部功能指为自由贸易试验区本身服务的各种功能，外部功能则是自由贸易试验区对外部服务的功能，即自由贸易试验区对外部区域的集聚和辐射能力。在自由贸易试验区发展的不同阶段，能级提升对于内部功能与外部功能的侧重点也有所不同。随着自由贸易试验区的不断成熟，外部功能的作用日益重要，在内部功能较为完善时，自由贸易试验区能级的高低主要由其外部功能决定。孙志刚（1999）提出，城市能级主要体现为三个功能：经济功能（集聚—扩散能力）、创新功能（科技创新辐射力）和服务功能（基础支撑能力），经济功能更侧重于对外部功能的刻画，创新功能和服务功能则主要体现内部功能。因此，自由贸易试验区能级提升包含自身量级的提升（内部功能）和扩散能力的提高（外部功能），结合自由贸易试验区的发展趋势，以发展目标为导向，以波特钻石模式为基础，以先进自由港与自由贸易试验区发展实践为参考，构建自由贸易试验区竞争力模型，包括六大要素：经济实现、开放程度、功能培育、环境支撑、政府与市场，如图3所示。

经济实现是指基于自由贸易试验区的服务于经济本质实现的微观、宏观发展目标。传统的微观经济目标包括增加贸易机会、外汇创收、技术体系引进等，在后疫情时代新兴经济体的自由贸易试验区发展规划中，自由贸易试验区承载了更多的区域发展宏观目标，包括发展战略调整、经济功能升级、发展方式转变、融入全球市场、建立新型经贸关系等方面，其被赋予了更多战略层次的意义。开放程度是自由贸易试验区发展的控制杠杆。取消贸易限制是自由贸易试验区设立的基础，随着自由贸易试验区功能的不断升级，自由贸易试验区在保有贸易开放和保税区基本职能的基础上，进一步开放了金融、电信、保险、投资管理、医疗卫生、教育等领域，银行业和信息通信服务等行业的投资者准入限制也逐步放宽，从而在一定程度上使投资的自由化程度得到了提升，这种多层次、全方位的开放布局拓宽了自由贸易试验区能级辐射通道，是扩散能力提高、能级提升的关键。功能培育则以产业经济功能为主，兼顾服务功能开发。自由贸易试验区为契合区域产业链、价值链升级的趋势和要求，已逐渐由传统的"制

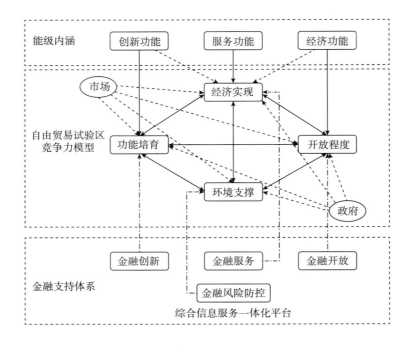

图3 路径与机制

造＋贸易"向"科技＋金融"转变，以知识、信息、技术、金融服务为特征的新贸易经济形式推动了传统自由贸易试验区的升级转型。新经济功能培育激发新的创新活力，促使政府导向型管理向企业与政府混合管理及跨领域服务管理模式转变，从而为知识要素、科技创新的扩散与集聚提供了更加便利的通道。环境支撑包括有形的基建环境和无形的制度软环境。区内基础设施建设和基于不同交通架构与互联网技术的现代物流系统及信息服务系统形成的综合服务平台可推进区域经济体系快速、高效地配置全球资源，是商品与服务流通的基础。同时，高效的管理机制、有效的监管和风险防范体系及与国际规则接轨的制度创新是促进贸易自由、投资自由、人员自由等领域逐渐缩小与国际领先水平的差异的必要条件。此外，市场以其经济需求及"无形"规律作用于其他要素；由于自由贸易试验区发展具有重大战略性、风险性等特点，包括中央和地方政府在内的政府部门也是竞争力不可缺少的构成主体，在发展战略制定、政策支持、环境优化、治理创新等方面发挥着难以替代的作用。

总体而言，经济实现是自由贸易试验区服务经济的直接产能体现，决定了自由贸易试验区发展的方向和功能导向，反映自由贸易试验区发展水平，是能级提升内涵中"服务功能"的直接体现；开放程度则决定了要素配置的自由度和开放的领域及深度，拓宽了经济集聚与扩散的通道选择，是能级提升"经济功能"的直接体现；功能培育是自由贸易试验区量级提升的实践方式、发展手段和路径，决定了自由贸易试验区经济生态的完整性，是建立高品质服务经济、缩小与世界先进水平差距的重要板块，是能级提升"创新功能"的直接反映；环境支撑是自由贸易试验区发展的基础保障，是政策试行、新经济孵化及对外开放安全发展的基准防线。不论是从能级提升的内涵还是从竞争力模型中的关键要素来看，各个功能板块间并不是完全割裂的，而是相互依存、相互影响、相互促进，因此，提升自由贸易试验区能级，需要对自由贸易试验区核心竞争力进行全方面的评价，对于弱势板块需要有选择、有重点地补短板，同时，关注各要素空间结构的平衡优化。

（三）自由贸易试验区能级提升与双轨金融圈关联分析

基于自由贸易试验区竞争力模型，对于双轨金融圈中在岸金融市场，金融制度创新涵盖于能级提升中的功能培育，利率市场化涵盖于环境支撑，金融机构发展涵盖于经济实现和环境支撑，科技文化金融涵盖于功能培育，金融风险防控涵盖于环境支撑。对于双轨金融圈中离岸金融市场，外汇管理涵盖于功能培育中金融制度创新，跨境投融资业务具体表现于经济实现与开放程度，资本项目可兑换涵盖于功能培育。如图4所示。

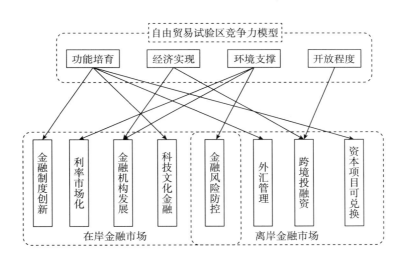

图4 关联分析

在岸、离岸双轨金融圈的构建对自由贸易试验区能级提升具有强化作用；反之，能级提升对于双轨金融圈的建立和发展提供了良好的基础条件。因此，在河南自由贸易试验区能级提升的总体框架下研究在岸、离岸双轨金融圈，不仅是当今金融发展的客观现实需求，更是以市场为导向、需求为基础，推进金融体制和机制创新、金融产品和服务创新、金融工具和技术创新，不断开发金融新产品、新业务，满足经济社会发展新需求。

（四）能级提升目标下金融支持体系的构建与完善

如前所述，作为具有特殊功能目标的经济综合体，自由贸易试验区的金融支持体系建设是提升自由贸易试验区竞争力、助力自由贸易试验区能级提升的关键。金融支持体系作为保障经济健康快速发展的重要工具，一直以来都是学者关注的焦点。张岭（2015）基于创新驱动发展对金融服务的需求，分析了金融体系支持创新驱动发展战略的路径和作用机制，指出创新驱动发展战略需要金融体系重点给予种子期和初创期企业足够的融资服务支持，强调风险投资在科技与金融融合中的重要作用。秦军（2011）根据科技型企业生命周期中的不同发展阶段的资金需求，从微观的金融机构和金融工具创新角度提出金融支持体系建设。有关自由贸易试验区金融支持体系建设的相关研究相对较少。郑豫晓（2015）通过梳理和总结国内外自由贸易试验区及金融发展的先进经验，提出郑州航空港经济综合实验区建设中金融发展要着力建设系统性融资体系，发展高端金融产业，积极培育本地金融品牌，在用足现有金融政策的同时，积极争取可能突破的政策措施。李靖（2018）从金融监管创新、金融机构创新、金融业务创新三个维度提出促进河南自由贸易试验区建设的发展路径。徐美芳（2015）在研究上海自由贸易试验区和长三角地区的能级提升问题时，指出发展高端金融服务业如航运金融、船舶融资、航运衍生品等可促进实现更高标准、更高要求的开放。综合现有金融支持体系研究可以看出，首先，对于金融支持体系的建设，多偏重于从微观视角探析具体金融机构与金融工具的开发，从宏观层面系统剖析金融体系的框架构建则显得薄弱；其次，对于金融体系的阐述较为泛化，没有可量化的系统指标体系或考量措施；最后，自由贸易试验区金融支持体系建设的地方特色性较强，亟待建立一套可复制、可推广、可动态调整的金融支持体系，并使之更具有科学性、可操作性。

1. 金融支持体系的构建理念

作为自由贸易试验区建设的重要内容之一，金融支持体系的构建与完善不仅为自由贸易试验区发展提供了重要支撑，也为我国建立更高层次的对外开放格局提供了有力支持。由于不同经济发展阶段的经济体具有不同的要素禀赋结构，不同产业的企业具有不同的规模特征、风险特性和融资需求，故而，不同的经济实体对于金融服务的需求存在系统性差异，因此，自由贸易试验区因其特殊的经营活动和经济职能，必须要建立与之相适应的金融服务体系和金融支持体系。传统的金融支持体系是根据服务对象成长周期不同阶段的资金需求进行不同类型资金供给的动态匹配过程，而笔者倡导的金融体系支持自由贸易试验区能级提升的路径，则是金融体系针对自由贸易试验区发展中各个目标功能模块，根据各阶段的创新特征、产品特征、风险特征，进行资金需求和资金来源上的动态匹配。可见，传统的金融体系构建更侧重于微观的、纵向的成长周期的动态演化，而鉴于自由贸易试验区建设时间较短，铺设横向覆盖各个功能模块的金融体系，保证切面时点金融功能的完善则是助力自由贸易试验区能级提升的基本保障，在此基础上，实现纵向时间轴上的动态创新演变，以逐步适应不同阶段的需求。本文正是基于能级提升的内涵，以目标需求为导向，为每一个发展板块提供相适应的金融改革方向，包括金融服务、金融开放、金融创新和金融风险防控，并给出具体的评价指标，为自由贸易试验区金融改革的发展提供有针对性的、指导性的建议。

拓展金融服务功能是提高自由贸易试验区服务效率、有效增加区内产能的重要举措。对于金融服务功能的拓展有以下几个方面：一是开展跨境电子商务金融服务，采纳跨境电子商务人民币结算，推动跨境电子商务线上融资及担保方式的创新，鼓励保险机构发展出口信用保险等，进一步拓宽服务领域。二是支持自由贸易试验区发展科技金融，按照国务院统一部署，积极争取纳入投贷联动试点，创建金融集成电路（IC）卡"一卡通"示范区。三是简化资金池管理，允许经银行审核真实、合法的电子单证办理经常项目集中收付汇、轧差净额结算业务。进一步推进内资融资租赁企业试点，注册地在自由贸易试验区以内的内资融资租赁试点企业由自由贸易试验区所在省级商务主管部门和同级国家税务局审核；加强事中事后监管，探索建立融资租赁企业设立和变更的备案制度、违反行业管理规定的处罚制度、失信和经营异常企业公示制度、属地监管部门对企业定期抽查检查制度。四是支持在自由贸易试验区设立金融租赁公司、融资租赁公司。在符合相关规定的前提下，设立项目公司，开展飞机、工程机械、大型设备等融资租赁业务。允许自由贸易试验区内符合条件的融资租赁业务收取外币租金。支持商业保理业务的发展，探索适合商业保理发展的监管模式。金融服务功能的拓展降低了资本流入、流出的门槛，节省了资金跨境的成本，有效推动跨境资本自由流动。金融服务功能的发展对小微企业融资环境有较大的改善，提高了区内企业的存活能力，给自由贸易试验区发展带来活力和保障。

金融开放是将内地资本市场与国际资本市场连接起来的桥梁，也是能级提升的主要扩散通道。金融开放涉及国际贸易、银行、证券、保险等全方位、多层次的开放，是其他行业领域实现开放的基础和重要工具。金融开放的具体举措包括：一是简化经常项目外汇收支手续，在真实、合法交易基础上，自由贸易试验区内货物贸易外汇管理分类等级为 A 类企业的外汇收入无须开立待核查账户。二是推动金融服务业对符合条件的民营资本有序开放，在符合现行法律法规及国家政策导向的前提下，允许符合条件的境内纯中资民营企业在自由贸易试验区依法发起设立中小型银行等金融机构。探索自由贸易试验区内符合条件的单位和个人按照规定双向投资于境内外证券市场。三是允许外资股权投资管理机构、外资创业投资管理机构在自由贸易试验区发起管理人民币股权投资和创业投资基金。支持发展总部经济，放宽跨国公司外汇资金集中运营管理准入条件。逐步允许境外企业参与商品期货交易。支持保险机构在自由贸易试验区内开展业务创新，探索特殊风险分散机制，加大再保险对巨灾保险、特殊风险的保险保障力度。取消对自由贸易试验区内保险分支公司高管人员任职资格的事前审批，由省级银保监机构实施备案管理。

金融创新助力自由贸易试验区内新经济功能的培育，集中催化融资方式的创新。

在开放经济环境下，跨境融资是对国内融资的有效补充，跨境投融资的开放与创新重点解决了中小企业融资难、融资贵问题。不仅降低了企业生产成本，而且给自由贸易试验区内金融机构的发展带来了新的机遇。推动跨境投融资创新，探索建立与自由贸易试验区相适应的本外币账户管理体系，将促进跨境贸易、投融资结算便利化。在健全风险防控机制的前提下，允许自由贸易试验区内符合条件的企业、金融机构按照有关规定通过贷款、发债等形式从境外自主融入本外币资金，拓宽境外资金回流渠道。允许自由贸易试验区内跨国企业集团开展跨境双向人民币资金池业务。允许自由贸易试验区内企业的境外母公司按照有关规定在境内发行人民币债券。自由贸易试验区内银行可按有关规定发放境外项目人民币贷款。支持开展人民币跨境再保险业务，培育发展再保险市场。支持自由贸易试验区内符合互认条件的基金产品参与内地与香港基金产品互认。

金融风险防控是自由贸易试验区环境建设的重要子系统之一，是金融体系对自由贸易试验区发展的各个功能目标模块和各个阶段所面临的技术风险、市场风险、融资风险、管理风险和政策风险的动态风险管理过程。可通过以下措施建立健全金融风险防控体系：一是建立对持有各类牌照金融机构的分类监管机制，健全符合自由贸易试验区内金融业发展实际的监控指标，完善金融监管措施，加强监管协调与合作，确保自由贸易试验区内金融机构风险可控。二是逐步建立跨境资金流动风险监管机制，对企业跨境收支进行全面监测评价。做好反洗钱、反恐怖融资、反逃税工作，防范非法资金跨境、跨区流动。三是建立健全自由贸易试验区金融消费者权益保护工作机制等。

金融支持体系通过发挥其动员储蓄、管理风险、处理信息、便利交易、创新工具、公司治理等金融服务功能，对资源的潜在价值和市场潜力进行风险识别，进而实现产能资源（科技、知识、技术）和金融资源的有效对接，形成创新链和融资链的良好匹配，在提高自由贸易试验区自身量级的基础上增强其经济和科技创新的扩散力和辐射力。

2. 金融支持体系的具体指标

基于能级提升的内涵与自由贸易试验区竞争力模型，尝试寻找符合自由贸易试验区发展定位的金融机构体系，以提供优质高效的金融服务、推进多元化的境内外融资、推动双向便利的跨境投资、建立法治化的金融风险防控机制等。结合后疫情时代河南自由贸易试验区新的战略定位，对"金融开放""金融服务""跨境投融资""金融风险防控"四个一级指标设置细化指标，以期为量化评估和短板解析建立客观、全面的参照系，如表1所示。

（1）金融开放一级指标：下设国际贸易开放现状、银行业开放现状、证券业开放现状、保险业开放现状和境外机构投资者发展现状五个二级指标。开放程度是指自由贸易试验区所在区域的对内对外开放范围和程度，其对国内外投资商和资金的黏滞力有重要影响，可将河南省资本市场与国际资本市场有效连接起来。故而，主要采用自由贸易试验区进出货总额，银行、证券、保险等金融机构数量和金融机构交易额等三级指标加以衡量。

表 1　自由贸易试验区能级提升的金融支持指标体系

一级指标	二级指标	三级指标
金融开放	国际贸易开放现状	自由贸易试验区内进出口企业
		自由贸易试验区进出口总值
		自由贸易试验区出口总值
		自由贸易试验区进口总值
	银行业开放现状	外资法人银行数量
		内资法人银行数量
		外资银行分行数量
		境外银行设立代表处数量
	银行业开放现状	外资银行资产规模
		外资银行产品种类数量
		外资银行交易份额和占比
	证券业开放现状	合法证券分支机构数量
		证券公司机构
		外资以及合资证券机构数量（分支）
		合法期货分支机构数量
		外资期货公司
	保险业开放现状	外资以及合资保险公司数量
		合资保险公司保费收入
		合资保险公司保费市场占比
		保险赔付总额
	境外机构投资者发展现状	合格境外机构投资者投资额度限制
		合格境外机构投资者累计审批额度
		合格境外机构投资者数量
		中国外资直接投资 FDI 总额
金融服务	跨境电子商务	跨境电商交易额
		跨境贸易人民币结算业务总额
		跨境人民币业务累计收支总额
		跨境电子商务企业数量
		跨境电商企业融资总额
	金融 IC 卡	金融 IC 卡订购量
		金融 IC 卡占银联标识卡订购量
		通用 IC 卡交易总额

续表

一级指标	二级指标	三级指标
金融服务	文化金融	银联云闪付业务交易额
		文化旅游保险业务交易额
		国际艺术品保险服务交易额
	科技金融	科技型中小微企业数量
		科创企业融资渠道
		科技创新的保险产品和服务种类
跨境投融资	境内人民币流出	人民币流出总额
		人民币流向国别结构
	境外人民币流入	人民币流入总额
		人民币来源国别结构
	境内融资	资本市场融资活跃度
		小微企业贷款余额占各项贷款余额比例
		小微企业申贷获得率
	境外融资	境外机构区内发行人民币债券总额
		境外项目获得人民币贷款总额
		人民币跨境再保险业务总额
		区内与香港基金产品互认总额
	融资租赁	融资租赁交易额
		融资租赁企业数量
		失信企业数量
		融资租赁违约总额
金融风险防控	宏观经济环境	GDP 增长率
		CPI 指数
		对外贸易依存度
		M2 增长率
	金融机构风险	资本充足率
		净资产收益率
		不良贷款率
	外部市场环境	实际有效汇率波动
		中美一年期存款利差
		国外间接投资与 FDI 之比
		超额备付金率

（2）金融服务一级指标：下设跨境电子商务、金融 IC 卡、文化金融、科技金融四

个二级指标。《中国（河南）自由贸易试验区金融服务体系建设专项方案》明确指出，为提供优质高效的金融服务，中国人民银行郑州中心支行等各级单位纷纷牵头，着力强化跨境金融服务功能、拓展跨境电商金融服务半径、推进发展科技金融、促进文化金融发展。因此，上述二级指标反映了自由贸易试验区中各单位的实施效果。在借鉴各自由贸易试验区指标体系并结合河南自由贸易试验区总体方案中金融服务建设目标的基础上，跨境电子商务下设跨境电商交易额、跨境贸易人民币结算业务总额、跨境人民币业务累计收支总额、跨境电子商务企业数量、跨境电商企业融资总额五项三级指标，反映自由贸易试验区跨境电子商务发展规模和实际情况；金融 IC 卡下设金融 IC 卡订购量、金融 IC 卡占银联标识卡订购量、通用 IC 卡交易总额三项三级指标，反映创建金融 IC 卡"一卡通"示范区的实施效果；文化金融下设银联云闪付业务交易额、文化旅游保险业务交易额、国际艺术品保险服务交易额三项三级指标，反映自由贸易试验区鼓励银联云闪付业务发展，积极发展文化旅游保险业务，重点发展国际艺术品仓储物流保险服务和艺术品保险服务建设效果；科技金融下设科技型中小微企业数量、科创企业融资渠道、科技创新的保险产品和服务种类三项三级指标，反映推进河南省科技金融发展的状况。

（3）跨境投融资一级指标：下设融资租赁、境内人民币流出、境外人民币流入、境内融资、境外融资五个二级指标。在开放经济环境下，跨境投融资是对国内融资的有效补充，跨境投融资的开放与创新重点解决了中小企业融资渠道单一且融资贵的问题，提高了金融跨境服务便利化水平。支持金融机构在自由贸易试验区内试点实施资本项目外汇收入支付便利化业务，为自由贸易试验区企业提供便利化的境内直接投资、境内股权投资、外债模式变更、外债注销登记、跨境融资等跨境金融服务，将有利于实现金融自由，激发能级提升。

（4）金融风险防控一级指标：下设宏观经济环境、金融机构风险、外部市场环境三个二级指标。党的十九大进一步明确，健全金融监管体系，守住不发生系统性金融风险的底线，是开放型金融体系和构建金融监管体系的战略目标。在借鉴系统性金融风险预警指标体系并结合河南自由贸易试验区总体方案中金融风险防范目标的基础上，宏观经济环境下设 GDP 增长率、CPI 指数、M2 增长率、对外贸易依存度四项三级指标，GDP 增长率反映经济增长的速度。增长过快，说明经济过热，容易出现通货膨胀；增长过慢，意味着经济可能陷入衰退。CPI 指数高意味着货币的大幅度贬值，持续的高通货膨胀率更可能危及金融系统的安全。M2 指数过快增长，一方面意味着储蓄存款的过快增长，另一方面意味着不良贷款的快速增加，一旦社会信用链中断，就可能导致整个社会信用的崩溃和金融秩序的紊乱。金融机构风险下设资本充足率、净资产收益率、不良贷款率三项三级指标。这些指标能够直接代表银行抵御流动性风险的能力、银行经营情况以及银行体系自身存在的风险。外部市场环境下设实际有效汇率波动、中美一年期存款利差、国外间接投资与 FDI 之比、超额备付金率四项三级指标，实际有效汇率波动衡量人民币与外币的实际有效汇率的波动情况，国外间接投资与 FDI 之比衡量外资投资证券等资本市场与直接投资的比值，比值越大，说明外资对中国金融市场影响越大。超额备付金率则用于衡量银行的流动性和清偿能力。

（五）基于模糊 AHP 的金融支持体系的量化分析

基于上文构建的金融支持体系，将模糊三角数与 AHP 法结合，对相应的指标进行赋权，以期挖掘自由贸易试验区金融体系建设中各个功能指标的相对重要性，并在以后的发展中根据现实获得数据定位和解析自由贸易试验区发展的短板，进行有针对性的完善。在已构建的金融支持体系基础上，模糊 AHP 法通过专家打分对各层级指标构建模糊判断矩阵，利用特征向量法求解指标的权重向量，最后，经去模糊化及归一化操作，最终得出整个指标体系的具体权重。具体步骤如下：

1. 模糊性、不确定性的存在制约了传统层次分析法的性能

为此，使用模糊 AHP 法计算各级指标的权重，通过专家打分法对指标的相对重要性进行两两比较，用三角模糊数表示其语义值，具体语义及相应模糊数如表 2 所示。

表 2　语言变量和对应的三角模糊数

语言变量	模糊数
同等重要	(1, 1, 1)
稍微重要	(1, 1, 2)
中度重要	(1, 2, 3)
强烈重要	(2, 3, 4)
绝对重要	(3, 4, 5)
稍微不重要	(1/2, 1, 1)
中度不重要	(1/3, 1/2, 1)
强烈不重要	(1/4, 1/3, 1/2)
绝对不重要	(1/5, 1/4, 1/3)

根据表 2 中给定的标度值，邀请业内专家及进行相关研究的学者对各级指标进行两两比较，给出相应的评判结果，取均值修正后得到指标相对重要程度的评判结果，构造判断矩阵。表 3 为一级指标的判断矩阵。

表 3　一级指标判断矩阵

	金融开放	金融服务	跨境投融资	金融风险防控
金融开放	(1, 1, 1)	(3/4, 3/2, 2)	(2, 3, 4)	(1, 1, 3/2)
金融服务	(2/3, 3/4, 3/2)	(1, 1, 1)	(5/2, 7/2, 9/2)	(1, 1, 3/2)
跨境投融资	(4/15, 3/8, 2/3)	(7/24, 5/12, 3/4)	(1, 1, 1)	(1/3, 1/2, 1)
金融风险防控	(3/4, 1, 1)	(3/4, 1, 1)	(1, 2, 3)	(1, 1, 1)

2. 采用特征向量法计算模糊权重向量

首先，每一指标的模糊权重计算如下：

$$\begin{cases} r_i = (a_{i1} \otimes a_{i2} \otimes \cdots \otimes a_{in})^{\frac{1}{n}}, \ i = 1, 2, \cdots, m \\ w_i = \dfrac{r_i}{r_1 \oplus r_2 \oplus \cdots \oplus r_n}, \ i = 1, 2, \cdots, m \end{cases}$$

其中，a_{ij} 为同一层级中判断矩阵 A 中的具体向量，r_i 是指标 i 与同一级每一指标的模糊比较值的几何平均，w_i 是指标 i 的模糊权重。

其次，由上式可得各层级模糊权重，在本文中可得三级模糊权重 w，w_i，w_{ij}，则三级指标的最终权重向量可由三者乘积得到，即：

$$w_j = w \times w_i \times w_{ij}, \ i = 1, 2, \cdots, m; \ j = 1, 2, \cdots, n$$

最后，需要将三角模糊数去模糊化转化为精确数，采用模糊加权均值法，然后归一化。即：

$$w_{ij} = \frac{w_{ij}^l + 2w_{ij}^m + w_{ij}^u}{4}, \ i = 1, 2, \cdots, m; \ j = 1, 2, \cdots, n$$

据此，可以得到各个层级的最终指标权重值，如表4所示。

表4　指标标准权重

三级指标	权重	三级指标	权重
自由贸易试验区内进出口企业	0.0254	银联云闪付业务交易额	0.0225
自由贸易试验区进出口总值	0.0196	文化旅游保险业务交易额	0.0235
自由贸易试验区出口总值	0.0175	国际艺术品保险服务交易额	0.0240
自由贸易试验区进口总值	0.0175	科技型中小微企业数量	0.0393
外资法人银行数量	0.0143	科创企业融资渠道	0.0302
内资法人银行数量	0.0166	科技创新的保险产品和服务种类	0.0230
外资银行分行数量	0.0128	人民币流出总额	0.0122
境外银行设立代表处数量	0.0133	人民币流向国别结构	0.0122
外资银行资产规模	0.0133	人民币流入总额	0.0122
外资银行产品种类数量	0.0131	人民币来源国别结构	0.0122
外资银行交易份额和占比	0.0127	资本市场融资活跃度	0.0070
合法证券分支机构数量	0.0114	小微企业贷款余额占各项贷款余额比例	0.0082
证券公司机构	0.0141	小微企业申贷获得率	0.0091
外资以及合资证券机构数量（分支）	0.0107	境外机构区内发行人民币债券总额	0.0081
合法期货分支机构数量	0.0087	境外项目获得人民币贷款总额	0.0091
外资期货公司	0.0098	人民币跨境再保险业务总额	0.0081
外资以及合资保险公司数量	0.0113	区内与香港基金产品互认总额	0.0053

续表

三级指标	权重	三级指标	权重
合资保险公司保费收入	0.0089	融资租赁交易额	0.0054
合资保险公司保费市场占比	0.0105	融资租赁企业数量	0.0066
保险赔付总额	0.0068	失信企业数量	0.0030
合格境外机构投资者投资额度限制	0.0083	融资租赁违约总额	0.0034
合格境外机构投资者累计审批额度	0.0084	GDP 增长率	0.0148
合格境外机构投资者数量	0.0106	CPI 指数	0.0167
中国外资直接投资 FDI 总额	0.0118	对外贸易依存度	0.0221
跨境电商交易额	0.0203	M2 增长率	0.0210
跨境贸易人民币结算业务总额	0.0137	资本充足率	0.0372
跨境人民币业务累计收支总额	0.0137	净资产收益率	0.0308
跨境电子商务企业数量	0.0200	不良贷款率	0.0427
跨境电商企业融资总额	0.0137	实际有效汇率波动	0.0257
金融 IC 卡订购量	0.0226	中美一年期存款利差	0.0144
金融 IC 卡占银联标识卡订购量	0.0193	国外间接投资与 FDI 之比	0.0186
通用 IC 卡交易总额	0.0251	超额备付金率	0.0157

资料来源：河南自由贸易试验区内工作人员、政府相关部门工作人员、金融机构从业人员等填写的调查问卷。

根据最终的权重结果和专家对金融支持体系内的指标的相对重要程度的评判，具体评价分析如下：第一，从一级指标的权重分析，金融服务（0.3109）是金融支持体系中影响自由贸易试验区能级提升最为重要的指标和金融环境建设的重要子系统之一，本质上自由贸易试验区经济是一种扩展性的服务经济，金融服务是自由贸易试验区发挥自身功能的重要基础，在贸易基础上开放金融服务范围、创新金融服务方式是促进自由贸易试验区发展的重要出发点。其余依次为金融开放（0.3072）、金融风险防控（0.2597）、跨境投融资（0.1221）。从一级指标可以看出，金融支持体系对河南自由贸易试验区能级提升的作用路径与机制优势主要是稳步提升银行业开放现状（0.096）和国际贸易开放现状（0.079）；与其他国内自由贸易港区相比，河南自由贸易试验区的金融创新还存在一定差距，还需注重制度创新和体制机制创新，从而不断完善和推动金融创新，探索建立与自由贸易试验区相适应的本外币账户管理体系，促进跨境贸易、投融资结算便利化，为入驻企业提供良好的公共服务和公平的市场环境；作为典型的内陆自由贸易试验区，河南自由贸易试验区的金融服务已初显成效，为自由贸易试验区内的企业提供成本更低、灵活性更强、门槛更低的融资手段，使园区企业实现最大化资源配置，减轻巨额固定成本的负担。

第二，从金融服务层面的权重可以看出，二级指标的权重依次为科技金融（0.0925）、跨境电子商务（0.0814）、文化金融（0.0700）和金融 IC 卡（0.0670）。

科技金融使得河南自由贸易试验区在对标国际高标准自由贸易试验区建设，投资环境国际化、便利化，政务服务效率等方面发挥自身特有属性，例如，郑州国际陆港开发建设有限公司为自由贸易试验区设计了批量汇款预处理系统＋中银全球智汇产品（GPI），为跨境电商和新型城镇化建设等项目提供更好的服务平台；郑州宇通财务有限公司成为河南省首家获得即期结售汇业务经营资格的非银行金融机构；郑州商品交易所 PTA 期货引入境外交易者获批，向期货国际化迈出一大步。开展跨境电子商务金融服务，采纳跨境电子商务人民币结算，推动跨境电子商务线上融资及担保方式的创新，鼓励保险机构发展出口信用保险等，从而进一步拓宽服务领域；文化金融在河南自由贸易试验区开封片区中已初显势态，先后探索形成以"文化＋"及大文化建设为载体的文化旅游、文化传媒、艺术品交易等文化服务产业；河南特色的金融 IC 卡"一卡通"示范区简化资金池管理，允许经银行审核真实、合法的电子单证办理经常项目集中收付汇、轧差净额结算业务。

第三，从金融开放层面的二级指标权重可以看出，银行业开放现状（0.0961）是影响河南自由贸易试验区金融业发展最为重要的要素，证券业开放现状（0.0547）和保险业开放现状（0.0375）分列其后；从三级指标层面来看，河南需要积极进行一系列制度创新，如进一步提高外汇审核简化度，不断完善货物状态分类监管机制和科技成果转化机制，营造良好的营商环境，提高入驻企业的满意度，扩大自由贸易试验区的吸引力。

第四，从跨境投融资层面的权重可以看出，境外融资（0.0306）是影响金融支持体系对于自由贸易试验区能级提升最为重要的因素，其余依次为境内融资（0.0243）和融资租赁（0.0184）；这与目前自由贸易试验区建设过程金融创新助力区内新经济功能的培育、集中催化融资方式的创新基本契合，推动跨境投融资创新，探索建立与自由贸易试验区相适应的本外币账户管理体系，将促进跨境贸易、投融资结算便利化。

第五，从所有三级指标权重可以看出，不良贷款率、科技型中小微企业数量、资本充足率、净资产收益率和科创企业融资渠道五个指标权重排序在前五位，具体数值为 0.0427、0.0393、0.0372、0.0308 和 0.0302。其中，不良贷款率、资本充足率与净资产收益率是金融风险防控层面下金融机构风险的具体内设指标，可见，在金融支持体系的建设中金融风险防范是至关重要的一环，规范金融机构融资行为以有效、及时防范风险漏洞也是建设自由贸易试验区综合金融服务平台的基础保障。科技型中小微企业数量和科创企业融资渠道占比较大，从侧面反映出我国自由贸易试验区建设正在从"制造＋贸易"向"科技＋金融"转变的态势。

通过探究金融支持体系对自由贸易试验区能级提升的作用路径与机制，有针对性、有重点地构建契合自由贸易试验区发展的金融支持指标体系，并对各级指标进行赋权，以期在自由贸易试验区发展中动态监测金融发展状况，不仅可以及时定位发展短板并对相关管理做出指导与建议，同时，也能够对其他自由贸易试验区的发展提供经验和参照。能级提升这一概念被广泛用于城市场及旅游场等相关延伸领域中，自由贸易试验区这一特殊经济形态内部具有的资源流动链条和相应交通条件与基础设施为其功能的辐射与扩散提供了有效途径。不仅如此，后疫情时代背景下，城市群"弓弦箭"布局规划、新的"三位一体"金融体系构想以及两体系和一枢纽建设给河南自由贸易试验区带来新的机遇和挑战，力求高站位、宽视野，完全可以将城市竞争力扩展至自由贸易试验区的能级提升和区域新布局。可见，河南试验区未来承接着新使命、新功能、新作用，因而能级提升具有一定的适用性。此外，试验区本身弱化了地理空间上距离的作用，其自身功能的扩散与辐射更强调区内各功能板块的升级和通过各类"流"空间加速功能的经济实现与对链接地区的功能释放。因此，一方面强调自由贸易试验区自身量级的扩大，另一方面则注重扩散通道的扩充。通过引入钻石模型将自由贸易试验区能级提升的功能目标具体化，并为金融支持体系的构建提供理论和现实依据。创新功能指导下自由贸易试验区更注重新的功能培育与深化，自由贸易试验区的服务功能建设强调基于贸易服务及相关延伸服务创造的经济实现，即基本的经济收益目标的实现，经济功能的扩散则与自由贸易试验区开放程度紧密联系，而自由贸易试验区的开放性给功能的扩散与辐射提供更多的选择通道。针对各个功能板块，培育与目标构建相应的金融支持体系，形成集金融创新、金融服务、金融开放和金融风险防控于一体的综合信息化服务平台。

通过构建具有三级指标的金融支持体系，同时结合层次分析法与模糊数理论，对金融支持体系各内部指标进行赋权。研究发现，排名较为靠前的是隶属于金融风险防范与金融服务层级下的相关指标。由此可见，自由贸易试验区发展过程中风险的防范与化解日益重要，尤其是在后疫情时代下，金融预警体系的完善与事前防范应提上日程；金融服务尤其是权重较大的与科技型企业相关的金融服务将助力于培养河南自由贸易试验区新的经济增长点，有助于推动自由贸易试验区向"科技＋金融"方向发展和转型。

综上所述，基于对自由贸易试验区能级提升作用路径的探究，建立起全方位支持功能板块升级与发展的金融支持体系，并利用模糊 AHP 法对相关指标进行赋权，可望形成较为科学且被各地自由贸易试验区共享的动态评价指标体系。由于统计口径不一，数据的定量分析和各自由贸易试验区的比较研究尚存在一定困难，且自由贸易试验区的能级提升是一个渐进的、长期的、动态的演变过程，未来仍需要基于更长的时间维度、更多的实验样本，从系统演变、系统韧性等角度进行其作用机制、途径等方面的深度探讨和动态分析。

六、河南自由贸易试验区的短板解析

（一）金融开放亟待完善

从动态角度看，金融开放是指一个国家（或地区）由金融封闭状态向金融开放状态转变的过程。对自由贸易试验区金融开放的界定比较有代表性的指标有：外资法人银行数量、外贸依存度、自由贸易试验区进出口总额、自由贸易试验区内累计企业数量。由表5可知，河南自由贸易试验区金融开放发展相对落后，相比于我国发达地区而言，河南自由贸易试验区存在着外资金融机构不足、外贸依存度高、自由贸易试验区进出口总额较少的问题。

表5 2019年各省份金融开放情况

省份	外资法人银行数量（家）	自由贸易试验区进出口总额（亿元）	外贸依存度（%）	自由贸易试验区内累计企业数量（户）
河南	3	368.3	52.19	5万
辽宁	17	1541.7	47.31	5.8万
浙江	8	1342.1	31.77	6万
湖北	7	1536.5	17.11	4.7万
四川	12	659.31	24.53	9.6万

资料来源：河南省商务厅全省商务运行分析。

对比各省份外资法人银行数量，河南现有的外资法人银行只有汇丰银行、东亚银行、渣打银行。表5中河南自由贸易试验区2019年进出口总额为368.3亿元，明显落后于同批次的辽宁、浙江、湖北、四川自由贸易试验区。

河南省商务厅数据显示，2019年，世界500强企业特斯拉落户河南自由贸易试验区郑州片区，目前，在豫世界500强企业总数达到130家。截至2019年底，河南省累计引进各类外资企业超过1.3万家，引进世界500强企业累计161家，主要投资环保、金融、高新技术等行业；广东外资企业超17.85万户，2019年全年实际吸收外商投资187.3亿美元，实际利用外资1500亿元。

（二）融资租赁行业发展缓慢造成中小企业融资难

河南自由贸易试验区内企业数量众多，且以中小微企业、民营企业为主，这些企业普遍抗风险能力不强。近两年，随着金融市场资金收紧，这些小微企业、民营企业通过各种渠道进行融资的难度加大。融资租赁作为一种新型融资方式，在直接服务于实体经济、中小企业融资、企业技术升级改造、设备进出口、商品流通等方面具有重要的作用，是推动产融结合、发展实体经济的重要手段，是解决中小企业融资难题的一种有效方式。

由表6可知，河南省融资租赁业当前尚处于起步阶段。受社会认知度低、信用环境不佳、经营者融资难度大、企业缺乏经验和人才等因素影响，融资租赁企业起步晚、发展慢、基础差，融资租赁业在全省的覆盖面和市场渗透率低，无论是融资租赁企业竞争实力，还是行业整体影响力，远低于全国平均水平，远落后于广州、天津和上海等地，亟待大力培育和发展。目前，河南省经批准设立的融资租赁企业仅有34家，占全国比重为0.29%，与国内其他省份的差距说明了河南省的融资租赁行业发展空间巨大。

表6　中国融资租赁企业地域分布

省份	金融租赁（家）	内资租赁（家）	外资租赁（家）	总数（家）	占全国比重（%）
广东	6	29	4180	4215	35.79
上海	10	25	2175	2210	18.77
天津	11	112	1885	2008	17.05
浙江	4	29	435	468	3.97
四川	1	9	52	62	0.53
湖北	3	14	46	65	0.55
河南	2	2	30	34	0.29
福建	2	10	442	454	3.85
江苏	5	23	266	294	2.50

注：数据截至2019年12月31日。

资料来源：中国租赁联盟网站。

（三）金融服务理念落后

1. 服务意识不强

官本位意识浓厚，重管理轻服务，政务服务和公共服务与沿海开放发达地区还存在较大差距。随着广东实施"保姆式"服务、浙江实施"店小二"服务、浙江和广东推出"网上政务服务"，河南自由贸易试验区与其他省自由贸易试验区相比，在服务能效方面存在进一步拉大差距的风险。

2. 开放意识不足

河南长期受内陆农耕文明影响，形成了重传承、求平稳、自给自足的相对保守的文化，与发达地区海洋文明的重创新、鼓励冒险、包容开放的相对多元文化形成了鲜明对比，开放创新意识不强，从而不利于市场经济的发展。

3. 担当意识不够

存在遇到问题绕着走、能躲就躲、躲不开就拖、以会议代替解决方案等倾向。存在法治意识不强，仍习惯于简单命令、行政审批，不善于运用法治思维和法治方式处理问题等风险。这些都与上海、浙江、广东等自由贸易试验区的自主改、大胆闯有一定差距。

（四）企业多而不强

河南自由贸易试验区内拥有众多旅游品牌（如鸡公山、少林寺、龙门石窟、清明上河园等）和企业品牌（牧原、双汇、宇通、好想你、思念），但是缺乏龙头带动企业。另外，河南自由贸易试验区内部品牌建设能力较差。例如，少林寺是我国传统佛家文化的中心，驰名中外，每年吸引大量国内外游客到少林寺进行游览，但是少林寺景点周边的公共交通设施、酒店、导游管理等配套混乱，严重影响了少林寺的品牌形象。在企业方面，当前河南自由贸易试验区内著名企业品牌主要集中于食品行业、制造行业。食品行业由于行业的特殊性，需要严加监管，稍有放松就可能对消费者造成极大的损害，甚至严重影响河南自由贸易试验区食品行业的品牌建设。

七、政策建议

后疫情时代背景下，城市群"弓弦箭"布局规划、新的"三位一体"金融体系构想以及两体系和一枢纽建设给河南自由贸易试验区带来新的机遇和挑战，力求高站位、宽视野，完全可以将城市竞争力扩展至自由贸易试验区的能级提升和区域新布局。可见，河南自由贸易试验区未来承接着新使命、新功能、新作用。鉴于此，提出后疫情时代背景下推动河南自由贸易试验区能级提升的相关措施。

（一）打造自由贸易试验区"双循环"新发展格局

新冠肺炎疫情影响下，逆全球化趋势明显，全球产业链、供应链面临重大冲击，面对外部环境变化带来的新矛盾和挑战，必须响应"双循环"新发展格局。在加强国际合作、大力推动互联互通（如开展沿线国家间的监管互认等国际合作，进一步推动我国贸易投资便利化以及"一带一路"沿线国家间的贸易畅通和资金融通）的同时，对自由贸易试验区可持续发展进行结构性调整，并落实好国家各项金融支持政策，借鉴国内外自由贸易港金融开放创新的制度框架体系，深化改革，推进金融领域开放创新，实现自由贸易试验区内经济循环流转和产业关联畅通，积极发展新产业、新业态，不断调整和优化产业结构。此外，各地自贸片区要结合实际情况和产业基础，努力发展先进制造、现代物流、金融服务、电子商务、文化创意、现代农业等产业，有助于推动自由贸易试验区向"科技＋金融"方向发展和转型。

（二）完善企业金融投融资渠道

由于河南自由贸易试验区内金融企业较少，大型金融机构在自由贸易试验区内落户不足，在进行金融创新方面受总部制约，这也造成河南自由贸易试验区内中小企业融资渠道较窄。若要拓宽中小微企业金融投融资渠道，需要做到以下几点：第一，引导股份制商业银行、外资法人银行在区内设立分支机构。立足河南自由贸易试验区现有金融情况，夯实金融基础，大力扩展金融业务，提升信托、基金管理、财务公司等业态门类占自由贸易试验区金融体系的比重；建立金融、类金融企业和企业高管财税等奖补激励机制，积极引进境外金融机构，吸引商业保理、征信等中介机构以及各类基金公司入驻，加快金融开放步伐，丰富金融业态。第二，地方政府牵头并提供优惠福利政策，积极吸引国际国内知名金融机构总部来河南落户，与国际大型金融机构在河南成立联合金融中心，建立一批知名金融企业；创新金融融资方式，大力发展新型融资方式，提高众筹、PPP融资、股权融资、债券融资等占整体融资额的比重，扩充金融工具，从而解决中小企业融资路径单一的问题。第三，加大对高新技术行业的资金支持。未来河南自由贸易试验区的金融资源可以向高端装备制造、现代化物流、新型服务产业倾斜，通过提供资金支持，增强这些企业的研发能力，进而带来良好的经济效率，实现金融良性互动。

（三）加快推进自由贸易试验区制度创新

河南各片区发展至今，虽处于良好的政策环境中，但也普遍存在制度创新滞后、服务虚位等问题，这就需要各片区补齐短板，加快推进制度创新，构筑制度创新体系。一是借鉴国外自由贸易港区IBF模式建立自己的在岸—离岸金融中心。在建立之初，可采取特殊的账户安排，建立以账户隔离、分账核算的内外分离为主的模式。目前，我国尚未完全实现利率市场化，汇率形成机制有待进一步完善。短期坚持内外分离原则，可为金融改革提供缓冲机会，消除套利和避税空间，维持健康的金融秩序。二是在"双循环"新发展格局背景下构建自由贸易试验区双轨金融圈，这是加快河南自由贸易试验区金融创新目标实现的有效手段，自由贸易试验区为双轨金融圈的构建提供了政策框架和实施载体，但不能将自由贸易试验区的金融改革创新视为建立中国的IBF，更不能将发展自由贸易试验区与构建双轨金融圈画上等号，双轨金融圈是从主观意愿上加快自由贸易试验区金融改革目标实现的有效手段，它能够从微观上推动金融体制改革，促进区域经济发展和高水平的对外开放。

（四）探索高度集成的风险监管制度

党的十九届五中全会指出，"创新是引领发展的第一动力，抓创新就是抓发展，谋创新就是谋未来"。谋求创新的同时不能忽略创新的副产品——风险，即需要最大限度降低风险。后疫情时代，国内外经济形势瞬息万变，影响自由贸易试验区平稳运行的不确定因素不断增加，对于风险的防范不能松懈。一是建立对持有各类牌照金融机构的分类监管机制，健全符合自由贸易试验区内金融业发展实际的监控指标，完善金融监管措施，加强监管协调与合作，确保自由贸易试验区内金融机构风险可控。包括逐步建立跨境资金流动风险监管机制，对企业跨境收支进行全面监测评价，做好反洗钱、反恐怖融资、反逃税工作，防范非法资金跨境、跨区流动，建立健全自由贸易试验区金融消费者权益保护工作机制等。二是在河南自由贸易试验区内建立物流交易中心，为物流企业提供货物担保、通仓、保税等不同类型的金融业务，推动河南自由贸易试验区物流企业"信息流""资金流""物流运输"的三流统一，提高河南自由贸易试区物流企业的金融风险防范能力。例如，郑州片区的郑州航空港经济开发区以发展空港经济、物流运输为主，未来航空港区物流可围绕跨境金融支付，发展经常项目下人民币投资预结算业务、航空物流租赁业务等。

（五）以核心品牌为抓手提高市场竞争力

把河南自由贸易试验区打造成为具有较强国际竞争力的产业高地，意味着必须聚焦一些最有条件、最具优势的领域，打造一批引领发展潮流、代表未来方向的核心品牌集群。一是培养龙头产业，推动竞争性优势产业发展。基于河南自由贸易试验区内拥有的宇通集团、平煤集团、双汇集团、牧原集团等一批龙头制造企业，鼓励企业"走出去"和"引进来"。通过行业协会、国际商会、国际展会、海外产业园等平台，以广告宣传、客户推介、人脉沟通等方式，推动汽车制造、食品加工、资源开发、电子信息开发等产业参与国际市场竞争。同时，政府出台资金、出口信用证等支持性政策，以鼓励其产品开拓国际市场。二是加强文化品牌建设，关注文化底蕴建设。例如，在中医药方面，医药是中华文明的瑰宝，应传承弘扬中医药文化，让中医药在"健康中原"建设中发挥更大作用。对于信阳毛尖茶文化、开封宋文化、洛阳古城文化、安阳甲骨文文化等特色文化和特色产业，需全面挖掘产业文化内涵，解码每一种文化形态，找到文化存在的内在"基因"，将标志性优质文化元素与现代生活相结合，造就各具特色的"基因密码"。

参考文献

［1］田霖．互联网金融视域下金融地理学研究的新动态述评［J］．经济地理，2016（5）：9-16.

［2］田霖．从金融地理视角看郑州区域性金融中心的建设［J］．华章，2012（2）：31-33.

［3］刘晶，杨珍增．中国自由贸易试验区综合绩效评价指标体系研究［J］．亚太经济，2016（3）：113-121.

［4］王立勇．自由贸易港建设与发展的欧洲经验［J］．人民论坛·学术前沿，2019（22）：16-22.

［5］胡方．国际典型自由贸易港的建设与发展经验梳理——以香港、新加坡、迪拜为例［J］．人民论坛·学术前沿，2019（22）：30-37.

［6］刘斌，王乃嘉．全球典型自贸园区政策对比与中国自由贸易试验区政策建议［C］．新兴经济体创新发展与中国自由贸易试验区建设——中国新兴经济体研究会2015年会暨2015新兴经济体论坛（国际学术会议），2015（14）：440-453.

［7］王应贵，姚静，杨婕．香港离岸金融中心的国际地位与竞争力分析［J］．亚太经济，2012（2）：139-144.

［8］彭羽，陈争辉．中国（上海）自由贸易试验区投资贸易便利化评价指标体系

研究 [J]．国际经贸探索，2014，30（10）：63-75.

[9] 王江，吴莉．中国自贸试验区贸易投资便利化指标体系构建 [J]．统计与决策，2018，034（22）：65-67.

[10] 李海舰，田跃新，李文杰．互联网思维与传统企业再造 [J]．中国工业经济，2014（10）：135-146.

[11] 张岭．创新驱动发展战略的金融支持体系 [J]．西安交通大学学报（社会科学版），2015（35）：24-29.

[12] 黄国平．促进城镇化发展的金融支持体系改革和完善 [J]．经济社会体制比较，2013（4）：56-66.

[13] 王方宏．人民币离岸市场与海南自贸试验区建设 [J]．海南金融，2018（11）：17-22.

[14] 王爱俭，刘喜和，王学龙．现代金融服务体系竞争力指标体系构建与评价——兼议天津金融服务体系的完善 [J]．现代财经（天津财经大学学报），2011，31（12）：24-32.

[15] 杨帆．自贸试验区离岸金融市场建设及风险防范研究 [D]．天津：天津财经大学，2017.

[16] 陶玲，朱迎．系统性金融风险的监测和度量——基于中国金融体系的研究 [J]．金融研究，2016（6）：18-36.

[17] 赵全超，汪波，王举颖．环渤海经济圈城市群能级梯度分布结构与区域经济发展战略研究 [J]．北京交通大学学报（社会科学版），2006，5（2）：28-32.

[18] 陆相林，马凌波，孙中伟．基于能级提升的京津冀城市群旅游空间结构优化 [J]．地域研究与开发，2018，182（4）：100-105.

[19] 韩玉刚，焦化富，李俊峰．基于城市能级提升的安徽江淮城市群空间结构优化研究 [J]．经济地理，2010，30（7）：1101-1106+1132.

[20] 陈建华．城市能级提高与现代服务业发展研究 [J]．科学发展，2009（11）：19-24.

[21] 熊励，孙文灿．"互联网＋"背景下创新要素流动对城市能级提升的动力机制研究——以上海数据和模型仿真为例 [J]．科技进步与对策，2016，33（20）：43-49.

[22] 韩玉刚，曹贤忠．皖江区域城市能级与生态环境协调度的测度和发展趋势研究 [J]．长江流域资源与环境，2015，24（6）：909-916.

[23] 周新月．国际离岸金融中心形成原因的实证分析 [D]．济南：山东大学，2015.

[24] 兰宜生．探索中国特色自由贸易港的高水平建设路径——海南自贸港建设的机遇、挑战与政策建议 [J]．人民论坛·学术前沿，2019（22）：29-36.

[25] 潘峰华，曾贝妮．离岸金融中心的地理学研究进展 [J]．地理科学进展，

2019，38（2）：41－54．

［26］杨叠涵，陈瑛．全球离岸金融中心（OFCS）地理特征研究［J］．世界地理研究，2013（1）：97－104．

［27］李蓓．借鉴新加坡经验创建滨海新区成为北方的离岸金融中心［J］．特区经济，2006（12）：31－33．

［28］孔佩伊，江航．基于 D－ANP 的厦门自贸试验区建设区域性国际金融中心关键因素分析［J］．现代城市研究，2019（3）：83－90．

［29］庄伟卿．福建省自由贸易试验区的金融审计制度构建与创新［J］．经济问题，2018（5）：94－98＋104．

［30］杜金岷，苏李欣．上海自贸试验区金融创新风险防范机制研究［J］．学术论坛，2014，37（7）：26－30．

［31］肖国安．经济场简论［J］．经济学动态，1995（2）：29－34．

［32］孙志刚．论城市功能的叠加性发展规律［J］．经济评论，1999（1）：3－5．

［33］张岭．创新驱动发展战略的金融支持体系［J］．西安交通大学学报，2015（35）：24－29．

［34］秦军．科技型中小企业自主创新的金融支持体系研究［J］．科研管理，2011，32（1）：79－88．

［35］郑豫晓，勾京成，王淑云等．自贸试验区建设及其金融发展问题研究——基于郑州航空港经济综合实验区视角［J］．金融理论与实践，2015（5）：23－29．

［36］李靖．金融创新助力河南自由贸易试验区建设的路径探析［J］．当代经济，2018（17）：66－68．

［37］徐美芳．上海自贸试验区建设与长三角航运服务能级提升［J］．江南论坛，2015（5）：17－19．

［38］Miyagiwa K. F. A Reconsideration of the Welfare Economics of a Free－trade Zone［J］．Journal of International Economics，1986，21（3－4）：337－350．

［39］Friedmann J.，Miller J. The Urban Field［J］．Journal of the America Institute of Planners，1965（31）：312－320．

［40］Mcqueen M. The EU's Free－trade Agreements with Developing Countries：A Case of Wishful Thinking?［J］．World Economy，2010，25（9）：1369－1385．

［41］Akbari M.，Azbari M. E.，Chaijani M. H. Performance of the Firms in a Free－Trade Zone：The Role of Institutional Factors and Resources［J］．European Management Review，2019，16（2）：363－378．

专题篇三：贸易转型升级

河南自由贸易试验区助推贸易转型发展的政策建议

王建丰①

从 2013 年国务院正式批准设立中国（上海）自由贸易试验区开始，我国已经建立了 21 个自由贸易试验区（FTZ），从东部沿海到西部内陆，从东北老工业基地到海南自贸港，基本覆盖了我国主要的经济区。这些自由贸易试验区往往建立在中国的经济特区、保税区、出口加工区、保税港、经济技术开发区等特殊经济功能区，肩负着全面深化改革和扩大开放形成可复制、可推广经验的重任。河南自由贸易试验区属于第三批，成立以来不断深化改革创新，加强"三区一群""五区联动"机制，在"加快形成以国内大循环为主体、国内国际双循环相互促进的新发展格局"背景下，河南自由贸易试验区必将成为河南省对外开放的高地，在助推河南省对外贸易转型升级过程中发挥重要作用。

一、河南自由贸易试验区对外贸易发展概况

2017 年 4 月 1 日，河南自由贸易试验区正式挂牌，由三个片区组成，分别为郑州片区、洛阳片区和开封片区，三个片区的定位有所不同。郑州片区的定位是重点发展智能终端、高端装备及汽车制造、生物医药等先进制造业以及现代物流、国际商贸、跨境电商、现代金融服务、服务外包、创意设计、商务会展、动漫游戏等现代服务业，在促进交通物流融合发展和投资贸易便利化方面推进体制机制创新，打造多式联运国际性物流中心，发挥服务"一带一路"建设的现代综合交通枢纽作用。洛阳片区的定位是发展装备制造、机器人、新材料等高端制造业以及研发设计、电子商务、服务外包、国际文化旅游、文化创意、文化贸易、文化展示等现代服务业，提升装备制造业转型升级能力和国际产能合作能力，打造国际智能制造合作示范区，推进华夏历史文明传承创新区建设。开封片区的定位是发展服务外包、医疗旅游、创意设计、文化传媒、文化金融、艺术品交易、现代物流等服务业，提升装备制造、农副产品加工国际合作及贸易能力，构建国际文化贸易和人文旅游合作平台，打造服务贸易创新发展区

① 王建丰，博士，郑州大学商学院副教授。

和文创产业对外开放先行区，促进国际文化旅游融合发展。

从定位看，各个片区都显示了对外贸发展的重视。比如郑州片区，主要是发展国际商贸、跨境电商、服务外包等现代服务业，同时发挥国际枢纽的作用；洛阳片区则是强调高端制造业国际竞争力的培养，同时也要发展国际文化旅游等服务业；开封片区则侧重各种文创产业的国际化。虽然各个片区的定位有所侧重，但都根据本区的现状和特点，提出了加快培养各区优势产业，增强区域内产业国际竞争力的发展前景规划。

明确的定位为河南自由贸易试验区对外发展指明了方向，创新的优惠政策给自由贸易试验区外贸的发展插上了腾飞的翅膀。截至2019年底，河南自由贸易试验区累计入驻企业6.94万家，其中92家是世界500强企业，新增内资注册资本累计8099.98亿元，外资企业累计400家，实际利用外资累计19.95亿美元；实现进出口累计591.3亿元。短短三年的时间，河南自由贸易试验区对外贸易取得了突出的成绩。

（一）郑州片区

1. 外贸概况

郑州片区自成立以来，不断进行制度创新，形成了一批制度创新成果并在全国复制推广。《每日经济新闻》每年都会对国内各个自由贸易试验区推选的案例进行评选，郑州片区最先在全国推出的原产地证书"信用签证"，被评选为"2017中国自由贸易试验区十大创新案例"。跨境电商"网购保税＋实体新零售"模式被评选为"2018中国自由贸易试验区十大创新案例"。2020年，《每日经济新闻》将"跨境电商零售进口正面监管模式"评为"2019中国自由贸易试验区十大创新成果"。

制度的创新，加上"走出去"和"引进来"的结合，吸引了大批企业入驻，推动了郑州片区对外贸易的发展。截至2020年3月底，郑州片区新注册企业58086户，新注册资本总额为6764.5亿元，是自由贸易试验区成立前的近3倍。其中新注册外资企业368家，约占郑州市的一半。累计实现合同利用外资10.8亿美元、实际利用外资11.7亿美元，累计实现进出口总额566.23亿元，实现税收956.3亿元。

2. 产业发展

发展对外贸易离不开坚实的产业基础，产业结构以及市场环境决定了产业的国际竞争力。在《中国（河南）自由贸易试验区总体方案》中，政府明确提出针对郑州片区产业的要求，要聚焦先进制造业、现代服务业等重点产业，推进贸易、物流、金融、文化、信息、专业服务、制造业七大新经济产业集群建设，以跨境电商、平行进口汽车试点为突破口，创新产业监管和支持政策，打造内陆开放型经济高地。

具体来看，郑州片区已经启动了上汽发动机、变速箱"双百万"基地项目建设，聚焦人工智能、高端装备等产业，促进重大产业项目签约落地，加快先进制造产业集聚。发挥信大捷安等行业龙头企业带动作用，引领金水区千亿级信息安全产业集群的形成，加快信息安全产业集聚。积极发展虚拟现实和增强现实产业，引进美国弈恩AVR互动数据中心、公共服务平台和国际产业孵化器，汇聚专业团队，加快前沿技术产业集聚。推进清华华商产业园、金融智谷科技园等创新创业综合体建设，重点打造政府主导建设的金科智慧谷等 20 个创新创业综合体，加快创新创业产业集聚。联合赛伯乐集团打造河南省医疗区块链应用中心和医疗物联网应用中心，加快大健康产业集聚。推动融资租赁、商业保理集聚发展，推动龙湖国际合作中心项目落地，加快自贸特色产业集聚。

3. 跨境电商发展

2013 年郑州成为全国最早获得跨境电商试点城市之一。2016 年，郑州又获批跨境电商综试区。2019 年 7 月 9 日称，河南省郑州市政府发布《关于印发中国（河南）自由贸易试验区郑州片区三年行动计划（2019－2021 年）的通知》。该通知明确了三年行动目标，提出以跨境电商等为突破口，创新产业监管和支持政策，打造内陆开放型经济新高地。2020 年 7 月，郑州海关又被列入全国首批跨境电商 B2B 出口业务试点的十个海关，成为唯一一个内陆试点。2020 年 9 月，第四届全球跨境电子商务大会在郑州举行，并发布了《中国跨境电商综试区城市发展指数报告（2020）》。该报告显示，在发展总指数先导城市中，郑州位列第五，发展创新指数郑州进入前三。

2016 年，郑州市跨境电商交易额 52.65 亿美元。2019 年，全市跨境电商交易额已经增长至 107.7 亿美元。2020 年，全国大部分省区市跨境电商交易额大幅下降，但郑州市的跨境电商业务却逆势翻红，仅 1～8 月，全市跨境电商交易额就达到 87.9 亿美元，同比增长 16.8%。

郑州市跨境电商良好的发展态势，产生了巨大的虹吸效应。阿里巴巴、京东、亚马逊、唯品会、聚美优品、小红书等国内外知名企业相继落地项目和开展业务，UPS、DHL、联邦快递、菜鸟网络、顺丰等物流企业加速布局，世界工厂网、中大门等本土跨境电商企业不断壮大。

4. 国际物流发展

对外贸易的发展离不开物流产业的支持，河南省地处中部中心位置，随着陆权的回归、航空业的快速发展，交通优势得到了极大的发挥。

（1）航空运输。

河南货邮吞吐量从 2013 年的 25.57 万吨不断增长，截至 2018 年达到了 51.50 万吨。同时，河南机场集团引进了 5 家新的客运航空公司，开通了 39 条新的客运航线，新增了 19 个航运城市。到 2018 年底，郑州机场与 5 个机场、9 家航空公司联合，巩固和提升其中转优势，进一步提升其市场吸引力。为了加快网上丝绸之路建设，河南省已经提出要深化郑州—卢森堡"双枢纽"战略合作，建设卢森堡货航专属货站，加快引进国际货代企业在郑州设立分拨转运中心和货物集散中心，谋划建设空中丝绸之路综合试验区，加快郑州机场核心载体建设，郑州机场新开通国际客货运航线各 2 条，国际货运航线达到 38 条，货运国际通航城市达到 39 个。

（2）陆路运输。

河南自由贸易试验区郑州片区依靠陆路运输的优势，以中欧班列（郑州）为载体，集聚的进出口货物越来越多，铁路货物的运输渠道也不断扩大，在"陆上丝绸之路"上发挥的作用也越来越大。从2013年至今中欧班列的开行数量和总货值量不断增加，2013年中欧班列总货值仅有0.48亿美元，只能开行13班，到了2018年，全年开行752班，货值已经超过了32.3亿美元，全国开行排名第四位。在全国开行的班列中，中欧班列（郑州）不是开跑最早的，却实现了"弯道超车"，中欧线（郑州）已成长为国际货运线的"佼佼者"。

相比于飞机，国际班列具有运力大、运费低、方便特货运输等特点，因此郑州市加大通过中欧班列扩大出口的支持力度。中欧班列（郑州）将实现运贸一体化，建设一批海外分拨集疏中心和分拨基地，推进国际陆港多式联运集疏中心和铁路口岸大监管区建设，建成丝绸之路经济带进口特种商品展示交易中心、国际冷链物流中心、国际陆港多式联运集疏中心，完成铁路口岸大监管区建设可行性研究。

（3）多式联运。

当前的对外贸易需要各种运输方式协调发展，2018年河南省根据自身的交通优势，提出空中、陆上、海上领域携手并进，此后相继开通了郑州至连云港、青岛、天津港口的海铁联运列车。多式联运将是国际物流方式发展的趋势，今后还要大力发展海铁、陆海联运。河南省政府提出今后要打造两条海内外特色线路，建成一个现代化多式联运网络海陆枢纽核心节点。建设集数据共享、报文交换、智能分析、智慧运营等功能于一体的铁海联运信息化综合服务平台。

（二）洛阳片区外贸发展现状

1. 概况

洛阳片区位于郑洛新国家自主创新示范区、洛阳国家高新技术产业开发区的核心区，是国内为数不多的自贸、自创与高新"三区叠加"区域之一。成立以来，累计入驻市场主体2.5万户，注册资本突破1000亿元，达到1014.73亿元。累计进驻世界500强25家、国内500强19家、行业10强26家。2019年，洛阳片区实际利用外资4.67亿美元，占洛阳市的16.27%，增长6.38%，较挂牌前增长19.74%；实现外贸进出口总额34.09亿元，占洛阳市的23.89%，增长35.06%，较挂牌前增长163.24%。洛阳片区建立了第一个境外农业综合示范区，还率先推出国际贸易"单一窗口"。

2. 产业发展

目前洛阳片区明确提出"2＋3＋N"的产业发展体系：以先进制造和服务贸易为支柱，以金融、科技服务和总部经济为先导，以现代物流、数字经济、高端生活服务业等为支撑的产业发展体系。按洛阳片区功能定位和重点产业方向，目前洛阳片区高端制造业和现代服务业企业共计1.2万家，占入驻企业的91.31%。入驻金融及类金融机构62家，其中入驻金融机构共15家、类金融机构47家，交通银行河南省离岸交易中心在洛阳片区成功落地。主板企业4家、三板企业16家，分别占全市的33%和52%，上市挂牌企业通过资本市场累计实现融资63亿元。

洛阳片区首推"基地＋研究所＋公司"三方联动模式，极大地推动了洛阳智能制造产业高质量发展。以清华大学天津高端装备研究院洛阳先进制造产业研发基地（以下简称"清洛基地"）为例，该基地成立于2016年11月，共有150位在职人员，其中20余位有清华教育背景，包括7名院士、长江学者等，1/2拥有大型企业或政府工作背景。基地采用"平台＋孵化器"的运营模式，通过平台找到资质、技术、资源、市场。通过孵化器，聚焦先发领域，深耕优势领域，抢占新兴领域，实现"产业园区＋科技金融"。经过详细分析研判及大量的数据对接，先后引进了激光增材制造、机器人、特种金属材料、轨道交通装备、智能检测等18个项目团队。2019年，新获批通过河南省增材制造产业技术创新战略联盟、洛阳市轨道交通智能运维技术研发中心、洛阳市自动化设备研发中心等科研创新平台7项，目前累计获批各类平台资质20余项。基地自主研发的FGM01型高效成型打磨车成功获评"2018年度河南省装备制造业十大标志性高端装备"。各研究所共计拥有76项知识产权，其中授权发明专利4项，实用新型专利16项，软件著作权6项。

3. 人才引进

洛阳片区积极实施人才优先发展战略，打造具有重要影响力的创新中心和人才高地。通过推行"玉洛汇"计划，大力培养创新创业青年人才，面向重点高校招录了一批优秀硕士、博士毕业生，大力培养专业型青年人才。实施"河洛工匠计划"，鼓励洛阳片区内创新龙头企业等创新主体大力培养紧缺高技能人才，培育"河洛大工匠"。实施产业人才"集聚工程"——借助洛阳市"河洛英才计划"，吸引高端创业团队入驻洛阳片区。引进彭先兆创业团队，注册成立视微影像（河南）科技有限公司，该团队成功攻克了第三代超高速光学相干层析（OCT）3D成像系统核心技术，已生产出两台具有国际领先水平的第三代OCT医用眼科3D成像设备样机。积极探索建立海外引才平台，搭建洛阳片区连接全球创新创业富集地的桥梁。推动中国创新创业大赛、"创青春"中国青年创新创业大赛等活动，挖掘培养出更多的创新创业人才，打造创新创业者的"竞技场"。

（三）开封片区外贸发展现状

1. 概况

开封片区是全国自由贸易试验区领域国家级政务服务标准化试点项目唯一试点单位，发展对外贸易的重点是推动文化贸易。开封片区设立了深圳文化产权交易所河南自由贸易试验区运营中心，而且河南自由贸易试验区国际艺术品保税仓也正式获批，为推动今后自由贸易试验区文化产业贸易打下了良好的基础。2020年12月15日，开封海关正式开关运行，辖区企业从此在家门口就可以办理海关业务；2020年12月17日，国务院批复同意设立开封综合保税区，填补了开封片区没有海关特殊监管区域的空白。成立三年来，开封片区入驻企业5366家，是挂牌前的近30倍。外资企业是挂牌前的28倍。税收年增幅100%，高新企业年增幅100%。

2. 产业发展

目前开封片区着重打造"234"产业集群体系："2"即以文创产业和医疗旅游两大特色产业为亮点；"3"即以高端装备及汽车零部件、新兴制造业、农产品及食品加工三大制造业为支柱；"4"即以服务外包、现代物流、金融服务、专业服务四大现代服务业为主导。根据产业发展方向，开封片区在空间上规划为"一心四谷两港"，即中央商务中心、文创艺谷、健康乐谷、高新智造谷、创智孵化谷、国际物流港和国际商务信息港，七个功能分区形成互为依托、有机融合、富有创意的产业空间体系。

自由贸易试验区开封片区是全国 18 个自由贸易试验区、58 个片区中唯一的文旅型自由贸易片区，文化产业国际化是开封片区的特色功能定位。开封片区着力打造服务贸易创新发展区和文创产业对外开放先行区，在文化产业国际化发展上取得了显著性成果。截至目前，自由贸易试验区开封片区文化类企业达 2446 家。

2019 年 9 月 21 日，自由贸易试验区开封片区管委会与芭莎艺术、无我山房联合推出国际艺术品展，并启动"一带一路"中原文化全球巡展；河南自由贸易试验区首家离境退税文创商店落地。充分发挥自由贸易试验区先行先试政策优势，通过开封片区海关窗口，实现开封市首单商业展览形式文化艺术品出口。"第一届宋文化寻根——豫澳美术交流展""首届开封国际文化金融与贸易论坛暨献礼中华人民共和国成立 70 周年艺术展""金犀奖·首届中国（开封）国际动漫节""2019 数字文化大会"等活动先后举办，为开封文化产业国际化造势，助力开封打造文化产业对外开放品牌。出台了加快开封片区文化产业国际化发展的若干意见，促进国际文化旅游融合发展，文化产业特色凸显；加入了世界自由区组织，国际"朋友圈"越来越广等，为文化产业国际化打开了新局面。

二、河南自由贸易试验区推动外贸发展方面创新

（一）自由贸易试验区外贸政策创新

2017 年河南自由贸易试验区获批后，当年省政府就通过了《河南省发展和改革委员会支持中国（河南）自由贸易试验区建设的若干政策》，在行政管理、产业投资、基础设施等方面都给予了大力支持，外贸方面，重点提到了对外融资、口岸建设、"单一窗口"建设等。各片区也积极推动各自片区的扶植政策。2019 年郑东新区管委会印发《中国（河南）自由贸易试验区郑州片区郑东区块金融服务业对外开放清单指引》，进一步提高对外开放透明度，提升了外资进入我国金融领域便利性和可操作性，为自由贸易试验区金融业进一步扩大开放进行积极有益的探索。

自由贸易试验区挂牌成立三年多来，在简政放权，放管结合，加快政府职能转变，促进贸易投资便利化以及营造市场化、国际化、法治化营商环境等方面，进行了积极

探索，取得了一系列新成果，为推动河南省外贸发展提供了有力保障。在商事登记领域率先探索"三十五证合一"，得到李克强同志肯定，跨境电商零售进口退货中心仓模式等改革试点经验被国务院发文推广，在全国首创1210"网购保税"进出口监管服务模式，被世界海关组织作为全球推广的示范样板，多式联运"一单制"迈出新步伐，为内陆省区市货畅其流提供了"河南经验"。自由贸易试验区把可复制、可推广作为创新的基本要求，边试点、边总结，目前已向全省复制推广47项改革创新事项。

（二）自由贸易试验区海关监管制度创新

跨境电商已经成为我国外贸转型升级的重要模式，作为一种全新的贸易模式，海关监管制度的创新尤为重要。郑州入选全国首批跨境电商试点城市后，就开始不断尝试跨境电商制度创新，2014年8月，由海关总署批准，增列海关监管方式代码"1210"，其原型正是河南保税集团首创的"保税区内备货＋个人纳税＋邮快递终端配送"监管服务——这也被称为"郑州模式"。此后河南海关不断在监管模式方面进行创新，最新取得的成果包括以下两种模式。

1. 跨境电商零售进口正面监管模式

郑州片区海关本着"以交易真实性为重点，以电商企业为单元"的监管原则，将海关正面监管无缝嵌入企业经营环节，事前加强风险预判、事中突出真实核查、事后进行差别化管理，形成了一套较为完备的跨境电商零售进口事前、事中、事后正面监管模式。

事前监管包括：企业准入管理，建立事前参与主体企业资质核查制度；商品准入管理，以电商企业为单元，按照海关HS编码设置商品数据库，与《跨境电子商务零售进口商品清单》比较核查进口商品。

事中监管包括：单证审核，重点围绕跨境电商三单信息（订单、支付单、物流单）真实性开展核查，并对消费者身份信息实施管理；税收管理，对跨境电商企业及商品采取税收要素规范申报，避免税收流失；查验管理，针对直购进口与网购保税进口两种不同模式，分别对一线入区报关单、申报清单暨出入区域核放单实施布控查验，在实行"双随机"查验作业的基础上，对电商企业进行风险测评并对中高风险企业设置较高的布控查验率；物流监管，依托智能化卡口暨视频监控指挥中心，通过设置卡口分类通道，定期开展区域巡查和监控分级管理等手段，避免违规行为；账册管理，以电商企业为管理单元，以账册底账为基础，实现跨境电商专用账册管理；促销行为报备管理，对电商企业促销活动采取事前备案、事中交易监控和事后验证分析等措施，实施全流程监控。

事后监管包括：网上巡查，通过"神秘买家"实测和定期网站核查两种方式验核电商企业的交易真实性；盘库管理，依靠信息化管理系统，通过电子盘库、企业自盘或第三方盘库，避免违规行为；大数据分析，综合运用各类系统将企业、订购人、支付人、收货人、商品、价格等申报要素汇总形成数据库，建立风险分析模型，找出违规行为；企业精准画像，以电商企业为单元，通过对企业信息、交易数据等的全面收集及分析，对企业进行风险等级划分，实施差异化管理，此外还参考跨境电商企业历史违规记录，对相关企业重点进行布控，规避风险。

2. 跨境电商零售进口退货中心仓模式

跨境电商 B2C 缩短了贸易的环节，但同时以往由中间商承担的退换货业务，也转移给了线上的商家，不仅商家面临高额的退货成本，而且消费者也面临不确定的退货过程，这给贸易双方都带来了不小的挑战，"跨境电商零售进口退货中心仓模式"很好地解决了该难题。

具体而言，是在海关特殊监管区域内设置跨境电商零售进口退货中心仓，将区外的分拣、退货流程转移至区内，实行退货中心仓场所硬件设施监管，海关对电商企业相关设施实地验核后准予备案，划定跨境电商退货车辆出入区指定路线。实行退货包裹出入区监管，实施卡口管理、物流监控管理、仓内卸货管理、复运出区管理。实行合格包裹上架监管，加强单证审核和查验管理。

对电商而言，"跨境电商零售进口退货中心仓模式"降低了企业仓储成本，之前跨境商品退货仓通常设在海关特殊监管区外，商家需要单独安排工作人员负责分拣退货等流程，还要承担额外的仓储费用，成本是比较高的。此外，跨境商品被消费者退回之后，如果时间较长，超过了海关的扣税周期，商家不仅要承担商品损失，还有可能面临税金的损失，所以刚开始商家一般不会主动引导消费者无理由退换货。试点之后，退货中心仓从区外搬到了区内，节省了大量的人工成本、仓储成本和税金，整体成本至少能节省 20% 以上，效率和便利性提高了很多。对海关而言，退货入区也有利于海关加强对跨境网购保税进口业务全链条的监管。对消费者而言，跨境商品跟国内一样实现了 7 天无理由退换货，大大提高了消费者跨境购物体验。

（三）自由贸易试验区外贸载体创新

1. 外贸大数据中心

为了推动河南省外贸信息的网络化，提高外贸企业决策的准确性，郑州片区金水"一带一路"经贸产业园建立了一个外贸企业创新发展服务平台——乐贸工场，这是"一个外贸大数据中心 + 孵化平台"。该平台不同于一般的贸易平台，主要创新点在于海外营销模式方面。通过海量数据采集、挖掘和应用模型，大数据能帮助外贸企业打破国外进口商对销售渠道的垄断，对目标终端市场进行"点对点"的线上精准营销。

该平台在开发新客户、维护老客户、监控同行、分析市场、风险预警等方面发挥了重要作用。目前该中心整合了全球 63 个数据供应商，数据覆盖 226 个国家，拥有5000 万家企业背景资料，1 亿多条企业信息，大数据为外贸企业发展带来了极大的机遇。同时该平台还联合 B2B 跨境电商平台，实现信息共享，降低交易成本、提高交易效率。此外还可以提供有效的海外企业信用数据，来帮助企业提升风险洞察能力，海外客户信用一目了然，有效预防交易风险。

郑州片区大数据中心采取线上线下结合的方式，为郑州外贸企业提供无缝覆盖的全方位服务。在线上，该中心搭建在线学习平台，利用微课、直播等形式，使外贸企业能够通过视频（音频）的方式进行学习，并在全球贸易大数据中心网站和郑州市工商联云平台上，定期免费向外贸企业发布多种数据分析结果；在线下，主要通过国际贸易讲习所，进行每月两次的公益培训。

外贸大数据中心创新服务模式通过技术手段发掘供求信息和潜在需求，让全世界更便捷、更高效地了解郑州的企业和产品，以大数据语言、最新的科技手段和平台化思维方式促进买卖双方有效沟通，精准配对，起到了重要的桥梁和纽带作用，大大提高买卖双方交易达成的概率。加强大数据在外贸领域应用的宣传和引导，鼓励企业研发数据信息分析技术，指导外贸企业尤其是中小企业利用数据分析掌握市场需求、准确捕捉商机。

2. 多式联运平台创新

（1）建立多式联运信息平台。

郑州国际、陆港和河南省机场集团分别建立中欧国际多式联运综合服务信息平台和多式联运数据服务交易平台，重点整合公路港、铁路港、航空港、内陆无水港四港物流资源，实现四港相关部门的信息系统互联互通。同时与国家边贸口岸建立联接，全省联网电子口岸，实现内陆地区与沿海港口的无缝对接。

（2）建立多式联运监管中心。

该中心具备国际仓储、转运、分拨、集疏、拆拼箱等多种功能，把现行转关、过境等模式，整合为多式联运监管模式，一举满足自由贸易试验区海、陆、空、铁等不同运输方式间自由转换和多程运输的需求，也满足海关、检验检疫等口岸单位共享监管设施、实施联合执法的需求，进一步简化通关流程，提高通关效率。

（3）使用安全智能锁和智能卡口。

目前河南省海关一体化模式使用的安全智能锁，实现了对货物运输过程中在途时间、轨迹的严密监控，通过智能卡口的车辆识别和重量比对系统，自动迅捷抬杆放行的同时又防范了风险，把机场和铁路这两个口岸的监管场所与省内各地区的监管场所融为一体，简化了二次转关的程序，实现了简便化和一体化。

（四）自由贸易试验区外贸发展方式的创新

1. "黄河云商" F2B 出口跨境平台

目前跨境电商比较成熟的出口模式主要有 B2B、B2C、C2C 等，主要依托的平台有敦煌网、速卖通等。河南省虽然跨境电商发展很红火，但模式单一，而且缺乏本土的电商平台，这就导致河南本土企业介绍不够，本土的特产很难推出去，直到今天海外销售比较多的河南特产还是假发、山药、香菇等。

郑州片区推出"黄河云商" F2B 出口跨境特殊服务模式，该模式主要针对中小企业，全英文在线沟通，帮助中小企业实现海外技术引进，助推企业产业升级，提升产品的综合竞争力，此外还可帮助当地政府实现招商引资，扩大当地贸易额。

目前"黄河云商"已经沿"一带一路"建立了德国、俄罗斯、尼日利亚、越南等12个全球海外仓，为河南的中小企业在当地的业务拓展提供了良好的服务和市场效果。当前已上线企业300多家、产品1000多种。通过借助线上线下全渠道推广模式，对接海外电商平台和搜索引擎推广本地企业以及特色产品，并可进行订单自动化处理，该平台支持多种语言，可以帮助中小企业根据需求进行技术引进，帮助地方政府实现对外招商引资。"黄河云商"项目实现与海外市场渠道、业务资源对接，并实现技术项目引进，促进企业快速、高质量发展，推动构建高效、便捷、安全的跨境电商发展模式。

2. 中大门保税直购体验中心

2017年在全国首创跨境电商线下自提模式——河南中大门，顾客在中大门购买跨境电商商品，可以现场购买、现场申报、现场提货，让海淘有了全新体验。河南中大门定位是融合"线上＋线下"（O2O）、B2B、B2C等多种交易模式为一体的跨境电子商务综合服务平台。

新一代中大门购物广场已经初具规模，成为集仓储、展示、交易、体验为一体的新商业。O2O跨境自提示范店品类相对较全，其特色产品在国内具有市场竞争优势且和国内市场互补性较强，所售产品在国内市场占有率较高。目前河南中大门以母婴、家居、洗护、保健品类为主，通过跨境O2O自提方式，百姓可足不出户与国际接轨，国内国外产品同期上市，且商品品质和国外一致，实现跨境商品所见即所得，为郑州乃至全国的消费者创造了全新的购物体验。年销售额突破10亿元，使消费者足不出户、不出国门就可购买全球商品，大大便利了消费者，促进了万亿海外消费回流。

三、河南自由贸易试验区外贸发展存在的问题

（一）河南自由贸易试验区开放程度不够

河南省的进出口贸易在中部地区已经连续八年居首位，但是河南自由贸易试验区的对外贸易却表现平平，和同是中部地区的湖北自由贸易试验区相比，在对外贸易方面并不占优势。湖北自由贸易试验区面积为119.96平方千米，和河南自由贸易试验区面积相近（约120平方千米），且同为三个片区，即武汉片区、襄阳片区和宜昌片区，都是国家第三批自由贸易试验区。武汉片区挂牌以来，截至2020年2月，湖北自由贸易试验区累计进出口额3117.4亿元，占全省同期累计进出口总额的30.2%，显现出强劲的对外开放高地效应，成为引领湖北开放型经济发展的重要引擎。

相比之下，河南自由贸易试验区外贸规模仅为湖北自由贸易试验区的1/5，差距还是比较明显的。当然这里面有多方面原因，比如武汉的人才培养基地要比河南充实。武汉片区是全球大学生最为密集之地，与此同时，这里也聚集着4名诺贝尔奖得主、66名中外院士、404名国家高层次人才、7000多个海内外高层次人才团队，在企博士超过万

名。另外，武汉对高层次的人才和企业吸引力也比较大。目前，武汉片区的常住外籍人数已超过 6000 人；与此相对应的是武汉片区已有 1065 家外资及港澳台资企业，其中施耐德、IBM、辉瑞、西门子、费森尤斯、霍尼韦尔等落户的世界 500 强企业近百家。

虽然我国自由贸易试验区的设立还是以制度创新作为主要目标，习近平同志在对海南自由贸易港建设作出重要指示提出："要把制度集成创新摆在突出位置，解放思想、大胆创新，成熟一项推出一项，行稳致远，久久为功。"但是，习近平同志在广东考察时强调，"要在更高水平上扩大开放""打造高水平对外开放门户枢纽"。自由贸易试验区的成立就是要通过制度集成创新，主动对接国际规则，促进要素高效自由流动。河南省提出要打造中部对外开放高地，自由贸易试验区自然要发挥自身的优势，提高区内企业的国际竞争力，推动河南省对外开放迈上一个新台阶。

（二）制造业水平不高，国际竞争力有限

当前河南自由贸易试验区制造业企业构成不合理，表现为劳动密集型企业、资本密集型企业数量占比大，技术密集型企业数量占比小，企业构成不合理严重阻碍了河南自由贸易试验区实现发展高端制造业的目标。2017 年河南自由贸易试验区内部的企业数量已经超过了 8000 家，但是技术密集型企业数量还不到 1000 家，从侧面说明了当前河南自由贸易试验区制造业产业分布不合理的局面。2017 年河南自由贸易试验区设立后，区内企业数量实现了大幅度的增长，但是企业增长数量还是以劳动密集型企业、资本密集型企业为主。与我国广东、上海自由贸易试验区相比，创新型企业数量远远小于上述两个地区，说明了河南自由贸易试验区企业的创新能力与发达自由贸易试验区相比还是处于劣势。未来河南自由贸易试验区制造业建设的重点就是积极推动技术密集型企业的开办数量，调整制造业结构，促使河南自由贸易试验区制造业企业结构合理化，实现制造业产业升级。

（三）服务贸易占比较低，文化产业不发达

河南省外贸的一个短板就是第三产业薄弱，竞争力较差。2019 年河南省外贸进出口总值 5711.6 亿元，高于全国整体增速（3.4%）0.2 个百分点，居中部第一位。出口贸易中制造业比重较高，出口机电产品 2700.4 亿元，增长 3.1%，其中手机出口 2183.1 亿元，增长 3.2%，占全省出口的 58.1%，是河南省第一大出口单项商品，当前服务贸易进出口近 86 亿美元，占到进出口总额的 10% 左右，比重较低。

在服务贸易中，河南省的文化产业潜力巨大。河南自古以来就是中华文明的发源地，郑州、洛阳、开封三个片区名胜古迹众多，其中不乏知名的旅游品牌，比如少林寺、龙门石窟、清明上河园等。但是，河南自由贸易试验区内部品牌建设能力较差，如少林寺是我国佛家文化的中心，驰名中外，每年吸引大量游客到少林寺进行游览，但是少林寺景点周边的公共交通设施、酒店和导游管理混乱，严重影响了少林寺的品牌形象。洛阳和西安同为十三朝古都，甚至洛阳建都时间比西安早，但是在旅游业的

开发方面，两城还是有不小的差距。2019 年洛阳市接待国内外游客 1.42 亿人次，较上年增长 7.3%，旅游总收入为 1321.02 亿元，增长 15%；西安 2019 年接待国内外游客 3.01 亿人次，比上年增长 21.7%，旅游业总收入达 3146.05 亿元，增长 23.1%。

（四）税收便利化程度不够

税收便利化对从事外贸企业的影响非常大，但是目前河南自由贸易试验区税务便利化实施范围较小，当前在各个自由贸易试验区的综合服务中心可以实现本片区内的跨区域税务业务通办，但仍未将郑州片区、洛阳片区和开封片区这三个片区的税务业务进行整合。自由贸易试验区管委会的一位工作人员表示："当前群众在每个片区的综合服务中心可以办理该片区范围内的涉税业务，如在郑州片区综合服务中心可办理金水区、郑东新区和经开区的税务业务，但如果一个法人名下有多家公司，而这些公司位于河南自由贸易试验区的郑州片区、洛阳片区和开封片区这三个不同片区，则当前还不能实现一厅通办三个片区的税务业务，需要分开办理。"由此可见，河南自由贸易试验区的税务便利化实施范围较小，还需要在三个片区的涉税业务整合上下功夫。税务便利化服务是企业办理业务便利化的一项重要内容，而河南自由贸易试验区的税务便利化程度还有待提高。

（五）物流管理还不规范，低端物流占比大

1. 片区物流发展不平衡

根据《河南统计年鉴》，以交通运输、仓储及邮政业为例，2018 年郑州、开封和洛阳三个片区的总额分别为 1551.84 亿元、57.88 亿元和 73.78 亿元。郑州片区物流经济环境、物流规模均远远超过开封、洛阳。说明了当前河南自由贸易试验区内部物流建设水平不平衡，开封、洛阳物流建设还需要加大投入力度。

2. 缺乏统一、规范的管理体制

河南自由贸易试验区物流市场组织混乱，管理无序，物流产业管理较为松散，自由贸易试验区管理部门联系较少，联合执法能力较差。这样导致河南自由贸易试验区物流行业整体转型较慢，整个物流行业缺乏凝聚力，物流覆盖面积和影响能力也相对有限。从而出现了区内物流行业低水平竞争，各个物流企业相互恶性竞争，出现了抢市场、抢资源、抢线路的现象，物流线路同质化严重，造成区内资源的极大浪费。

3. 物流建设层次较低

河南自由贸易试验区现代物流建设推进缓慢，具体表现为交通运输物流占比过大，仓储、贸易等物流功能占比小，2017 年物流企业增加值为 1223 亿元，其中物流增加值最多的三类构成：交通运输业为 726 亿元，占比 59.4%；贸易类为 99 亿元，占比 23.4%；邮政业 111 亿元，占比 9.1%。根据物流类型增量来看，目前河南自由贸易试验区物流增量还是以交通运输方面增量最大，贸易、邮政、仓储占整个 2017 年物流增量的比重还较低，现代物流更强调的是整个物流环节的组成，其中包括仓储、运输、贸易各方面环节的实施。当前河南自由贸易试验区仓储物流增量、贸易物流增量还太小，不能满足未来河南自由贸易试验区建设综合性现代化物流体系的需要。

4. 物流龙头企业较少

随着河南自由贸易试验区建设的推进，河南自由贸易试验区也引进了一批国内外较为知名的物流企业，这些企业在一定程度上规范了河南自由贸易试验区物流无序竞争的现象。但是，由于进驻时间较晚，物流市场被低端物流企业瓜分，这些国内外龙头企业在河南自由贸易试验区内也出现了"水土不服"的现象，从而在根本上无法提升河南物流整体建设水平。

（六）人才短缺，尤其是高层次人才不足

当前河南自由贸易试验区人才教育呈现出高等教育人数多但是本科及以上学历人数少的局面，特别是硕士毕业生的数量更为稀少，高等人才储备不足，区内科研大学也仅有郑州大学一所 211 院校。在同为中部自由贸易试验区的湖北自由贸易试验区，2017 年武汉市硕士毕业生为 2.9 万人，在校硕士生为 8.92 万人，其高端人才储备几乎是河南自由贸易试验区的 2 倍。河南自由贸易试验区内部高新技术产业园建设不足，同时河南自由贸易试验区内科研机构数量较少，目前河南自由贸易试验区内仅有两个高新技术开发区（洛阳新兴产业园与郑州西高新技术开发区）。

河南自由贸易试验区制造业中研发人员的数量较少，研发人员占企业平均从业人员的比重多年来一直维持在 2.5% 左右，而发达国家制造业企业的研发人员一般占比在20% 左右。研发人员数量稀少也是导致河南自由贸易试验区制造业在整个制造环节较为低端的重要原因。制造业科技支撑不足，产品缺乏竞争力。虽然近期河南自由贸易试验区制造业企业研发人员逐步增多，但是与国外相比还是存在着较大的差距。

随着河南自由贸易试验区建设的不断推进，外贸环境也在不断变化，出现各种新型外贸业态与商业合作模式。传统的外贸企业只需要招聘英语能力较强的人才，外贸人员仅在电脑上操作外贸流程即可。然而现在随着贸易水平的提升，外贸业态的改变，企业需要引进具有组织运营、市场分析、接待外商、与外商进行商务谈判等多种技能的复合人才。河南自由贸易试验区文化悠久，区内文化手工艺人也较多，但是这些人很多只懂得文化艺术方面的知识，对文化贸易了解较少，因此河南自由贸易试验区也越来越需要具有综合文化知识的贸易人才，而这方面人才在河南自由贸易试验区人才储备中还较为稀缺。

四、河南自由贸易试验区外贸转型的对策

（一）积极参与双循环，提升河南自由贸易试验区产业竞争力

当前国际形势风云变幻，以美国为首的发达国家不断发起对中国的打压行动，试

图阻碍我国前进的步伐。面对复杂多变的国际政局，我国提出了"双循环"战略。"双循环"战略的提出，不是变外贸为内贸，而是通过提升我国产业竞争力，来提升我国内外市场的联通效率，实现我国市场要素更高效率的配置。通过促进河南自由贸易试验区内产业升级，为"双循环"提供新动能。

1. 对接产业转移，承接高端产业

当前东部地区正在进行产业升级，一些传统行业，比如装备制造、食品、家具等产业优势不再，亟须对外转移，而河南具有地理优势、人口优势、资源优势、产业基础优势，可以通过产业对接，扩大传统产业优势，将这些产业做大做强。因此今后河南自由贸易试验区面临的一个重要问题就是破除产业转移的壁垒，通过自由贸易试验区政府提供更加优惠的政策吸引省外、境外企业转移到河南，如给予高新技术企业税收减免、批准企业建厂用地、对企业转移后造成企业成本的提升进行弥补等。

2. 培养龙头产业，促进产业集聚

河南目前有能源化工、宇通集团、思念股份等龙头企业，今后要推动汽车制造、集成电路、人工智能、生物医药、航空航天等产业的发展，要重点培养龙头企业，积极扶植相关产业链的配套企业发展。今后要推动以电子信息、软件开发、文化动漫等产业为中心的产业园区建设。河南自由贸易试验区聚焦核心领域和关键环节，大力引进国际前沿水平产业项目，建立健全功能性产业政策和制度体系，强化与长三角地区的产业布局合作，引领带动中国国内相关产业链的高级化进程。

3. 加强科技投入，培育创新能力

目前河南自由贸易试验区企业创新能力与发达地区差距较大，未来必须积极推动河南自由贸易试验区企业进行产品创新。首先，不断优化营商环境。积极争取国际组织分支机构、签证中心等落户，提升国际化便利化水平。积极引进国际校区、国际知名学校、国际培训基地等服务设施。其次，要搭建产业多元开发平台，实现企业间技术共享，构建一体化的网络支撑平台，增强中小企业创新能力。最后，给予创新型企业资金支持。要从信贷资金、配套资金、政府补贴等方面支持创新型企业的发展。

（二）推动服务贸易发展，推动对外贸易转型升级

1. 加快建设服务贸易载体平台

以河南自由贸易试验区建设为契机，依托产业集聚区、商务中心区、特色商业区等建设区域性服务贸易基地。努力建好中国（郑州）跨境电子商务综合试验区，构建功能完善、设施齐全的跨境电子商务平台。大力建设跨境贸易电子商务网购商品展示交易集散分拨中心，全力打造全国一流跨境贸易电子商务服务试点。

2. 扩大服务贸易开放领域

加快服务贸易开放步伐，推进服务贸易领域优秀企业采取"走出去"和"引进来"相结合的发展战略，积极拓展"一带一路"沿线国家和地区的服务贸易领域市场，主动引进全球知名的服务贸易领域跨国企业。促进传统服务贸易转型升级，着力发展文化贸易、中医药贸易、离岸贸易等多个领域的服务贸易，不断提高河南服务贸易在国际上的影响力和竞争力。

3. 推进服务外包产业发展

以郑州建设中国服务外包示范城市为契机，积极推进服务外包产业示范园区、示范企业建设。不断拓展服务外包产业业务领域，扩大服务外包产业发展规模，优化服务外包产业内部结构，构建具有区域特色的服务外包产业发展格局。

4. 加强文化品牌建设

关注文化底蕴的建设。河南自由贸易试验区内文化历史悠久，特别是郑州、开封、洛阳都是我国著名的古都，因此要根据不同片区的文化底蕴进行文化品牌宣传。开封重点宣传大宋文化、汴京文化；洛阳重点宣传大唐文化、牡丹文化；郑州重点宣传祭祖文化、大商文化。各片区主管部门要加强监督管理，对片区内旅游业的商户进行统一规划，改善旅游商业环境。同时，政府部门还要完善投诉制度，确保旅游者在旅行中的合法权益不受损害。

（三）引进外资，提高自由贸易试验区竞争力

1. 积极扩大外商投资领域

严格落实国家有关政策法规中关于放宽先进制造业、现代服务业等领域外商准入限制的规定，不断完善以负面清单为主的外商准入制度，进一步扩大外商投资领域，提高开放度和透明度，支持外商参与河南自由贸易试验区建设。鼓励外商参与先进制造业发展行动计划，取消轨道交通设备制造等领域的外商准入限制，引导外商投向智能制造、绿色制造等先进制造业。河南省应继续鼓励和吸引外商参与河南自由贸易试验区内现代金融、现代物流、保险、医疗养老、旅游、工业设计、工程咨询等生产性和生活性服务业，增强服务业的发展活力。支持外商建设技术研发中心，与内资企业、科研院校开展技术研发合作，参与国家和省市科技计划项目。

2. 着力加强吸引外资工作

首先，举办外资重大招商活动。充分利用各种外资招商资源，借助现有各类招商引资博览会、展览会等活动，构建多元化外资招商平台，提升品牌效应；加强外资招商人员的培训力度，提高人员素质，强化招商意识；完善激励机制，提高招商人员的工作积极性和主动性。其次，建设国际合作产业园区。依托经济技术开发区、产业集聚区、服务业"两区"等各类园区的建设，大力推进国际合作产业园区建设。鼓励河南自由贸易试验区设立国际合作产业园专项补助资金或发展基金，对于符合相关条件的重大工程项目给予资金补助、贷款贴息等奖励。加强国际合作产业园区的基础设施和公共服务设施建设，完善产业配套体系，同时发挥河南省劳动力资源和消费市场优势，吸引国内外优秀企业入驻园区。最后，充分发挥各类载体平台的优势。近年来，多项国家战略规划和战略平台密集落地河南，其中以"三区一群"最具代表性，河南省应该充分发挥战略叠加效应，提升郑州航空港经济综合实验区内陆开放门户功能，

强化郑洛新国家自主创新示范区引领作用，努力推进河南自由贸易试验区建设，促进区域经济联动发展，推动形成新产业、新业态，大力吸引外资。

（四）提升贸易便利化水平，创新通关监管体制

1. 升级"多证合一"申请功能

当前各个片区的服务中心作为"一厅通办"的重要载体，为企业办理业务提供一厅式服务。如郑州片区综合服务中心入驻有工商局、税务局、发改委、环保局、海关、检疫检验等17个部门和中国银行等配套的银行机构。在下一步的发展中，自由贸易试验区管理部门应本着最大程度便利企业发展的原则，优化"一厅通办"服务，如增加入驻综合服务中心的职能部门和银行等金融机构的数量，增加"一厅通办"可办理的业务种类和数量，真正实现企业"只跑一次"的目标。

2. 实现税务便利化

当前河南自由贸易试验区的税务便利化只局限于各个独立的片区，仍不能最大程度地实现自由贸易试验区内企业办理税务业务的便利化，推出跨三个片区的税务便利化业务模式更有利于达到"企业少跑腿、数据多跑路"的效果。河南自由贸易试验区应立足于优化管理制度的出发点，充分利用先进网络技术，整合和共享郑州、开封及洛阳片区的税务信息资源，逐步实现在任意片区都可以一起办理其他两个片区的税务相关业务，实现任意一厅可通办整个片区的税务业务的目标。

3. 推行"单一窗口"服务方式

建立健全口岸发展议事协调机制，探索建立电子口岸云服务机制，建立健全网络化协同监管模式、大通关一站式服务体系和部门间联网申报、联网核查、联网作业机制。完善国际贸易"单一窗口"操作系统的功能，加快线上"单一窗口"和线下"综合支撑"平台建设，实现审批与监督公开透明，形成规范行权、科学用权、监管与服务并重的运行机制。

4. 健全关检合作和区域通关机制

深化关检合作一次申报、一次查验、一次放行通关模式改革，促进口岸管理部门信息互换、监管互认、执法互助。完善口岸与海关特殊监管区域（场所）区港联动、区区联动机制，优化监管流程，促进海关和检验检疫的一体化发展。深化区域合作，加强与京津冀、长江经济带、广东及沿海、沿边等地通关合作，争取开展一地注册、多地报关，实现区域通关（通检）一体化。密切与"一带一路"沿线主要节点城市的联系，建立关检合作通关机制。

（五）提高自由贸易试验区物流效率，提供更高标准物流服务

1. 打造物流龙头企业

河南自由贸易试验区要积极地对区内物流资源进行整合，打造一批物流巨头，发展现代化物流。可以从整合大型物流企业资源入手，对河南自由贸易试验区内重量级

物流企业进行收购、重组，以资源整合的方式，逐步提升河南省物流企业的整体实力和发展规模。比如目前河南省已经有了本土的货运航空公司，但是货运规模较小，无法和邻省的鄂州顺丰机场竞争，也很难承担将郑州机场建设成为世界货运中心的任务，因此亟须扶植本土航空公司，通过各种融资手段，扩大规模，增加航线，发挥好龙头企业的作用。

2. 营造良好的物流市场环境

河南自由贸易试验区要避免物流企业恶性竞争，要严加监管，为整个河南自由贸易试验区营造一个公平开放、竞争有序的物流经营环境。政府要加快物流通道的建设，提升货运能力。尤其是开封、洛阳物流建设相对滞后，物流体量较小，未来需要依托自由贸易试验区优势，发挥区位优势，分担郑州物流市场份额，积极开拓新市场，与郑州市物流产业共同发展。政府要在信息、税收、基础设施等方面为区内物流企业提供支持。同时积极引导自由贸易试验区内物流企业加强联系，积极规划网上物流网络，制定统一的物流行业技术标准、服务标准，推动区内物流企业健康、稳定发展。

3. 创新多式联运体系，打造现代综合交通枢纽

郑州不仅要建成全国交通的枢纽，还要成为世界交通的枢纽。河南自由贸易试验区的重要定位就是要建设贯通南北、连接东西的现代立体交通体系和现代物流体系，发展多式联运就是不沿海、不沿边的河南自由贸易试验区的最佳选择。多式联运是一种高效的货运组织方式，是国际上货物运输的发展趋势，对于推动内陆地区物流发展，提升中原地区交通效率具有重要作用。

铁路方面，随着郑万高铁、郑合高铁的顺利推进，郑州已经率先在全国形成了米字型的高铁网络，通达全国的能力得到了有效的提高，今后随着城市群建设的加快，要加快推进城际铁路建设，完善区域综合运输网络。整合全省的铁路资源，完善客货运场站的基础设施和服务功能。以郑州国际陆港建设为契机，不断提升中欧班列（郑州）运营能力，构建连接"一带一路"的陆路通道。

公路方面，2020 年，河南省新增高速公路通车里程 133 千米，全省高速公路通车里程达到 7100 千米，规模总量保持全国前列。今后继续完善河南省的高速路网，加强连接城市组团关键路段，加快农村公路建设。利用射频识别、数字高清识别等先进技术，加快推进省内高速公路的智慧化建设，构建以大数据分析和预测预警技术为重要支撑的高速公路决策支持体系。

航空方面，针对新郑国际机场货运市场的爆发，要积极拓展新的航线航班，加密国内、国际航线，利用本土航班，同时引导国内外全货运航空公司加飞全货班直飞郑州，开通更多的国内、国际地区客货运航线和全货机货运航线。以郑州—卢森堡"空中丝绸之路"建设为契机，着力打造郑州—卢森堡货运双枢纽。稳住北美、欧洲、南非、俄罗斯等国际远途地区货运航线，积极拓展新的通航城市。用好第五航权，吸引更多的国际航空公司经停郑州，开辟通往各洲的航线，让郑州成为国际航线中转站，实现客流交叉口和货运配送，扩大政策支持红利。

（六）扩大片区面积，加强辐射作用

河南自由贸易试验区郑州片区的功能都建立在综合交通枢纽功能之上，郑州航空港区是河南自由贸易试验区"两体系一枢纽"功能的重要组成部分，对郑州片区的发展起到了重要的作用。2019 年，航空港外贸进出口总额占到郑州市的 88.7%；跨境电商产业占到全市业务量的 50% 以上；航空货邮吞吐量稳居中部地区第一。因此有必要将航空港区包括进郑州片区，这将有效提高郑州片区的对外贸易水平。

为了扩大自由贸易试验区政策的溢出效应，河南自由贸易试验区提出要加强自由贸易试验区联动发展区，2020 年河南省政府提出力争三年内建 15 个自由贸易试验区联动发展区。河南省各地市都有自己的优势产业、优势产品，加上灵活的自由贸易试验区创新制度，将极大地推动各地区外贸的发展。

（七）加快人才引进，提升人才素质

1. 加快人才引进

目前郑州市已经开启了"智汇郑州"引进人才计划，洛阳也有了"河洛英才计划"，开封也提出了"汴梁英才计划"，这些都说明了各地对人才的重视。今后要扩大人才计划覆盖的范围，三个片区都要有相应的人才引进计划，此外可以根据片区内重点项目、重点工程、重点技术等有针对性地引进一批高端的境外专家及其团队，并解决这些境外专家的居住、子女教育等问题。

2. 培养自由贸易试验区专业人才

目前河南自由贸易试验区和东部沿海地区相比，高校中关于自由贸易试验区专业的课程较少，招收的本科生、研究生较少，导致自由贸易试验区储备人才较少。因此河南自由贸易试验区要积极培养适合本区的自由贸易试验区商贸人才，大力推动商贸人才队伍建设。省内高校要开设一些适合河南自由贸易试验区特色的课程，比如结合河南自由贸易试验区制造业优势，推动高校技术开发，建立"产学研"一体化机制，将高校的理论和自由贸易试验区企业的实践结合起来，并且积极吸收高校毕业生、在校生进入到河南自由贸易试验区进行实习，既提升部门办事效率，又丰富学生实践能力。

3. 创造良好人才环境

在 2020 年自由贸易试验区优秀案例中，洛阳片区的"破解民营经济职称评审瓶颈"上榜，自由贸易试验区片区内民营企业高级人才的职称问题得到了有效的解决，有利于营造民营企业人才成长的良好环境，推动自由贸易试验区经济高质量发展。今后要进一步放宽区内人才评审制度，让有能力的人才脱颖而出，提升河南自由贸易试验区人才的核心竞争力。作为创新源地的自由贸易试验区，要想引进人才、留住人才、培养人才，还需要创造更好的人才环境。目前河南自由贸易试验区郑州片区已经在郑州高新技术开发区建立了第一批人才公寓，未来河南自由贸易试验区要在全区内大力

推动人才公寓计划，扩大人才公寓覆盖面积，保障人才的居住环境。

参考文献

［1］罗清和，朱诗怡．从经济特区到自由贸易区：中国改革开放路径与目标的演绎逻辑［J］．深圳大学学报（人文社会科学版），2018，35（1）：33－41.

［2］王冠凤，郭羽诞．促进上海自贸区贸易自由化和贸易便利化发展的对策［J］．经济纵横，2014（2）：58－62.

［3］张绍乐．河南自贸区建设面临的新形势及对策建议［J］．黄河科技大学学报，2018，20（2）：61－71.

［4］陈波，张程程．湖北自贸试验区：建设内陆型自贸试验区的探索［J］．国际贸易，2017（6）：29－33.

［5］吴杨伟，王胜．建设自由贸易试验区升级版的探讨——新型全球化经济要素流动的视角［J］．国际贸易，2018（3）：16－20.

［6］智艳，罗长远．上海自贸试验区发展现状、目标模式与政策支撑［J］．复旦学报（社会科学版），2018（2）：148－157.

河南自由贸易试验区贸易便利化制度创新实践及政策建议

宋晓舒[①]

自 2017 年 4 月 1 日挂牌运行至今，河南自由贸易试验区走过了三年半的建设历程，在构建服务"一带一路"建设的现代综合交通枢纽和打造内陆开放型经济示范区方面取得显著成效。自由贸易试验区坚持以制度创新为核心，大胆试、大胆闯、自主改，为全面深化改革和构建开放型经济新体制探索新途径、积累新经验。自由贸易试验区按照高质量发展的要求，对照国际先进规则，在贸易监管领域加强制度创新，深入推动空、陆、网、海"四条丝路"和监管服务体系建设，提升贸易便利化水平，不断优化提升营商环境，取得重要的成效，改革试验田和开放示范区效应逐步显现。

本文对河南自由贸易试验区三年多的贸易便利化制度创新成果进行深度挖掘和高度提炼，对贸易便利化制度创新成效进行概括和总结。梳理自由贸易试验区贸易便利化制度创新现状，识别贸易便利化制度创新亟须破解的难题，提出贸易便利化制度创新政策建议，探讨贸易便利化制度创新路径。

一、贸易便利化制度创新成效

（一）形成在全国复制推广的制度创新案例

自由贸易试验区以制度创新为核心、可复制推广为基本要求，在落实发挥自由贸易试验区改革开放试验田作用要求、推动自由贸易试验区建设过程中，结合战略定位、区位条件、产业基础，积极探索出制度创新性强、市场主体反映好、具有系统集成特点的贸易新模式和贸易监管新模式，形成了在全国复制推广的特色化创新成果。

1. 跨境电商零售进口正面监管模式

2019 年"跨境电商零售进口正面监管模式"创新入选全国自由贸易试验区第三批"最佳实践案例"，被国务院自由贸易试验区工作部际联席会议办公室印发简报加以推

[①] 宋晓舒，博士，郑州大学商学院讲师。

广，被媒体评选为"2019 中国自由贸易试验区十大创新成果"。

在跨境电商零售进口的正面监管方面，郑州片区海关监管部门积极探索、努力实践，本着"以交易真实性为重点""以电商企业为单元"的监管原则，将海关的正面监管无缝嵌入企业的经营环节，事前加强风险预判，事中突出真实性核查，事后进行差别化管理，形成了一套较为完备的跨境电商零售进口的事前、事中和事后正面监管模式，促进了新兴业态的规范健康发展。

建立以风险预判为重点的事前防控模式。实施企业开展跨境电商交易前的企业准入管理和商品准入管理。海关对企业资质、经营情况、网站、供应链流程进行核查，把好企业准入关。通过核查和风险评估，判定企业风险等级，从源头上确保经营主体的真实与合规，同时严格管控禁止和限制类商品入境，降低商品准入风险。

建立以交易真实性核查为重点的事中监管模式。加强对跨境电商企业通关过程的单证审核、税收管理、查验管理、物流监控、账册管理、促销行为报备管理，保障交易的真实性，预防税收流失。重点围绕跨境电商三单（订单、支付单、物流单）信息真实性开展核查。"三单"真实性成为事中监管的核心内容，通过三单对比，将复杂的程序化解为可控的环节，有效降低了监管中的各类风险。

建立以网上巡查、大数据分析为重点的事后监管模式。开展网上巡查，验核电商企业的交易真实性，防范出现企业利用虚假网站伪造交易数据或漏报运保费等违规风险。实施盘库管理，对企业在库商品实施管控。通过大数据分析，将企业、订购人、支付人等申报要素汇总形成数据库，通过逻辑关系分析企业是否存在虚假交易等走私违规行为。通过企业精准画像，以电商企业为单元，全面收集和分析企业信息和数据，划分企业风险等级，进而实施差异化、有针对性的风险分析及监管。基于企业信用等级划分实施企业差别化管理。实施动态风险参数管理，参照电商企业历史违规记录、重点商品特定时期监管要求、消费者购买逻辑分析，动态调整"转人工查验参数"。

跨境电商零售进口正面监管体系的建立与完善，有效防控事前准入风险，促进企业合规通关，逐步建立事后风险控制模式，促进跨境电商高质量平稳发展。通过事前、事中和事后全流程监管模式创新，形成完备的跨境电商正面监管体系，提升了海关对跨境电商零售进口的监管效能。

监管体系将海关监管无缝嵌入企业经营环节，实现"以货物为单元"的逐票监管到"以企业为单元"的守法监管，确立"由企及物"的管理脉络，形成了全国首个《跨境电商零售进口正面监管工作指引》及十余个配套操作指引，保障跨境电商零售进口规范而有序发展。

2. 跨境电商零售进口退货中心仓模式

2020 年 7 月，跨境电商零售进口退货中心仓模式的创新案例被国务院采用，列入自由贸易试验区第六批改革试点经验公开发布，获得国家层面最高层次的认可，在全国复制推广。

跨境电商零售进口退货中心仓模式是郑州海关联合郑州片区管委会为促进跨境电

商业态发展、解决跨境电商进口商品退货难题进行的监管方式创新。在退货流程中，在海关特殊监管区内设置退货中心仓，将区外的分拣、退货流程移至区内进行。允许消费者退货包裹入区，在区内进行分拣、退货申报、上架等流程，实现退货业务集中在同一园区范围内的集约式仓储。退货中心仓设置在企业原有保税仓库中，与保税商品实施物理隔离、监控联网，提高全流程监管效能；减少不必要的中间物流环节，降低仓储费用及仓库维护费用，降低企业经营成本。

该模式的主要做法如下：在海关特殊监管区域内设置跨境电商零售进口退货中心仓，将区外的分拣、退货流程转移至区内，实行退货中心仓场所硬件设施监管，海关对电商企业相关设施实地验核后准予备案，划定跨境电商退货车辆出入区指定路线。实行退货包裹出入区监管，实施卡口管理、物流监控管理、仓内卸货管理、复运出区管理。实行合格包裹上架监管，加强单证审核和查验管理。

实行退货中心仓场所硬件设施监管。一是实行场所备案管理，海关对电商企业相关设施实地验核后准予备案。二是划定指定路线。划定跨境电商退货快递车辆出入围网区指定路线，保证围网内在途运输快递车辆按指定路线行进。

实行退货包裹出入区监管。一是实行卡口管理，退货包裹经卡口入区时，在海关人员监管下施加封志，检验无误后由卡口人工放行。二是物流监控管理，依托视频监控指挥中心，定期开展区域巡查、监控分级管理等。三是仓内卸货管理。快递车辆入围网区后，沿指定路线行进至退货中心仓，全程在海关监管下卸除封志、卸货。四是复运出围网区管理，不符合二次销售条件的包裹由快递车辆在海关监管下装货并施加封志，沿指定路线出区。

实行合格包裹上架监管。一是单证审核，依托进口统一版审核退货申请单，重点关注退货申请单关联的二线出围网区清单、订购人身份信息及额度等。二是查验管理，对退货申请单进行指令布控和随机抽查，重点验核退货包裹是否单货一致、符合二次销售标准，对中高风险的企业设置较高的布控查验率。

以上创新措施已获得明显成效。一是完善退货全流程监管。区内退货仓设置在企业原有保税仓库，与保税商品实施隔离、监控联网，将退货包裹分拣的全过程纳入监管流程，实现退货包裹入区、在途、分拣、出区全流程的链条式监管，加大海关核查监督力度，消除退货商品的监管灰色地带，降低小包裹入区风险，提高监管效能。二是降低企业经营成本，促进跨境电商消费。通过创新监管方式减少中间环节，缩短整体退货时间。原本单独设立于区外的退货仓转移至保税区内，使用区内原有保税仓库的设施实施退货商品管理，降低仓储费用及仓库维护费用，同时减少不必要的中间物流环节，避免出现超过30天而无法完成退货流程的情况，减少因退货给企业带来的经济损失，减少中间环节以缩短整体退货时间，降低企业经营成本。同时满足消费者的实际退货需求，切实保障消费者退货权益，提升消费体验。有效降低跨境电商企业运营成本，促进跨境电子商务消费与国内市场消费融合发展。三是带动跨境电商高质量发展。退货中心仓整合集约同一电商企业的退货业务，将退货包裹集中在围网区内管理，提高仓储利用效率，充分发挥集约化仓储优势，以更低成本的便利条件吸引更多跨境电商平台入驻区内，充分发挥跨境电商新兴业态优势，带动河南跨境电商行业高质量发展。

模式的创新性在于，通过系统集成式创新三方监管模式，允许消费者直接将退货商品寄至保税区内的海关监管仓，可在保税区内完成全部退货流程，并将退货包裹分拣的全过程纳入监管流程，从而实现退货包裹入区、在途、分拣、出区全流程的链条式监管。

创新案例已在郑州海关所属新区海关现场先行先试，整体运作良好，有利于海关加强对跨境网购保税进口业务全链条的监管，降低电商企业仓储成本，减少区内操作环节，提升跨境消费者的购物体验。截至 2020 年 8 月底，新区海关现场共有 4 家电商企业开展该业务试点，累计受理跨境零售进口退货商品超 1.5 万单，监管退货运输车辆 300 余车次，据估算每年可为参加试点企业节约综合成本 100 万元以上，企业反馈很好。天猫、考拉等企业也在积极申请参与试点。郑州海关将进一步优化完善创新举措，在省内对跨境电商网购保税进口业务的现场进行全面复制推广，让更多的相关企业获益，早日享受改革创新的红利。

3. 跨境电商"网购保税＋实体新零售"模式

为促进跨境电子商务新兴业态发展，顺应线上线下融合的"实体新零售"发展大趋势，郑州海关在全国率先推出跨境电商"网购保税＋实体新零售"的监管新模式。作为区域特色明显的最佳实践案例，"网购保税＋实体新零售"模式案例被评为"2018 中国自由贸易试验区十大创新成果"。

该模式的主要做法：在税收保全的前提下，允许符合监管要求的电商企业凭保将跨境电商网购保税进口商品在区外特定实体店铺进行展示展销，消费者到店体验并且线上下单，经身份信息验核并在线完成下单支付，"三单"信息（即客户订单、支付流水、物流信息）与申报清单即时向海关推送与申报，清单放行后，允许消费者当场提货，实现"线上下单，即买即提"。

足额担保出区。按照风险可控、担保出区的原则，在申请企业信用状况、试点范围、商品种类、业务开展场所软硬件要求等方面设置准入条件，对符合条件的试点电商企业赋予税款担保出区资格。对具备相应资格的试点电商企业的网购保税商品实行税款担保出区模式，开立专用税款担保账户。税款担保账户与试点电商企业关联，实现税款的自动核扣与返还，账户可用额度在担保有效期内循环使用。

电子账册管理。对"网购保税＋实体新零售"商品实施专用电子账册管理，记录商品的进、出、转、存等情况。海关跨境电子账册管理系统实现与试点电商企业的线下门店仓储管理系统（WMS）的联网监管，直接获取 WMS 系统底账数据，实现与出区展销商品库存数据的定期联网比对，通过比对及时发现数据差异，实现对企业的电子盘库。

线上交易，线下自提。商品实际销售时采用线上交易形式。消费者完成在线下单和支付，向海关跨境监管系统申报，实时传输"三单"信息，按现有规定办理通关手续，海关放行后，消费者可将商品直接提走。线下提货场所当场验核消费者身份信息真实性。

后续管理及风险防控。郑州海关对线下展销场所进行每年不少于一次的盘库。同时采用远程视频监控抽查、实地核查等形式，对线下展销场所日常经营的合规性进行监督。海关还采用大数据分析等风险防控手段对企业、商品、支付、物流、仓储、消费者等信息开展常态化分析，及时发现风险与监管漏洞，确保合规有序开展。

与传统保税展示相比，"网购保税＋实体新零售"模式具有以下优势：在区外设立特定实体店铺，拓展了"保税展示"的地域范围；消费者线上下单，快速便捷，便于追溯；形成网络口碑，信息传播快、涵盖地域范围广。

以"网购保税＋实体新零售"模式设计流程和完善系统，一方面符合跨境电商企业的需求，有利于拓展贸易新业态和功能，推动贸易转型升级。包容审慎的监管思路有利于跨境电商发展和网上丝绸之路建设。另一方面丰富了跨境电商进口零售新途径，满足了消费者"所见即所得"的即时购买需求，使百姓足不出国门即可享受与海外同步、同质、低价的全球优品，真正实现了便民、惠民、利民。对提升跨境电商消费体验、扩大跨境电商市场规模、引导境外消费回流、加速消费结构升级起到积极的促进作用。

（二）形成在全省推广的最佳制度创新案例

1. 邮政口岸"三关合一"监管模式

该模式针对邮件、快件、跨境电商三项业务需求和特点，通过优化完善管理方案和监管方案，配合快件通关辅助系统和自动分拣线等配套设施建设，实现在特定的作业区域内实施集中监管，极大地满足了跨境电商企业快速通关需求。

2020年2月，河南"单一窗口"快件通关辅助系统推广至郑州邮政口岸，进口商品国际快件经该系统查验清关后，以最快速度发往全国各地。郑州邮政口岸正式成为同时能够开展国际邮件、国际快件、跨境电商三种业务的口岸，实现了"三关合一"。

河南"单一窗口"快件通关辅助系统是提升通关服务的创新举措。伴随"海淘"的兴起，国际快件业务迅猛增长。为促进行业的快速健康发展，河南电子口岸公司对国际快件通关需求进行了广泛调研，针对其难点和痛点，开发了快件通关辅助系统。

该系统将海关、口岸、运营企业、代理机构等业务和参与方的数据联网对接，使快件通关各作业环节之间形成一个有机的整体，实现了全流程作业无纸化、个人身份信息核验电子化、快件全程物流可视化。系统还实现了与河南"单一窗口"其他应用系统之间的互联互通，通过数据的充分共享和横向复用，有效减少企业频繁、重复录入相关数据，在充分满足海关等监管需求的同时，提升了企业的通关时效。快件通关辅助系统适用于海关规定的A类、B类、C类快件的通关，实行免费申报制度。同时减少企业支出，企业进出口快件时，仅个人身份信息核验每单节省0.19～5元。

河南"单一窗口"快件通关辅助系统在邮政口岸上线运行，将带来业务量的规模化增长，对于将该口岸建成中国邮政区域性快件分拨中心具有重要意义。

2. 省内首家线下国际贸易"单一窗口"

为进一步支持区域内企业开展进出口业务，2018 年 12 月 26 日，洛阳片区正式开通全省首家线下国际贸易"单一窗口"，这是全省首个线下咨询申报窗口。

通过"单一窗口"办理进出口业务的企业可以实现通关无纸化、一体化、自动化应用，接受"单一窗口"提供的"一个平台登录、一次提交申报、统一数据标准、统一办理反馈和一站式通关"服务。企业只需要填一张单，就可以在网上同步提交海关、检验检疫、外汇等部门进行审核，高效完成通关手续。

国际贸易"单一窗口"标准版为企业提供报关报检、进出境相关数据录入、海关注册登记、原产地签证申报等服务，基本覆盖口岸大通关流程。洛阳片区启动的国际贸易"单一窗口"除国家标准版业务外，还新增了 B2C 跨境电子商务一体化在线办理通关服务、政务部门互联互通应用服务、通关大数据应用全景服务等。线下国际贸易"单一窗口"为企业提供国际贸易相关的新闻资讯、政策解读、注册引导、辅助申报、疑难问题解答等服务，打造线上线下融合发展的国际贸易综合服务体系。国际贸易"单一窗口"平台通过对接省"单一窗口"平台，实现了"清单核放、汇总申报"的一站式通关。洛阳海关出口通关时间平均为 1.5 小时，进口通关时间为 22.4 小时，与改革前相比缩短 69.8% 的时间。

建立和完善国际贸易"单一窗口"综合服务平台对于加快提升投资贸易便利化水平具有重要意义。

3. 低风险暂时进口气瓶"验证管理"新模式

随着进口气瓶数量逐年增长，现有的海关系统对进口气瓶的检验监管模式已不适应跨境贸易发展形势需求。为此，洛阳海关在深入调查研究和风险评估的基础上，参考国外通行的监管模式，对此类暂时进口气瓶实施"验证管理"检验监管模式，以实现"流程最优、效率最高、成本最低"的通关目标，进一步提升贸易便利化水平。

4. 采信第三方认证结果创新出口食品生产企业备案模式

出口食品生产企业备案属于省级事权，需到直属海关所在地办理，环节多，周期长。为加快洛阳特色产品深加工产品走出国门，洛阳海关以洛阳祥和牡丹科技有限公司出口备案为试点，实行采信第三方认证结果，创新出口食品生产企业备案模式，提高通关查验效率。

二、贸易便利化制度创新现状

（一）落实创新经验复制推广

1. 郑州片区

河南自由贸易试验区郑州片区共承担 256 项创新改革试点任务，涉及海关的有 27

项。郑州海关按照海关总署的部署，不折不扣地落实复制推广创新经验，在2018年底全部完成了创新改革试点任务，而且一直向前推进。特别是2019年初，检验检疫职能并入海关，提高了海关服务自由贸易试验区建设的效率。

全国自由贸易试验区有202项试点经验推广任务，其中涉及海关的有66项，这其中适合河南自由贸易试验区的有62项，均已按要求进行了复制。66项推广任务未全部开展，因为有些业务类型，例如期货保税交割，虽然自由贸易试验区具备推广的条件，但是区内企业从经营角度考虑并未开展。

郑州新区海关叠加了三区功能，既是自由贸易试验区，又是跨境电商综合试验区，还是综合保税区。在关检合并之前，郑州新区海关负责自由贸易试验区和跨境电商创新，郑州局负责原检验检疫的自贸创新。关检合并之后，按照总关的部署，2019年底将自由贸易试验区职能放在金水海关，新区海关目前主要负责跨境电商综合试验区和综合保税区建设。

自由贸易试验区郑州片区首先落实创新政策复制推广，涉及出口加工区和保税物流中心试点项目。按照企业实际情况加以运用。包括先入区后报关、批次进出集中申报、引入中介机构开展保税核查，多数复制推广政策在区内具备条件，得以复制推广。

2. 洛阳片区

（1）复制通关服务试点经验。

深化实施全国海关通关一体化、"双随机、一公开"监管以及"互联网＋海关"等举措。进一步改革海关业务管理方式，对接国际贸易"单一窗口"，建立权责统一、集成集约、智慧智能、高效便利的海关综合监管新模式。综合应用大数据、云计算、互联网和物联网技术，扩大"自主报税、自助通关、自动审放、重点稽核"试点范围。建立检验检疫风险分类监管综合评定机制。完善进口商品风险预警快速反应机制，加强进口货物不合格风险监测，实施消费品等商品召回制度。探索持续扩大检验鉴定结果国际互认的范围。

（2）建立原产地证书审证系统。

洛阳海关持续推进证照分离、多证合一，包括海关和其他部门的多查合一。典型的例子是建立原产地证书审证系统。产地证签发和审核系统被称为智能审单系统，其主要目的是解决审单环节这一通关的"痛点"或"堵点"。系统建立之前主要依靠人工审单，工作量非常大，每年下半年洛阳片区的审单工作量近10000份，但是只有2个人审单。有的证单种类多达十余种，涉及要素也比较多，证书复杂，再加上附件，导致人工审单工作繁重，造成海关内积压。因为审单只能逐一进行，而且还需要仔细审单，否则会出现很严重的问题。尤其涉及金额方面，更是事关重大。针对这个问题，在海关总署的部署下，技术保障部门充分利用现代技术，利用大数据智能审单。人工智能系统在后台进行配套操作，极大地缓解了前台人工审单工作量大的局面。正常情况下进行机审，符合条件的，按照要求审核原产地证。通过大数据比较快速抓取和读取数据。一份证单如果人工审单最短也要5分钟，实测过程中机审只需要5秒，大幅度地提高了审单效率。在这个环节提升效率，使企业获得产地证的时间得到极大的压缩，有效疏通瓶颈，便利企业，取得了明显的效果。

审单系统的应用使得洛阳原产地证书审核迈入"秒通"时代。2020 年 6 月 1 日，洛阳片区综合服务中心海关窗口运用"智能审单"方式，仅用 5 秒便通过了片区企业提交的原产地证书申请，标志着洛阳市原产地证书审核迈入了"秒通"时代。"智能审单"方式审核通过原产地证书，耗时从原先人工操作的至少 5 分钟缩短至 5 秒，标志着洛阳原产地证书审核迈入"秒通"时代。智能审单为外贸企业办理原产地证书提供更多便利，成为支持企业复工复产和服务洛阳外贸稳增长的得力助手。

（3）推进实施全国通关一体化。

近年来推进力度比较大的是实施全国通关一体化。通过这种方式打破业务上的行政区划限制，真正实现全国一盘棋。全国通关一体化非常便利，洛阳的企业也可以到上海、青岛等地通关。进口企业报关可以直接到洛阳来申报，以洛阳为目的地进行申报。做过这些业务的人感受很深刻，以前要转关、两头跑，手续烦琐，需要衔接和沟通。通关一体化设计为企业提供最大限度的便利，海关内部通过这些方式可以有效解决问题。

（4）两步申报。

2020 年以来，洛阳海关执行国务院明确提出的任务，从 2017 年开始的 3 年内将通关时间缩短至 2017 年的 50%，这是一个很重要的考核指标。海关也采取了一些措施，主要推行两步申报，解决在港口滞留时间太长的问题，即出境货物迟迟不能装船，入境货物在港口迟迟不能提离的问题。以前申报手续烦琐，手续办不完，海关就无法放行。实施两步申报，第一步，实施概要申报，实现货物快速提离，急需使用的设备等尽快提货，运往企业；第二步，在半个月之内，或者在规定的时间内，再补齐相关的手续，实施完整的要素申报。有些非必要的申报放到第二步去处理，给企业留出时间。两步申报推动了通关便利化，获得较大的社会反响，深受企业欢迎。

3. 开封片区

通关服务更加便利。积极筹建开封海关的同时，在开封片区综合服务中心海关窗口增设海关现场业务处，先行开展 19 项海关基础注册业务。2018 年海关窗口入驻以来，共为企业减免进口关税超过 1 亿元；大力优化电子口岸入网联审服务，创新通关服务模式，使开封与沿海发达城市一样，实行通关注册业务便利化办理模式；搭建外贸综合服务平台，为进出口企业提供全程供应链服务。

（二）推进创新制度持续优化

郑州片区取消事前商品备案制度，由事前监管转变为事中和事后监管。这种做法不仅降低了准入门槛，而且盘活了企业。在准入环节不对企业设卡，因为一旦设卡企业可能没有经营资格。现在拆除准入门槛，让企业进入不受限制，在企业经营过程中优胜劣汰、去伪存真，通过这种形式把量放开。特别是这几年，郑州海关在大环境不特别优越的情况下依然实现了通关业务量的增长。2020年第一季度进出口跨境清单数量达到1475万单，进出口值达到30亿元，同比增长10%。特别是2020年3月开展复工复产和稳增长，在中央精神的指导下实施各种积极的措施。2020年3月零售进口环比增长58%，零售出口清单业务同比增长133%。

2019年以来，不断优化跨境电商领域的正面监管创新，及时总结提炼创新做法。2019年向省自贸办申报了四项创新案例：一是跨境电商进口神秘买家风险防控方式。这一方式已实施了4～5年，将海量零散数据通过简单的系统进行可视化展现，方便海关通关各个环节去对照和发现企业存在的异常数据，而后进行精准的风险分析。二是跨境电商进口盘库监管新模式。跨境电商新业态对盘库提出了新要求，与传统企业的盘库不同，跨境电商的SKU（Stock Keeping Unit，库存量单位）较多，项目分得很细，给盘库造成很大困难。传统企业盘点都是关门进行清点，即使货物再多，只要加派人手也能查清。跨境电商是一个动态的数据库，对盘库提出动态盘库的要求。针对可能出现的问题，对应提出解决思路。三是跨境电商企业风险画像。四是"跨境电商保税＋线下直购模式"。中大门正在做的O2O（Online to Offline，线上交易到线下消费体验），即"线上下单＋线下自提"模式是目前国内唯一在实行的模式，其他地方和文件有出入的已经停了。郑州的O2O是在监管区之内，符合文件要求。下一步将持续优化监管案例，使之更适合现场的实际情况。

（三）建设高层次开放平台

1. 洛阳综合保税区

洛阳片区成功申建洛阳综合保税区。2020年5月，国务院批准设立洛阳综合保税区，这是继郑州新郑综合保税区、南阳卧龙综合保税区、郑州经开综合保税区之后，河南省获批的第4家国家级综合保税区，将为洛阳高水平开放、高质量发展、加快建设副中心城市增添新动力。

洛阳综合保税区采取"边规划、边招商、边建设"的模式，聚焦保税智能制造、保税物流、国际进出口商品交易展示、跨境电商综合服务、保税研发设计等功能，加大项目引进力度，建设智慧园区，打造中西部地区特色鲜明的一流综合保税区。

目前，洛阳综合保税区已完成19万平方米保税仓建设。保税加工区、保税物流区、保税研发区和口岸作业区、保税服务贸易区正在全力建设。卡口、围网、海关查验平台和监管仓库、申报大厅等基础和监管设施已具雏形，7个物流仓库已经完工。入区招商工作积极对接。获批以来几个月的时间，在招商引资方面已有在谈项目11个，其中有8个确定进驻园区，项目总投资约25亿元。一期七栋保税仓库约10万平方米建设已完成验收。海关监管设施内卡口主体、4000平方米查验仓库土建及钢结构主体、查验仓库辅房二层填充墙砌筑等均已完成，口岸作业区查验仓库辅房建设已完成60%工程量。引进众创集团外贸综合服务平台，创新形成集约化的"互联网＋外贸"模式，降低中小企业外贸运营成本。预计2021年6月具备封关运行条件。建成后，将成为洛阳更高水平、更高质量的对外开放平台，推动洛阳外向型经济快速发展，为副中心建设增添新动力。洛阳综合保税区将充分利用综合保税区的各项优惠政策，发挥对进出口贸易的拉动作用，大力发展外向型经济，打造区域性国际物流中心，拉动经济快速发展。

2. 国际贸易示范基地

洛阳片区国际贸易示范基地在洛阳北航科技园正式挂牌成立。示范基地的启动是洛阳片区进一步扩大对外贸易、开展国际经济合作，加快壮大具有核心竞争力的外向型企业集群，增强国际市场竞争力的重要举措。根据规划，挂牌后的国际贸易示范基地将以国际贸易合作为核心，通过"互联网＋技术手段"，构建包括国际贸易公共服务平台、国际贸易展示中心、综合业务联审联批服务大厅、国际仲裁法庭等在内的完善的国际贸易服务支撑体系，助推本土企业国际化，帮助企业的产品和服务"走出去"，加快融入国际产业链体系，增强对外交流合作，提升技术水平，实现产业转型升级，打造具有洛阳特色的国际贸易体系。示范基地初步计划在 5 年内实现国际贸易额突破 50 亿元。

3. 洛阳—布哈拉农业综合示范区

洛阳片区服务国家"一带一路"倡议和企业"走出去"，深入对接洛阳的友好城市乌兹别克斯坦布哈拉市，建设洛阳—布哈拉农业综合示范区，以零地价、49 年使用权的优惠政策和乌兹别克斯坦布哈拉州签订 100 平方千米农业产业园协议。

自 2018 年 6 月产业园运营以来，已取得 4838 公顷农业用地的土地权益。合作区已开垦并种植 2000 公顷谷物作物。在农产品贸易方面，乌兹别克斯坦绿豆首次以专列形式出口中国，对乌兹别克斯坦优质农产品出口中国起到带动作用。截至 2020 年 2 月累计发行 15 次绿豆专列（约 1.6 万吨），贸易额 1120 万美元，借助万邦物流城的全国批发销售渠道分销全国。2019 年 5 月获批河南进境粮食口岸，万邦优选组织 260 吨合作区种植生产的绿豆于 2019 年 7 月 31 日顺利抵达河南进境粮食指定口岸，这是河南省首次利用中亚班列直接进口粮食。通过农业"走出去"有效地带动洛阳农机装备出口，更新当地农业生产模式。出口数十台"东方红"大型农机、旋翼节水喷灌设备、绿豆分拣设备和挖掘机、钻井机等用于合作区开发建设，3 家绿豆分拣加工厂已建成并投入生产。目前，农业综合示范区贸易额突破 1000 万美元，疫情期间协调并组织收购的绿豆、葡萄干等农产品物资 8000 多吨通过中亚班列陆续运回国内。

4. 国际艺术品保税仓

河南自由贸易试验区国际艺术品保税仓成功获批，实现开封海关特殊监管区域建设零的突破。2020 年 7 月 9 日，中国（河南）自由贸易试验区国际艺术品公用型保税仓顺利通过郑州海关验收，成为中原地区第一座艺术品保税仓，全国第一座集艺术品仓储、保税展示、拍卖交易等功能于一体的艺术品保税仓，同时也是全国第二个在海关特殊监管区域外的艺术品保税仓。在海关特殊监管区域外的艺术品保税仓可以开展仓内展示交易和仓外全国范围保税展示交易，这两项均为全国首创的艺术品保税展示交易模式。

仓内设有展览展示区、保税仓储区、国际商品展销区、多功能拍卖区四大功能区。展览展示区可实现定期举办各类国际国内艺术品展览及文化交流活动，艺术品推广与展销等功能。保税仓储区的智慧仓储系统引入 RFID（射频识别）技术，结合电子标签，可实现仓库管理的自动化、信息化操作。国际商品展销区优选全球进口高端商品，同时河南首家离境退税商店将迁入艺术品保税仓，实现境外游客在退税商店直接退税，激发境外游客消费潜力，带动旅游业发展。多功能拍卖区对接国内外知名拍卖行，定期开展拍卖活动。依托艺术品保税仓，可以拓展艺术品鉴定、估值、修复、艺术品金融、艺术家交流等业务。

新型艺术品保税展示交易模式成功落地，实现保税仓功能的扩展。不仅在保税仓外，参照特殊监管区域内的保税展示模式开展艺术品出仓保税展示交易，收取保证金，对展示期间销售的货物事后集中补交税款，而且在保税仓内设立展示和交易区域，建立集仓储、展示、交易功能于一体的新型保税仓库模式。开展艺术品仓内展示交易业务，企业无须缴纳保证金，可以减少交易环节，避免烦琐手续，同时也降低了海关监管风险。国际艺术品保税仓对开封片区构建"国内艺术品走出去，境外艺术品走进来"通道，形成集艺术品保税展示、仓储、交易、物流、担保、租赁、税收、金融等全产业链的国际艺术品交易平台，对开封打造成国际艺术品交易中心具有重要意义。

三、贸易便利化制度创新亟须破解的难题

（一）参与主体的创新意识有待加强

内陆自由贸易试验区存在不同程度的"等""靠"思想，等待沿海地区的自由贸易试验区形成好的办法并直接复制推广。参与自由贸易试验区改革试点的主动意识相对不足，担心创新出现较大偏差而影响制度创新工作的推进力度。在观念上需要进一步解放。

自由贸易试验区的设置最早在沿海地区，例如上海、广州、深圳等地，可见自由贸易试验区的业务更多与进出口贸易相关。海关系统多年都在强调形成可复制可推广的经验，但这是综合安排的问题。比如先进经验试点的地点一般选在有代表性的地方。第一个自由贸易试验区——上海最具代表性。在海关系统内经常提到对标高水平，学习可复制可推广的经验。好的创新经验经过批准试点，形成比较成熟的做法，复制到内陆自由贸易试验区，继而推行实施。因此内陆自由贸易试验区或多或少受到"等""靠"思维的影响。基本上追随先进经验学习，等别人做完了再跟着做，缺乏首创性。现在也明确提出首创性，根据几年的实践运行，要将创新走到前面，走到其他地方没有走到的地方，首先关系到思想解放。

市场主体的参与意识稍显不足。一些企业对自由贸易试验区缺乏主动了解，认为自由贸易试验区建设是政府的工作，未能准确把握其功能定位，甚至将其等同于经济开发区，观望并且希冀获得税费减免、财政补贴等政策优惠。

（二）制度创新需要聚焦企业需求

已经成功的创新案例基本上是先存在业态，后有监管模式创新。这是比较可取的。因为企业有业态和需求，海关和其他监管部门可以分析和研究业态，探索适合的监管模式。已经探索监管模式，却没有业态存在的情况也是存在的。河南在复制推广创新经验的过程中存在不同于沿海的特殊的实际情况，如业务种类欠缺。

一个比较典型的例子是期货保税交割。郑州既有海关特殊监管区，又有商品交易所，具备开展这一业务的优势。从监管角度来讲，期货保税交割大有可为。但是郑州海关前期调研发现，企业并没有期货保税交割的需求。因为郑州商品交易所的主要交易产品为国内的农产品，而上海期货交易所的交易产品主要为有色金属，需要从国外购买，因此有保税交割的需求。期货保税交割的政策非常好，但是限于郑州商品交易所交易产品的特点，保税交割仓库少，期货保税仓库的具体监管较多，期货保税交割的需求并不多。期货保税业务专业性较强，非专业人士对期货保税的许多具体的交割方式不了解，不愿意开展。企业经过成本核算或其他方面考虑，觉得支出过大，成本过高，开展这一业务不合算。国际期货公司缺乏也是一个原因。

铜陵海关曾经来郑州海关调研，重点想了解期货保税交割，因为他们有铜加工等有色金属加工业务，拥有有色金属会员公司，具备沿江的大宗散货运输优势，期货保税交割的需求比较迫切，只可惜郑州片区没有现成的经验可以借鉴。

有些企业参与的热情不高，比如在综合保税区推广赋予企业增值税一般纳税人资格试点。在试点海关特殊监管区域内，企业可以自愿申请为增值税一般纳税人。在政策设计方面有两个创新：一是试点企业内销货物，可以向对方开具增值税专用发票，对方可以获得抵扣；二是试点企业从海关特殊监管区外购进货物，可以向对方索取增值税专用发票用于抵扣，有效降低税负。试点政策实施可以促进区内外企业建立起增值税抵扣链条。推广一般纳税人资格试点过程中发现，有的企业在试，但并非所有企业都来参与。究其原因，企业在核算过程中发现不适合自己。企业本想获得税收优惠，但是经过核算后发现成本又增加了，所以创新要适合所在区域和企业的特点。

（三）制度创新的试验权限有待明确

很多改革试验任务只有得到国家部委的充分授权或出具指导意见方可实施，而自由贸易试验区争取国家部委下放管理权限，无疑会增加改革成本，使得改革试验任务推进不力，甚至部分试验任务无章可循。在未得到国家部委充分授权的情况下，自由贸易试验区难以展开深层次、系统性的探索实践，导致改革的创新集成不足，存在"碎片化现象"，并且较多停留于政务流程、技术等表面。

自由贸易试验区作为制度创新的主体，虽然有积极推动改革的主观意愿，但其职能主要集中在执行层面，大量针对制度规则的改革突破和权限分配则主要涉及中央事权，相当部分的改革事项仍然需要通过中央各部委逐项逐条进行许可，而向自由贸易试验区的整体授权不足，导致其制度创新能力、协调能力、试验权限不足，直接限制了试验的效率和内容。

例如，国家对自由贸易试验区开封片区的功能定位是构建国际文化贸易和人文旅游合作平台，打造服务贸易创新发展区和文创产业对外开放先行区，重点发展创意设计、文化传媒、文化金融、医疗旅游、艺术品交易等文化产业。但是目前开封片区没有国家级的文化发展配套政策及相应审批权限，在文化领域无法全力开展相关的改革试点工作。

此外，创新试点需要符合海关对制度创新措施的严格规定和要求。如果创新来自基层，来自实际工作中发现的问题，提出的诉求和试点建议，要向上汇报想法；如果郑州海关（省级）层面感觉有比较大程度的普适意义和指导意义，就会牵头组织进行分析和评估某个试点的可行性、社会意义和效果，与现行法律法规是否抵触，预期潜在的风险点；这些评估完成以后，如果认为还可行，上报给海关总署，海关总署对应的自贸区和特殊区域发展司要牵头进行要素审核；要素审核后如果初步具备，还要推送到海关总署相关的业务司，再进行风险评估和法律适用性的评估；评估后如果认为可行，会通过发文的方式同意在河南自由贸易试验区或者试验区内的某个片区来实行。自下而上形成的创新建议被采纳后，才能自上而下通过顶层设计的允许来具体实施。所以说从创新角度，向上递送报告，最后能否被采纳作为创新试点，主要取决于河南自由贸易试验区和海关总署。

（四）制度创新的实施效果有待增强

创新措施缺乏普遍指导意义，制度创新存在样本总数不足的问题。如果某项制度创新具有普遍指导意义，不可能仅仅为一两家企业去开展创新。当然如果企业是龙头企业或者体量特别大，特别具有典型意义，也没有问题。但实际上遇到的难题是个案比较多。例如，就洛阳片区而言，某项创新或某个流程能否简化或更优，基本上是针对某个企业或者几个较少批次的商品，缺乏较广泛的普遍性指导意义。预期的社会效益自然会受到较大的影响，所以这是一个难点。解决这个问题的着力点更多地应放在河南自由贸易试验区。实际工作中遇到问题，在海关内部通告系统，找郑州海关对口的工作人员，他们都会适时进行报告。如果汇总考虑，在郑州海关层面，或者是在整体层面着眼于自由贸易试验区角度考虑问题，可能更具代表性，从某个片区发力稍显力量不足。

（五）培育新业态发展的制度创新有待探索

在信息化和网络化的推动下，制造业和服务业的结合将更加紧密，生产服务业将成为制造业的主要业态，制造业服务化成为主要趋势。以信息化为纽带，区域经济的开放度和灵活度将进一步增强。产业分工更加细化、联系更加紧密，更加注重产业、资源市场、规制和知识产权等的协调，即措施的一致性和透明化。

自由贸易试验区的重心不是招商引资而是制度创新，不是税收洼地而是环境高地。但从发展经验看，自由贸易试验区依托区位和产业优势调整和深化功能，其功能定位和产业形态直接影响制度创新的实际成效。功能定位越明确、主导产业越清晰，制度创新的方向性就越强，改革开放措施越深入，越容易形成具有实际效用的制度创新成果。制度创新反过来也就越容易形成对产业发展的强大支撑，进而凸显改革的制度红利，真正形成制度创新的内生动力。目前自由贸易试验区宜培育贸易新业态，聚焦新业态、新模式、新技术、新产业，加强局部压力测试和效果评估，制度创新的内容和方式亟待试验。

四、贸易便利化制度创新政策建议

（一）营造有利于制度创新的环境

第一，运用新发展理念，在传承与创新中融合创新精神、城市精神、企业家精神，推动形成"鼓励创新、追求卓越、宽容失败"的文化氛围，激发市场主体的创新精神，释放创新者的压力。第二，推进人才发展政策创新。创新专业人才引进机制，引进具有国际化视野、熟悉国际经贸规则的高层次创新创业人才，贸易、投资、金融领域的国际化专业监管人才以及熟悉国际法律事务的涉外法律服务人才；支持自由贸易试验区管理部门或企业选派专业人才到著名高校、其他自由贸易试验区参加研修和培训，赴国外自由贸易港（园区）调研，学习国外先进经验；探索建立高层次人才合理有序流动的制度体系，为外籍高层次人才提供出入境和居留便利，加快高端智力集聚，推动自由贸易试验区高质量发展。第三，实现制度创新和技术创新的"双轮驱动"，抢抓新一代信息技术变革机遇，将大数据、云计算、物联网、移动互联、区块链、人工智能等现代技术运用于改革试验中，有效拓展自由贸易试验区制度创新的边界。第四，加强制度创新的宣传。目前自由贸易试验区的很多政策对企业都是很大的利好，但是部分企业不了解这些利好政策，或者是知道这个政策但是不会运用，因此加强制度创新的沟通和宣传非常重要。

（二）探索差异化和集成化制度创新

深化改革创新的目的之一是服务市场主体，且市场主体的获得感与满意度是评价自由贸易试验区制度创新成效的重要指标。因此，自由贸易试验区制度创新要落实到市场主体需求，组织开展企业实地调研，与企业建立问询机制，认真听取市场主体的真实诉求及其对改革举措的评价，努力实现改革创新与市场主体的需求相契合，增强企业的获得感和满意度，帮助企业更加高效、便捷地整合国际国内两种资源，培育国际市场竞争力。

在打造开放新高地过程中，河南自由贸易试验区探索创新经验要结合本地产业发展的特色。一方面，对其他自由贸易试验区的创新经验研究和借鉴可以给河南自由贸易试验区的制度创新带来启示，但另一方面，更重要的是开展适应本地产业发展特点的创新探索，聚焦企业需求，集中人力、财力、物力资源在具有本地特色的领域进行差异化创新，更有可能形成在全省、全国复制推广的典型案例。

发挥综合保税区等海关特殊监管区域与自由贸易试验区平台叠加优势，开展优化海关特殊监管区域监管的制度创新。自由贸易试验区是推进改革和提高开放型经济水平的"试验田"，自由贸易试验区中的海关特殊监管区域则是带动当地开放型经济发展的新引擎。宜充分发挥海关特殊监管区域的火车头带动作用和自由贸易试验区先行先试的"试验田"作用，发挥两区叠加的平台优势，努力开展海关监管制度创新。在自由贸易试验区贸易便利化制度创新领域，打造新平台将是制度创新的主要载体，海关将在海关特殊监管区域重点开展以货物贸易便利化为主要内容的制度创新。

（三）赋予自由贸易试验区更大改革自主权

有效发挥国务院自由贸易试验区工作部及联席会议制度的指导作用，赋予自由贸易试验区更大改革自主权。引导国家部委正确认识并处理好政府与市场的关系，遵照"按需放权、应放尽放"原则，将一些改革攻关任务所需的管理权限优先下放，其他管理权限做到应放尽放、有序下放，赋予自由贸易试验区更大改革自主权，加快推进国际经贸规则的先行先试。

体制机制形成最全面、最稳定、最持久的竞争优势，体制机制的差距也是造成地区之间开放水平差距的重要原因。探索和完善与地区开放特点相适应的开放新机制，破解制约地区开放的体制障碍，是构建开放型经济体制的必然要求，也是以开放促改革战略思路的重要体现。研究赋予自由贸易试验区更大改革自主权，需要理顺自由贸易试验区的体制机制。第一，通过政区合一的管理体制、容错纠错机制、激励机制、灵活的人才选用和交流机制等，进一步对自由贸易试验区管委会赋权，赋予片区管理机构相应的省级及市级经济管理权限，使自由贸易试验区管委会从以协调所在市、区工作为主，真正变为破旧立新的改革主导者和管理者。第二，通过制定落实容错纠错机制和相关激励政策，激发自由贸易试验区工作人员对制度创新、事中事后监管的主动性，使"大胆试、大胆闯、自主改"有更多制度保障，免除人员政策突破和制度创新的后顾之忧。第三，推进政府治理创新，再造政府流程，探索"互联网＋政务"的有效实现路径，实现政府高效办事、线上线下互动、政府智能监管及大数据环境下的科学决策。第四，自由贸易试验区按照"依法放权、按需放权"的原则，围绕国家赋予的战略定位和功能定位，向省级主管部门争取，选择市场主体需求大、风险防控难度小、改革推进见效快的经济社会管理权限下放到片区，有针对性地匹配相应的先行先试权限及优惠政策，支持片区特色产业发展，加快片区开展差异化探索步伐，加快打造创新发展区和对外开放先行区，为产业发展提供顶层设计和服务保障。第五，自由贸易试验区可根据各片区的实际发展需求，对已下放自由贸易试验区的省级管理权限进行梳理，并新下放一批省级管理权限，形成赋予自由贸易试验区省级经济社会管理权限2020年版清单。持续跟进各片区权限的需求情况，对清单定期进行动态调整，确保精准放权、有效赋能，充分激发自由贸易试验区的发展活力。

（四）形成常态化制度创新复制推广机制

针对自由贸易试验区现有部分政策难以落地，或试验任务可落地但无企业需求的情况，应建立常态化复制推广机制。通过三种方式，对创新成果进行常态化复制推广，进一步释放制度创新红利，扩大平台溢出效应。一是分批次推广成熟经验。定期梳理自由贸易试验区制度创新成果，对于经实践检验成熟的特别是企业有较大获得感的做法，经研究论证适合在全省范围复制推广的，报请省政府或自由贸易领导小组研究同意，定期向全省复制推广。二是扩大试点范围，实现联动创新。对于部分创新经验全面推广尚不成熟、需要增加试点样本量继续试点的，在省级以上经济（技术）开发区、高新技术产业园区等特定功能区内扩大试点范围，开展特色化改革探索，依托自由贸易试验区联动创新区打造"自由贸易试验区＋全省开放平台"联动发展格局。三是持续跟踪评估试验效果，强化激励机制。一方面，要加强跟踪试验效果，对扩大试点范围的制度创新成果，及时跟进、评估，完善激励机制，强化改革创新导向，大力营造抓改革、勇创新的良好氛围。另一方面，要不断深入，及早发现总结新的创新改革经验。

建立常态化沟通机制。建立包括当地海关、发改委、财政、税务、商务、市场监管、工信、人民银行、外汇、银保监会、金融、人社、文旅等相关部门和自由贸易试验区主要企业代表、自由贸易试验区管委会的政策沟通小组，定期了解企业诉求，将企业切实需要且合理的政策创新诉求作为自由贸易试验区创新的重点方向之一，建立自下而上的政策沟通机制和创新机制。同时，与国家相关部委建立常态化联系机制，做好自由贸易试验区经验复制推广，争取更多赋权，建立和完善自上而下的创新机制。此外，可借鉴上海自由贸易试验区临港新片区的做法，原则上本省的重大改革举措优先在自由贸易试验区试点；河南省在支持改革开放方面的创新政策举措，在自由贸易试验区范围全部适用；未来河南省对于企业和人才的支持优于当前政策时，按照"政策从优"原则，普遍适用于自由贸易试验区。

（五）发挥制度创新对新业态的促进作用

第一，破除制约新产业形态、新贸易方式发展的制度性障碍，以功能和产业需求为主导，形成促进投资、贸易和创新、产业升级的政策支持体系。从自由贸易试验区发展经验和短板看，现在自由贸易试验区的产业政策不够突出。企业获得感主要体现在程序便利带来的制度红利，以及一些先行先试的政策突破对产业集聚和升级带来的支撑作用。但是这种政策突破的范围和深度有待增加，对产业的吸引力度还缺乏可持续性。自由贸易试验区的建设应立足当地经济发展需求，了解企业实际诉求，以增强产业集群能力、完善产业配套能力、提升产业核心竞争力为切入点，制定有针对性的产业创新政策。研究制定有针对性的税制改革措施，进一步增强企业获得感。

第二，聚焦项目建设与产业发展，加强规划和政策引导，加大招商引资力度，培育和集聚产业及新业态，推动产业发展数量和质量、速度和效益的同步提升。推进产业招商，依据片区鼓励投资目录，结合产业政策、市场趋势和区域产业发展重点，举办线上招商活动，开展电话、视频等线上项目洽谈，实施精准招商，实现重点项目和新兴产业招商突破；加强项目储备，推进项目建设。推进重大项目建设的同时，完善项目储备和项目建设的数据库，有序推进项目的谋划、储备、推进和运营；加强产业集群发展，推动创新载体提质增效，推动创新平台做大做强；积极推动产业供应链创新与应用，提升产业集成和协同水平。

五、贸易便利化制度创新的路径

（一）培育壮大贸易新业态

第一，探索跨境电商监管和支持政策创新。郑州片区重点探索跨境电商贸易便利化制度创新。郑州海关和海关各区域改革相结合，探索业务发展的创新方向。①统筹两区功能规划，持续推进多模式监管创新改革。两区是指出口加工区和保税物流中心（B型），合称为综合保税区。统筹规划两区的功能布局，将保税加工和保税物流功能分别放到不同分区执行。探索跨境电商出口正面监管的创新案例。②积极与海关总署无账册海关监管、"互联网＋网上稽查项目"进行对接，在选择好试点企业的基础上重点推进。这个项目在深圳已经试行，但是试点范围是特殊区域外的加工贸易企业。郑州和武汉、天津、重庆同时被列为第二批试点，在特殊区域内是首次首家。③探索建立"监管＋追溯＋物流"的一码溯源体系。这是对跨境电商零售进口正面监管模式的持续创新，探索"监管＋追溯＋物流"的一码溯源的商品质量安全监控体系，计划与企业结合实施试点。④创新跨境电商税收担保模式。引入一般贸易领域多元化税收担保方式的改革，探索允许关税保证保险、企业集团财务担保、融资担保、公司担保等新型担保方式，用于跨境电商税款担保业务。目前相关方案已经提交有关的职能部门。⑤持续推进"网购保税＋线下提货"监管模式的创新。⑥扩大退货中心仓适量规模，释放改革红利。这也是一项主要的创新工作。把大型电商的退货中心仓放到特殊监管区域内，释放改革红利，减少退货流程，降低成本。⑦探索支持跨境电商药品进口业务试点。郑州已经获批药品进口试点，在机场口岸实施。

第二，加快文化贸易产业发展。开封片区重点探索文化产业国际化、贸易便利化制度创新。①探索艺术品保税仓监管创新。在进一步简化审批程序、创新监管模式、提高服务功能的同时，探索艺术品通关便利化，强化创新试验系统集成，在全省、全国推出更多可复制推广的典型案例。②以艺术开封建设为目标、统筹国内国外资源和市场，统筹拍卖行、画廊、线上拍卖、国内收藏协会、收藏家等资源，推进国际艺术品保税仓建设。依托艺术品保税仓，建设文化交流展示中心、艺术品托管中心、艺术品交易中心。③支持艺术品保税仓发展，打造艺术品保税展示、仓储、交易、物流、担保、租赁、税收、金融等全产业链国际化服务运营平台，为艺术品交易提供公共服务、通道服务、交易服务、金融服务。依托自由贸易试验区先行先试政策优势，扩大文化艺术产业开放，为艺术品交易提供便利，促进中原文化资源转化与创新发展。④创新文化服务海外推广模式。发展以传统手工技艺、杂技、戏曲演艺为代表的非物质文化遗产与旅游、会展、品牌授权相结合的开发模式，鼓励文化企业以项目合作方式进入国际市场。

围绕文化产业国际化这条产业主线，激发市场活力，优化高端要素供给，走通"自贸＋文化"融合发展路径。加快落实文化产业支持政策，加快制定出台企业认定、评审、政策兑现等实施细则，落实《（河南）自由贸易试验区开封片区建设推进文化产业国际化发展的若干意见》；加快艺术品保税仓建设，探索建设文物智慧鉴证平台，加快推进文物艺术品鉴证服务中心；推进文化金融融合发展，深化与深圳文化产权交易所的战略合作，支持金融机构创新服务模式及融资方式，构建完备的文化金融服务体系，积极探索建设文化金融合作试验区；搭建合作交流平台，建立常态交流机制，推动区内文化产业对标国际、走向世界，特别是将"宋文化"向海外推广；抓好文化产业项目建设，创建文化产业示范基地，打造文化产业国际化园区，进一步激发文化、旅游、艺术品等消费潜力，将文化产业培育成开封片区产业集聚的亮点。

第三，加快高端制造产业发展。洛阳片区重点探索高端制造业贸易便利化制度创新。①建设运行洛阳综合保税区，开展制度创新。综合保税区是经国务院批准设立的目前我国开放层次最高、优惠政策最多、功能最齐全、手续最简化的海关特殊监管区域。洛阳综合保税区结合本地产业特点，确定了"两中心一基地"的发展定位，即建设以"跨境电子商务＋保税农产品"为特色的区域保税物流分拨中心和以创新驱动保税研发为特色的研发设计维修检测中心，支持建设以先进装备制造为特色的保税加工基地。洛阳片区正加紧建设综合保税区，已确定乾发公司、万邦物流等项目进驻。综合保税区正式运行后，打造产业梯度转移的国际加工基地，完善以"整机＋核心零部件＋原材料"为核心的全流程产业链，探索"产业链＋价值链＋物流链"的贸易发展新模式。发挥综合保税区等海关特殊监管区域与自由贸易试验区平台叠加优势，开展优化海关特殊监管区域监管的制度创新，结合开展保税加工、保税物流、保税服务等业务，重点探索保税加工、保税物流、保税服务等领域的贸易便利化制度创新，在全省、全国推出更多可复制推广的典型案例。②创新维修和再制造业务。依托自由贸易试验区开展高技术含量、高附加值项目境内外检测维修和再制造。在风险可控的前提下创新维修监管模式，开展工程机械、数控机床、通信设备等进口再制造。

（二）探索贸易监管新模式

第一，从简政放权的角度考虑，提高通关效率。建立与跨境电子商务发展相适应的通关管理机制。尽量降低企业的通关成本和通关时间，时间也算成本。主要措施是简化随附单证，推行通关全程无纸化，把能省略的纸质单证都省掉。推进通关与物流并联作业，建设智慧口岸信息服务平台，减少人工审验环节。建立口岸通关时效第三方评估机制。

第二，优化审批流程，建立快速验放机制。关检合并两年多，促进真正的关检融合，中间还有很多细节，在融会贯通方面还有空间。未来计划进一步简化审批流程。取消跨境商品首批检测的要求，实施企业仓库自留自检，同时探索第三方检测机构出具报告的可行性。

第三，完善正面监管体系，提高风险防控水平。多措并举，进一步提升风险防控水平。风险防控一方面是落实国家监管要求，另一方面是促进企业发展和跨境电商业态的发展。具体来讲，优化正面操作指引，解决出口查验、涉及侵犯知识产权的商品等一些突出的问题，进行科学的流程设计和操作的固化并且拟定规则。以前进口量多，出口量少，反映的大部分问题都是进口的。出口量增加，一些问题就凸显出来。精准地落实"买全球、卖全球"的要求。前几年侧重买全球，近年重点是卖全球。

第四，在跨境电商稽查方面试行"四自一简"业务。"四自一简"主要指区内企业可以自主备案，合理自定核销周期，自主核报，自主补缴税款，海关简化业务核准手续。"四自一简"不仅是海关监管方式的创新，也是通过"放管服"改革，扩大资源配置范围，提高资源配置效率，降低资源优化成本的重要抓手。通过"四自一简"，将企业经营自由度与政府部门"放管服"带来的便利度相结合，营造提高对外开放水平的环境。

第五，优化商品质量检测环节，强化中后期监管。将企业前期门槛去掉，主动承担风险，加强事中和事后环节的监管，尽量给企业更大的发展空间。依托国际贸易单一窗口建立进出口货物溯源体系，收集跨境商品信息。企业借助溯源体系开拓市场，消费者通过系统获取商品质量安全信息，将企业信息纳入监管系统。

（三）创建贸易合作新平台

第一，建设海外自由贸易产业园。推动洛阳—布哈拉农业综合示范区升级为国家级海外产业园区，打造全方位对外开放新载体。按照综合示范区的规划，未来将在布哈拉市建设集冷链仓储、冷链物流中心、蔬菜水果分拣包装、食品加工、粮油加工、兽药研发生产、农产品种植、农机生产、国际农业技术培训交流中心等功能于一体的农业综合示范区。依托洛阳—布哈拉农业综合示范区打造中国农业全产业链"走出去"新模式，将加快推动中国先进的农业科技、农资、洛阳制造的大型农机设备、现代化大田农艺技术、节水灌溉技术等"走出去"的步伐，有效扩大国际产能合作，有利于提升乌兹别克斯坦的农业技术，改善其种植结构和养殖方式，提高其农业效益和农业人口收入。

随着开放载体的不断建设，将有更多的企业借助开放平台深度融入全球市场。支持华瀚（洛阳）国际贸易有限公司与蒙古铁路国有股份有限公司合作筹建中蒙产业园。加快"瓜达尔洛阳自由贸易产业园区"建设，与中国海外港口控股有限公司、育林控股有限公司签订三方战略合作协议，专设洛阳片区高端装备制造产业园，围绕机器人及高端智能制造、先进装备制造和新材料产业，通过对外投资等方式促进优势产业和优秀企业进驻产业园，形成融入"丝绸之路经济带"和"21世纪海上丝绸之路"的"双通道"。

第二，创新贸易服务体系。建设具有项目对接、海外市场拓展、技术共享等功能的服务贸易公共服务平台，培育智能制造、机器人、新材料等高端制造产业集群，搭建贸易转型升级的技术研发、工业设计、知识产权等公共服务平台；在对外投资促进机构和境外投资公共信息服务平台加强法律服务、商事纠纷调解和仲裁、财会审计服务等业务合作；推进自由贸易试验区国际贸易单一窗口与"一带一路"沿线口岸之间的信息互换和服务共享平台建设，加快互联互通监管合作新模式在认证和标准计量方面开展双边和多边合作交流；利用"一带一路"产权交易中心与技术转移平台，促进产业科技合作，推进能源、通信、高端装备制造等领域的国际产能合作。

参考文献

［1］裴长洪，刘斌．中国对外贸易的动能转换与国际竞争新优势的形成［J］．经济研究，2019（5）：4-15.

［2］陆燕．自贸试验区建设成效、问题及发展方向［J］．人民论坛，2020（27）：16-19.

［3］郑展鹏，曹玉平，刘志彪．我国自由贸易试验区制度创新的认识误区及现实困境［J］．经济体制改革，2019（6）：53-59.

［4］陈霜华．发挥自贸试验区优势　率先探索向制度型开放转变［J］．科学发展，2020（5）：53-63.

［5］郑州片区首创跨境电商正面监管模式［N/OL］．河南日报，2019-05-10.

［6］杜国臣，徐哲潇，尹政平．我国自贸试验区建设的总体态势及未来重点发展方向［J］．经济纵横，2020（2）：73-80.

［7］辛昱辰，萧安．思索·改革：自由贸易试验区［M］．上海：上海社会科学出版社，2020.

［8］屈韬，罗曼，屈焰．中国自由贸易试验区的外资引致效应及其影响路径研究

［J］. 国际经贸探索，2018，34（9）：17－30.

［9］Wilson S.，Mann C. L.，Ostuki T. Trade Facilitation and Economic Development：A New Approach to Quantifying the Impact ［J］. World Bank Economic Review，2003，17（3）：367－389.

［10］Portual－Perez A.，Wilson J. S. Export Performance and Trade Facilitation Reform：Hard and Soft Infrastructure ［J］. World Development，2012，40（7）：1295－1307.

专题篇四：服务"一带一路"与交通物流枢纽功能

河南自由贸易试验区建设与"一带一路"倡议高质量对接的路径研究

王　茵[①]

2013 年习近平同志提出"一带一路"倡议，是在国际复杂的政治经济形势下，实现全方位开放格局，促进区域一体化，稳定能源资源供给，化解国内产能过剩，实现经济发展转型的重大举措。"一带一路"倡议正是中国向国际社会提供的制度性公共产品，提供全球治理理念，致力于打造经济全球化的升级版，体现了中国负责任大国的担当。自"一带一路"倡议提出以来，中国企业对沿线国家和地区投资已超过 500 亿美元，带动了各国和地区经济发展，体现了共商、共建、共享原则，并为经济全球化深入发展和世界经济持续增长注入强大动力。"一带一路"是中国积极参与全球治理和区域治理顶层设计，也是中国统筹国内、国际两个大局，形成全方位对外开放格局的需要。

2016 年 8 月 31 日，国务院决定设立中国（河南）自由贸易试验区。河南自由贸易试验区肩负着服务内陆地区"走出去"和"引进来"的重任，是"一带一路"倡议落地河南的重要平台。河南自由贸易试验区的辖制范围约 119.77 平方千米，分为郑州（包括郑州出口加工区和河南保税物流中心）、开封、洛阳三个片区。其中，郑州片区重点发展智能终端、高端装备及汽车制造、生物医药等先进制造业以及现代物流、国际商贸、跨境电商、现代金融服务、服务外包、创意设计、商务会展、动漫游戏等现代服务业；开封片区重点发展服务外包、医疗旅游、创意设计、文化传媒、文化金融、艺术品交易、现代物流等服务业；洛阳片区重点发展装备制造、机器人、新材料等高端制造业以及研发设计、电子商务、服务外包、国际文化旅游、文化创意、文化贸易、文化展示等现代服务业。

作为中国自由贸易试验区格局的重要一环，"不靠海、不沿边"的河南自由贸易试验区为"一带一路"建设提供基础支点，同时"一带一路"倡议落实进一步提升了内陆省份对外开放水平和承接国际贸易能力。2019 年，河南全省进出口 5711.6 亿元，增长 3.6%，增幅高于全国平均增速 0.2 个百分点。其中出口 3754.6 亿元，增长 4.9%；进口 1957.0 亿元，增长 1.2%。进口、出口分别居全国第 12 位、第 9 位，均居中部 6

---

①　王茵，博士，郑州大学商学院讲师。

省第1位。对"一带一路"沿线国家和地区进出口1362.1亿元，增长14.6%，高于全国平均水平11个百分点；实际吸收"一带一路"沿线国家和地区外资13.9亿美元，增长18.2%；对"一带一路"沿线国家和地区对外承包工程新签合同额为13.6亿美元，增长20.4%，占新签合同总额的30.7%；对"一带一路"沿线国家和地区对外承包工程完成营业额17.1亿美元，增长17.1%，占完成营业总额的41%①。河南自由贸易试验区在积极探索、主动融入"一带一路"过程中，谋求经济要素的有序自由流动、资源的高效配置和与市场的深度融合，积极推动与沿线主要关联国家和地区的政策协调，开展更大范围、更高水平、更深层次的区域合作，力争与"一带一路"沿线国家共同打造开放、包容、均衡、普惠的区域经济合作构架，为积极探索国际合作与全球治理新模式提供河南样板。

一、河南自由贸易试验区对接"一带一路"的理论阐述

自由贸易试验区的建设以及"一带一路"倡议，都是我国在当前发展阶段，根据国内国际形势的变化与时俱进提出的新的改革开放战略。这些战略的落实，能够让中国有一个更完善的市场经济体系，也可以给中国一个更好的对外环境，不仅能够帮助中国实现中华民族伟大复兴的中国梦，也可以帮助其他发展中国家实现工业化、现代化的梦想，帮助发达国家走出当前的困境，展现"一花独放不是春，百花齐放春满园"的美好愿景（林毅夫，2017）。自由贸易试验区与"一带一路"虽然具有不同的国际法律属性，一个是典型的FTZ，一个是FTA网络，在制度设计、管理模式、治理结构等方面存在一定差异，但是，中国自由贸易试验区与"一带一路"却有着相同的背景和历史使命。

（一）河南自由贸易试验区服务支撑"一带一路"倡议的功能属性

自由贸易试验区制度创新中最为重要的是文化产业制度创新与经贸管理制度创新，借助文化产业与经贸管理制度创新可有效减少国际贸易中的制度障碍，加速国际市场要素的自由流通，进而推进"一带一路"沿线各国和地区的文化交流和经济合作，这正是两大战略间的"软件"对接（李猛，2017）。在硬件方面，对于两大战略对接而言最为重要的是基础设施的贯通与连接，在"一带一路"沿线中的交通枢纽地带设立自由贸易试验区可充分发挥"一带一路"的自由贸易特性，有利于实现两大战略地理交通上的互通互联。河南自由贸易试验区正是位于"一带一路"中的陆上交通枢纽地带，河南自由贸易试验区凭借制度创新与突出的地缘优势有效加速和提升"一带一路"自由贸易中的货物运输、物流中转、客运集散效率，大幅度减少和降低"一带一路"沿线跨境贸易中所需的时间、人力、物力成本，进而有利于推动"一带一路"自由贸易

---

① 数据来源于河南省商务厅《2019年全省商务运行情况分析》。

网络的迅速形成和发展。毋庸置疑,通过两大战略的软硬件对接,河南自由贸易试验区天然地具有服务支撑"一带一路"倡议的功能属性。

(二)河南自由贸易试验区服务支撑"一带一路"倡议的内在关系

自由贸易试验区与"一带一路"同为我国深化对外开放的载体,两者共同组成新时期中国改革开放的核心力量,可谓是相互依存和共同发展,尤其是自由贸易试验区服务支撑"一带一路"倡议的内在关系属性最为突出,当前两者的内在关系具体体现在以下几个方面。

1. 自由贸易试验区与"一带一路"倡议的内涵理念相通

"一带一路"所坚持倡导的"政策沟通、设施联通、贸易畅通、资金融通和民心相通"与中国自由贸易试验区建设所始终遵循的"投资自由化、贸易市场化、金融国际化、管理规范化"存在诸多相通之处。河南自由贸易试验区建设以制度创新为核心,落实的是"一带一路"倡议合作重点中的政策沟通;以现代综合交通枢纽为主要战略定位,顺应的是"一带一路"倡议的设施联通;要营造法治化、国际化、便利化的营商环境,建成高水平高标准自由贸易园区,落实的是"一带一路"倡议中的贸易畅通;洛阳片区、开封片区均以文旅发展、历史文化传承创新等作为发展重点,充分落实"一带一路"倡议中的民心相通;金融领域的开放与创新、跨境投融资创新等,正是落实"一带一路"倡议中的资金融通。可见河南自由贸易试验区建设处处围绕着"一带一路"倡议的合作重点,不仅体现了河南自由贸易试验区与"一带一路"内涵一致,更重要的是河南自由贸易试验区对"一带一路"的重要支撑。

2. 自由贸易试验区与"一带一路"倡议的功能价值相联

"一带一路"的核心要义是通过"走出去"开创新的市场空间,实现中国经济转型升级和再平衡,并通过构筑发达交通网络不断深化沿线经济合作,努力打造以"一带一路"为载体的自由贸易区网络。"一带一路"自由贸易区网络的推进落实需要沿线一些贸易核心区域作为地域节点和战略支撑,河南自由贸易试验区正处于"一带一路"国内线段中区位优势显著、经贸往来频繁、腹地较为广阔的交通枢纽地带,加之自身宽松便利的市场管理模式,无疑成为我国衔接"一带一路"自由贸易区网络的最佳战略切点之一。通过中国自由贸易试验区联通"一带一路"自由贸易区网络,更能有效发挥"一带一路"的要素聚集、经济辐射和区域联动作用。

3. 自由贸易试验区为"一带一路"倡议的制度创新"先行先试"

自由贸易试验区着力推行各项管理制度创新,"先行先试",为"一带一路"制度建设提供了可靠的实践平台和丰富的规范渊源,为将来"一带一路"制度建设创造条件和积聚经验。自由贸易试验区通过制度创新对接"一带一路"倡议的基本逻辑思路:首先,自由贸易试验区通过制度创新,构建较为完善的自由贸易试验区经贸规则体系,进而推动自由贸易试验区市场开放、贸易便利化与投资自由化。其次,将成功实践的制度创新引入"一带一路"法治建设,充实"一带一路"法治内容,创建有利于"一带一路”发展的法治营商环境，激发"一带一路"市场经济活力，形成"一带一路"自由贸易区网络，反向带动自由贸易试验区经济发展，给自由贸易试验区内企业带来更多国际经贸合作机遇，实现两者的有益互补、相互对接和共同发展。

二、河南自由贸易试验区对接"一带一路"的现实基础

河南位于丝绸之路经济带西向、南向和联通海上丝绸之路的交汇处，是"一带一路"沿线的重要交通枢纽。依靠卓越的地理交通优势，河南现已成为中西部、中东部、华北地带主要的客货集散地、物流中转站以及"一带一路"的支撑点和桥头堡。而且，河南自由贸易试验区的战略定位是服务于"一带一路"建设的现代综合交通枢纽，自由贸易试验区的单一窗口、便利通关、分类监管等先进管理制度能够有效提升外来货物通关周转效率、降低交通运输成本、便利人员商品流通，更加充分发挥河南在"一带一路"运输网络中的交通枢纽作用。目前，"四路协同"建设为河南自由贸易试验区高质量融入"一带一路"提供了扎实的现实基础。

（一）"陆上丝绸之路"越跑越快

按照《郑州铁路枢纽总图规划（2016－2030年)》，郑州铁路将形成衔接石家庄、济南、徐州、阜阳（合肥）、武汉、重庆、西安、太原八个方向，京广、徐兰、郑万、郑太、郑阜、郑济高铁、京广、陇海铁路等干线，以及郑州—开封、郑州—新郑机场、郑州—洛阳等城际铁路引入的环形放射状大型铁路枢纽。2020年，河南全省货运铁路里程将新增337千米，形成"四纵六横"干线铁路网，铁路网络越来越密。依托陆路交通区位优势，河南"陆上丝绸之路"建设以中欧班列（郑州）为载体，着力拓展中欧、中亚铁路货运通道，集聚了越来越多的进出口货物（齐爽，2019）。数据显示，郑欧班列自2013年开行以来，截至2020年5月31日，班列累计开行3090班，运输货物重量累计达160.29万吨，货值131.14亿美元。2020年计划开行1100班，截至2020年5月31日累计开行330班（212班去程，118班回程），累计货值13.49亿美元，货重21.50万吨。中欧班列（郑州）实现了对欧洲、中亚和东盟物流服务网络全覆盖，打通了河南与中亚地区之间的联系，并补齐了中亚无出海通道的短板，为河南与东盟地区共同发展、共同繁荣提供了重要平台。

（二）"空中丝绸之路"越飞越广

"空中丝绸之路"的提出，让"一带一路"建设覆盖的地区更加广泛，不仅连接大陆、沟通海洋，还在浩瀚的天空中构架起合作的桥梁。郑州机场获批第五航权，已开通航线236条，横跨欧美亚三大经济区，国际枢纽航线网络初步形成，成为全国第二个航空、铁路、轨道交通、高速公路一体化换乘机场（尹帅，2018）。2018年，郑州机场

完成旅客吞吐量 2733 万人次，同比增长 12.5%，增速在全国 2000 万级以上前 22 个大型机场中排名第一，行业排名升至全国第 12 位；货运吞吐量为 51.5 万吨，全国排名第七位；客货运规模自 2017 年以来持续保持中部"双第一"。与此同时，多式联运体系建设也在快速推进中，目前郑州机场已经形成"空空＋空地""全货机＋客机腹舱"相互衔接、运转高效的多式联运航运体系，以及"机公铁海"四港一体的多式联运体系。

（三）"网上丝绸之路"越来越便捷

近年来，河南自由贸易试验区着力构建"多主体运行、多模式发展、多点布局、联动发展"格局，在全国首推 O2O 现场下单、现场提货模式，首创"一区多功能"监管服务模式，"查验双随机""跨境秒通关"成为行业标杆。启动建设 EWTO 核心功能区，基本建成全球网购商品集疏分拨中心，集聚了全球近 4 万种产品。2019 年，全省跨境电商进出口（含快递包裹）1581.3 亿元，增长 22.7%。其中出口 1133.7 亿元，增长 22.1%；进口 447.6 亿元，增长 24.0%。快递包裹出口 6709.8 万件，货值 148.7 亿元，下降 11.1%。郑州海关共监管跨境电商零售进出口清单 12679.6 万票，增长 32.8%；货值 161.7 亿元，增长 34.3%。其中，出口清单 4745.1 万票，货值 49.2 亿元；进口清单 7934.5 万票，货值 112.5 亿元。河南跨境电商"买全球、卖全球"的局面逐步形成。此外，在跨境电商创新发展方面，与上海、广州、杭州、重庆、宁波等地的跨境电商发展模式相比，郑州"1210"模式重点发展保税备货、进口和出口集货业务（李晓沛，2019），郑州跨境电商业务模式特色鲜明、优势突出。

（四）"海上丝绸之路"越来越顺畅

河南不断加强与沿海港口合作，建设海铁联运国际国内大通道，积极打造"海上丝绸之路"。郑州铁路局联合海关、青岛港、连云港等在郑州集装箱中心站设立了"铁海联运服务中心"，通过铁路货场与沿海港口的信息、业务、操作等无缝对接，将码头功能成功延伸到铁路场站，实现了沿海港口业务前移，打造出铁路"无水港"（晏澜菲，2019）。目前，河南全省已开通海铁联运班列线路 9 条，全年开行 206 班，正在形成以郑州为中心、区域节点城市为支撑的陆海货运通道枢纽。自 2015 年郑州至连云港、青岛、天津等港口的海铁联运班列开行以来，已累计运行近 400 班。与此同时，河南全省内河水运与沿海港口也进行了无缝衔接，河南已建成沙颍河、淮河两条通江达海内河高等级航道，有效连接上海等"海上丝绸之路"重点港口。

三、河南自由贸易试验区对接"一带一路"的实践探索

（一）郑州片区对接"一带一路"的实践

郑州片区对接"一带一路"的实践，涉及探索与"一带一路"沿线国家和地区贸

易合作便利化、探索与"一带一路"沿线重点国家和地区的国际产能合作、探索与"一带一路"沿线国家和地区科教文化合作、强化对"一带一路"建设的金融服务、完善面向中原经济区的产业公共服务、带动中原经济区企业"抱团出海"等方面。

第一，与"一带一路"沿线国家和地区贸易合作便利化方面，积极与"一带一路"沿线国家和地区开展海关、检验检疫、认证认可、标准计量等方面的交流与合作、探索与沿线国家和地区实施贸易投资便利化的机制。郑州片区企业在乌兹别克斯坦、德国等"一带一路"沿线国家和地区展开投资。例如，万邦国际集团与中检集团在郑州片区合资成立进出口公司，搭建河南省以及中部地区农副产品进出口服务平台，目前已与乌兹别克斯坦达成协议，正在乌兹别克斯坦开工建设100平方千米农业自由经济区项目；河南林德国际物流有限公司、河南省自贸办、德国帕希姆机场管理公司已签订三方合作协议，在德国帕希姆机场及保税经济合作区设立河南首家自由贸易合作园区"河南—帕希姆自由贸易合作区"。此外，2018年3月23日，郑州片区举办首届中国（河南）自由贸易试验区国际物流金融洽谈会，"一带一路"沿线国家和地区的政府机构以及物流、贸易、金融等业界精英等参加洽谈。

第二，探索与"一带一路"沿线重点国家和地区的国际产能合作，重点在农业、矿业、装备制造、物流、工程承包、能源资源等领域开展国际合作；探索在"一带一路"沿线国家和地区投资开发综合性商贸物流园、产业园、港口等项目；推进大型企业与海外企业开展国际产能合作。具体实践中，一是制订《郑州市推进中欧区域政策合作案例地区建设工作方案（2018－2020）》。二是组织举办欧洲铁路交通联盟2018年度大会暨亚欧互联互通产业合作论坛、第13次中欧区域政策合作研讨会、"一带一路"国际合作典型项目研讨会等国际会议活动。三是组织企业境外投资活动，郑州市十家制造业企业先后赴日本、韩国、德国、英国及卢森堡开展产业合作对接活动；宇通集团、海马汽车、中车四方、威科姆等十余家企业参加赴古巴投资情况介绍会，探索在"一带一路"沿线国家和地区投资开发产业项目，郑州片区目前形成了郑煤机、宇通、中铁工程装备等具有代表性的"走出去"企业。

第三，探索与"一带一路"沿线国家和地区科教文化合作，加强郑州片区国际文化交流，文化贸易创新发展机制建设，推进文化传承和开发，完善服务链条，建设华夏历史文明重要传承区；积极引进境外优质教育资源开展高水平、示范性合作办学，加大对"一带一路"沿线国家和地区中国政府奖学金支持力度。具体实践中，持续加强郑州片区国际文化交流与文化贸易创新发展，一是在全市范围内征集2018年新型文化业态招商引资项目37个，涉及文化创意、演艺娱乐、动漫游戏、文化旅游、艺术品与工艺美术、网络文化、文化会展、数字文化服务等文化类各相关领域，投资额达429亿元。二是组织开展第12届中国（河南）国际投资贸易洽谈会文化领域邀商工作，初步对接了伏羲文化产业园等3个合作项目，总投资额达10亿元。三是组织企业开展"走出去"参展招商和投融资路演活动，如第二届河洛文化大集活动、第二届河南省中小文化企业投融资路演暨项目对接签约活动、第13届中国（义乌）文化产品交易会等。

第四，强化对"一带一路"建设的金融服务，加强与"丝路基金"对接，强化和国家开发银行、中国农业发展银行、中国进出口银行合作，争取获得对郑州片区企业"走出去"资金支持。国家开发银行发挥"投贷联动"优势，对郑州国际陆港多式联运集输中心投放国家专项建设基金 1 亿元。在多家金融机构的联合支持下，宇通集团成为中国规模最大的客车制造商，在中国客车出口份额中多年排名第一，产品销往全球 120 多个国家和地区。财政部、发改委、亚投行三方磋商同意将"中欧班列项目"列入亚投行贷款项目，目前等待国家最终批复。充分对接用好河南省"一带一路"政策性出口信用保险统保平台，对大型成套设备出口融资应保尽保，支持优势产业拓展海外市场，扩大出口信用保险规模和覆盖面。政策性出口信用保险"走出去"风险统保平台于 2017~2018 年累计支持项目 13 个，其中工程承包及服务类项目 6 个，对外投资类项目 7 个，共计带动出口和投资 13.8 亿美元，涉及专项扶持资金 1253.69 万元。中国信保河南分公司短期险保额实现持续同比增长，2018 年承保额 53.67 亿美元，同比增长 9.9%；累计服务企业 1769 家，同比增长 37.9%。郑州片区在企业"走出去"金融支持方面的工作初见成效。

第五，完善面向中原经济区的产业公共服务，搭建服务于中原经济区产业转型升级的技术研发、工业设计等公共服务平台；加强郑州与中原城市群在金融、物流、贸易、科技服务等领域的合作；引导中原经济区企业通过郑州片区跨境电商平台开展交易，为区内注册企业自主品牌出口业务提供便捷通关服务。郑州市持续推动中原经济区的公共服务平台建设，2017 年与 2018 年共认定市级科技公共服务平台 20 家，进一步促进了中原经济区建设。河南省发改委出台的《郑州大都市区空间规划（2018 – 2035 年）》、河南省政府出台的《建立更加有效的区域协调发展新机制实施方案》将持续推动郑州与周边毗邻城市融合发展，引领中原城市群高质量发展。

第六，带动中原经济区企业"抱团出海"方面，支持郑州片区企业与中原经济区有条件的企业，在海外国家和地区合作开展对外投资活动；支持外贸综合服务企业发展，为中原经济区中小外贸企业提供通关、融资、退税、国际结算等综合服务。河南豫满全球跨境电商发展有限公司等七家企业被认定为 2019 年度"河南省外贸综合服务企业"。2019 年度河南省外贸综合服务企业全部为郑州企业，说明了郑州在对外贸易工作方面的成绩，有利于促进中小外贸企业发展。

（二）洛阳片区对接"一带一路"的实践

2017 年 7 月，河南万邦国际集团与中检集团河南公司合资成立河南万邦优选供应链管理有限公司，旨在借助"一带一路"倡议布局与河南自由贸易试验区发展的有利先机，搭建河南省及中部地区农副产品进出口贸易综合服务平台。2018 年 3 月，洛阳万邦农产品物流园项目在自由贸易试验区完成工商注册及项目备案，开始建设洛阳物流中心。2018 年 4 月，洛阳万邦优选供应链管理有限公司（以下简称洛阳万邦优选）

在河南自由贸易试验区洛阳片区成立，成为"洛阳—布哈拉农业产业合作区"项目的实施企业。2018年6月，在乌兹别克斯坦注册成立全资控股子公司Richland International Agricultural Development Co., LTD（厚疆国际农业发展有限公司），并作为合作区首家入园企业，开始合作区内绿豆种植、分拣加工厂、农产品贸易的实施工作。2018年9月，洛阳万邦优选完成对外直接投资备案手续，取得河南省商务厅颁发的《企业境外投资证书》，"洛阳—布哈拉农业产业合作区"项目建设正式拉开帷幕。布哈拉与洛阳同时建设"一带一路"物流中心，形成双向开放的双枢纽，扩大"一带一路"农产品双向贸易发展。

"洛阳—布哈拉农业产业合作区"由农业种养殖区和产业园区组成。农业种养殖区土地属性为农业用地，位于布哈拉州西北方向比什库区，总规划面积100平方千米，以谷物、经济作物种植区和牛羊禽等畜产品养殖区为主。产业园区土地属性为综合建设用地，位于布哈拉州东南方向卡甘区，总规划面积100公顷，距离布哈拉火车站仅10分钟车程，主要规划内容包括：中亚班列展示厅，农产品贸易中心，仓库、保鲜库、冷库等仓储物流中心，谷物分拣加工厂，果蔬分拣包装厂，肉类屠宰场，食品、饮料生产厂，水果深加工区，大蒜深加工厂，农机农械销售、租赁、维修中心，冷库设施设备生产厂，农业教育培训基地，良种良育研发中心，企业总部服务中心及生活服务区等境外农业研、种、产、储、销等综合型产业合作区。

合作区以"一带一路"倡议为行动指南和方针，致力于打造在"一带一路"沿线国家和地区有影响力和辐射力的具有中国发展特色的境外经贸合作区，加快推动中国先进的农业科技、农资、洛阳制造的大型农机机械设备、现代化大田农艺技术、节水灌溉技术等"走出去"的步伐，有效扩大国际产能合作，提升乌兹别克斯坦的农业技术，改善种植结构和养殖方式，高效利用该国耕地，提高种养殖效率，扩大该国农业就业人口、提高农业效益和农业人口收入，积极参与乌兹别克斯坦农业现代化进程。同时，合作区积极开展农产品贸易，将乌兹别克斯坦丰富的豆类、牛羊肉、干果、水果等农产品引入中国市场，特别是种养殖和进口国内紧缺农产品，通过洛阳万邦农产品物流园分销全国市场。合作区项目和洛阳万邦农产品物流园项目的共同启动，将助推农产品国际物流发展，扩大"一带一路"农产品双向贸易。为保障"洛阳—布哈拉农业产业合作区"项目稳定快速建设和发展，布哈拉州政府及各区政府为合作区及附属园区企业提供包括以下优惠政策在内的支持：给予合作区300公顷综合建设用地49年使用权及10000公顷农业用地使用权，以后根据需要逐年增加用地供应，以上均出具法律文件确保甲方拥有合法的土地权益。对于合作区的建设审批、工程审批、行政审批明确快捷流程和时限，防止行政推诿延误建设。提供相关配套设施，包含通往合作区的道路畅通、电力、燃气、供水、通信等。依据乌兹别克斯坦法律并依照合作区发展需要，提供专有铁路线。配合合作区在布哈拉州农业方面的工作，协助与州内种植农合作，解决中资企业在当地遇到的问题，根据乌兹别克斯坦的法律法规维护中资企业权益。将合作区纳入布哈拉国家自由经济区范围，并享受乌兹别克斯坦法定的自由经济区特权和优惠。协助合作区推动乌兹别克斯坦牛肉准入中国，并申请 4 万吨的牛肉出口配额。经贸区政策 50 年不变，前 15 年免任何税收，免除税种包括：土地税、利润税、法人财产税、改善和发展社会基础设施税、共和国道路税等；后 15 年税收在现行基础上减半。不增加额外税目和收费，未获中国大使馆同意，不得任意罚款。

在农产品贸易方面，2018 年经由河南万邦优选，乌兹别克斯坦绿豆第一次而且是以专列形式出口中国，产生了广泛影响，对乌兹别克斯坦优质农产品输华贸易起了很好的示范作用。截至目前已累计发行 15 次绿豆专列（约 1.6 万吨），贸易额突破 1000 万美元，借助万邦物流城全国批发销售的优势分销全国。2019 年 5 月河南进境粮食口岸获批以后，万邦优选积极组织、协调多方资源，在 2019 年 7 月 31 日，满载着 260 吨乌兹别克斯坦"洛阳—布哈拉农业产业合作区"种植生产的绿豆班列顺利抵达位于郑州圃田铁路集装箱中心站内的河南进境粮食指定口岸，这是河南省首次利用中亚班列直接进口粮食，万邦也成为第一家进口粮食在郑州口岸落地的企业。在合作区当地公益事业方面，2019 年以来合作区义务参与当地麦收 500 公顷，发放绿豆良种 15 吨，开展语言与农机技术培训，解决就业，对布哈拉州比什库区捐资助学，参与公益，积极践行"一带一路""共建、共享"倡议，努力落实洛阳与布哈拉友谊合作。

2020 年项目预期目标是取得 100 公顷综合建设用地土地权益，推进合作区牛肉屠宰加工厂 1 期项目的建设，新增年度固定资产投资 400 万美元，农产品贸易突破 1 亿元。

1. 合作区基础设施投资建设

与合作区所在地政府积极对接，做好进一步的投资与规划备案，取得 100 公顷综合建设用地土地权益。协调当地政府对地上少量的附属物与建筑垃圾进行清障，协调用电用水等问题，在此基础上筹备合作区办公中心、生活区 1 期项目的建设。2020 年底之前，可建成满足 50 人办公、住宿、餐饮、娱乐室、游泳池等公共服务需求的基础设施，主要用于中国员工的生产生活需要。

2. 产业投资建设

继绿豆之后，2020 年合作区拟引资并注册成立 1 家开发干果、水果的中资控股公司，主要投资建设干果的收购、加工及仓储工厂，用于黑加仑等乌兹别克斯坦特色干果的收购、加工与包装、储存。积极与乌兹别克斯坦农业部、海关、当地政府等对接，推进合作区 4 万吨牛肉出口配额及牛肉输华准入的提报，筹备合作区牛肉屠宰加工厂 1 期项目的开工建设。

3. 农业种养殖开发

继续深耕农业种养殖，优化农业种植结构，根据市场需求调整现有单一的绿豆种植模式，尝试新鲜蔬菜、温室大棚经济作物的开发，尝试中药材种植，并把现有绿豆种植用地升级为绿豆良种的开发基地，与当地及周边州农户、农场合作，输出绿豆良种，鼓励当地种植，合作区进行回购。开始肉牛养殖育肥项目的工作，建设一座小型的养殖育肥基地，结合养殖育肥技术、防疫技术、饲料与牛种进行养殖育肥试验，为后期规模化养殖育肥肉牛及畜禽产业发展奠定基础，提供技术支撑。

四、河南自由贸易试验区高质量对接
"一带一路"的路径选择

"一带一路"沿线国家和地区的情况和经济发展的巨大差异决定了各国对贸易投资要求在规模、结构及性质等方面的多样性和复杂性；同时，基于地缘经济关系，沿线国家也都有相对稳定的国际贸易投资格局。在这样的情况下，要扩大与沿线国家和地区，尤其是扩大与距离我国比较远国家和地区的经贸往来，甚至成为其主要的贸易伙伴显然不是轻而易举的事情，需要长期持续努力（张建华，2019）。整体上来看，河南自由贸易试验区在建构与沿线国家和地区的投资和贸易规则时，既要采纳和遵循被认可的国际通行规则，也要制定适合双方情况、河南省情的特定需要的新规则。因此，需要有针对性地以河南自由贸易试验区主要的贸易伙伴国家和地区为对象，深挖贸易潜力，促使河南自由贸易试验区高质量对接"一带一路"，实现国际循环和国内循环相互促进、联动发展。

（一）战略对接上，要成为经济走廊的重要支撑

六大经济走廊是"一带一路"倡议的基本骨架和建设重点。它通江达海，直接连接俄罗斯、中亚、东南亚、南亚，贯通东北亚、中东欧、西欧、西亚、非洲等地，辐射世界其他区域，对外以线连接、以带支撑起整个"一带一路"，对内服务于中国国内各个地区，形成全面开放的新格局，意义重大。河南自由贸易试验区要充分把握新亚欧大陆桥经济走廊、中巴经济走廊的互动合作，"因廊"施策，提升与"一带一路"建设的契合度，配合"一带一路"务实地推动经济走廊建设。

（二）产业对接上，要成为产业合作的重要桥梁

随着"一带一路"的推进，加强国际产能合作正成为我国与"一带一路"沿线国家和地区合作的重要领域。在"一带一路"沿线国家和地区中，大部分国家和地区的工业化水平低于中国，面临着工业化发展的巨大任务，因此中国除了优势产业转移之外，还应该让这些国家和地区需要的配套物资也能"走出去"，这是产能合作的目标。河南自由贸易试验区由于其灵活的政策待遇，有助于推动合作双方实现"供需互补、各施所长、各尽所能"的交往和交流，帮助解决合作中一些难以解决的问题。这些都需要通过采取相应措施，把投资和贸易有机结合起来，以投资带动贸易发展。另外，园区经济是一个成功经验，也成为"走出去"的一种方式，但值得强调的是，园区经济是中国国情的产物，要把其形成和运作模式一成不变地搬到其他国家，成功的可能性不是很大。河南自由贸易试验区要做的就是，与沿线国家和地区合作探索适合当地的园区运作模式，这样的园区经济无疑是国内园区经济的创新和变种。

（三）交通对接上，依托铁路交通优势，整合航空、陆运等交通方式

继续强化基础设施建设，着力提高物流效率和跨境电子商务能力。河南作为丝绸之路的交通枢纽，其基础设施的建设、维护和升级至关重要，因此要加大对河南交通设施、自由贸易试验区配套设施的资金投入，围绕自由贸易试验区战略加大郑州航空港建设，以郑欧路线为主线适度向外扩展形成郑欧铁路网络，构建起以郑州航空港与郑欧铁路为支撑的丝绸之路陆航一体新干线，以便更好地发挥自由贸易试验区便利通关、货物集散、经贸自由的功能和作用，使自由贸易试验区能够直接参与丝绸之路商贸资源的聚集与整合，将贸易与交通更紧密地联系在一起，吸引更多外商通过自由贸易试验区开展投资贸易，借助自由贸易试验区的聚集效应推进河南成为丝绸之路中的物流中心、路港中心和商贸中心。

（四）文化对接上，创新构建自由贸易试验区文化产业

我国非常重视对自由贸易试验区文化产业的监管，不断建立健全有关制度，如将烦琐的文化活动审批流程进行简化、放宽文化产业经营许可范围等，从而构成了我国特有的自由贸易试验区文化产业，为我国与"一带一路"沿线国家和地区构建了文化交流的桥梁（杨芳，2018）。虽然"一带一路"倡议不断清晰、完善，但是受到价值观、思维方式等方面的影响，还有一些国家对"一带一路"有所误解，认为"一带一路"倡议是通过弘扬本土文化从而影响其他国家的贸易发展。对此，应该加强与"一带一路"沿线国家和地区的文化交流，让全世界都能客观、科学、公平、公正地理解"一带一路"，中国自由贸易试验区文化产业独特的文化监管模式正好能够作为"一带一路"文化交流的桥梁，可以在自由贸易试验区这个平台上开展与"一带一路"沿线国家和地区的文化交流，消除误解，弘扬"一带一路"所存在的合作共赢、开放和谐的实质含义，在文化层面上给其顺利实施带来有力的保障。

参考文献

[1] 林毅夫. 一带一路与自贸试验区：中国新的对外开放倡议与举措 [J]. 北京大学学报（哲学社会科学版），2017（1）：11 – 13.

[2] 李猛. 中国自贸试验区服务与"一带一路"的内在关系及战略对接 [J]. 经济学家，2017（5）：50 – 57.

[3] 李晓沛. EWTO 核心功能集聚区的创新发展 [J]. 区域经济评论，2019（3）：57 – 65.

[4] 齐爽. 河南自贸区高质量融入"一带一路"的问题与对策 [J]. 郑州轻工业学院学报（社会科学版），2019，20（5）：111 – 117.

[5] 尹帅. 河南省融入"一带一路"倡议的四维发展空间 [J]. 全国流通经济，

2018（23）：66－67.

［6］杨芳. 中国自贸试验区战略下的"一带一路"合作、协调与对接［J］. 价格月刊，2018（6）：72－75.

［7］晏澜菲. 河南自贸试验区筑起内陆发展高地［N］. 国际商报，2019－04－12（05）.

［8］张建华. 上海自贸试验区服务"一带一路"倡议：基于国情的制度创新［J］. 上海对外经贸大学学报，2019（5）：79－88.

［9］毕马威企业咨询（中国）有限公司. 中国（河南）自由贸易试验区郑州片区营商环境白皮书［R］. 2020.

河南自由贸易试验区与临空经济区联动发展研究

汤　凯①

中国（河南）自由贸易试验区（以下简称"河南自由贸易试验区"）和郑州航空港经济综合实验区（以下简称"郑州航空港实验区"）是落户河南的两个最重要的国家级战略平台，共同构成了引领河南经济社会发展的战略组合，在区域发展、改革开放、创新驱动等方面形成了诸多战略先导优势，为河南提质转型提供了强劲动力。统筹推动两大战略平台联动发展，形成相互促进的放大效应和叠加溢出效应，是河南培育竞争新优势、打造增长新引擎、提升综合竞争力、推进高质量发展的关键举措。

制度创新是河南自由贸易试验区的核心任务，自 2017 年 4 月 1 日挂牌运行以来，河南自由贸易试验区在营造更良好的营商环境方面取得了显著成绩，有效激发了社会投资积极性，探索了一批独具地方特色的可复制、可推广的制度创新成果。郑州航空港实验区同样也以制度创新为主要任务，《郑州航空港经济综合实验区发展规划（2013－2025年）》明确提出要"着力推进对外开放合作和体制机制创新"，要以体制机制创新为抓手，推动重点领域和关键环节全面深化改革，激发创新在郑州航空港实验区经济社会转型升级中的驱动作用。因此，河南自由贸易试验区与郑州航空港实验区联动发展具有天然的制度优势。推动两大国家战略协同创新，最大化激发两区的叠加效应、辐射效应、示范效应，对河南全面融入"双循环"新发展格局、实现转型升级和高质量发展具有重要意义。在两区联动发展、形成叠加效应的过程中，要以河南自由贸易试验区的发展理念来推动郑州航空港实验区建设，努力探索更高水平的制度创新成果，并依托制度创新促进体制机制创新、科技创新、产业创新等各方面创新；要以郑州航空港实验区建设的政策需求为重要导向，有效发挥河南自由贸易试验区"先行先试"的制度优势，突出建设"内陆开放型经济示范区"的战略定位，倒逼河南自由贸易试验区加快制度创新，引领经济转型，构建河南扩大对外开放新格局。

一、两区联动发展的内涵

联动是关联事物之间相互运动。河南自由贸易试验区与郑州航空港实验区联动发

---

① 汤凯，博士，郑州大学商学院讲师。

展（以下简称"两区联动"），是指河南自由贸易试验区和郑州航空港实验区充分利用国家赋予的特殊政策，结合各自的战略定位及发展特色，统筹协调相关要素与资源，不断增强政策和资源的利用效率，探索制度、体制机制、科技、产业、人才、发展模式等各方面的创新协同，并将联动发展、先行先试探索的创新成果复制推广到全省甚至是全国，推动经济社会的高质量发展。把握两区联动发展的内涵需重点注意以下几个问题。

（一）自由贸易试验区和航空港实验区均是面向新发展阶段的政策创新

改革开放后，中国充分发挥以廉价劳动力为代表的低成本要素资源优势，实施了以经济特区为代表的开放政策，在东部沿海等局部区域逐渐形成全球竞争优势，通过发展"三来一补"加工贸易嵌入全球产业价值链分工体系中，取得了巨大成就，东南沿海区域也逐渐发展成为"世界工厂"。这一成功实践一方面源于自身积极改革转变以激活生产力要素，另一方面也与全球产业链分工调整和向发展中国家转移的历史潮流密不可分。第三次工业革命驱动西方发达国家不断从工业经济向知识经济、创新经济跃升，在"抓两头放中间"的战略理念下，西方发达国家选择将创新活动较为集中、科技附加值较高的研发环节和销售环节留在本国内，而把生产制造环节转移到劳动力、土地和生态成本较低的区域，中国所拥有的丰富低廉的劳动力使其成为国际产业转移的理想之地。中国相继实施的经济特区、沿海开放城市、沿海经济开放区等区域开放政策既有效地吸引了国际制造业转移，又实现了推动国内生产要素向特定区域集聚的目标，使这些区域迅速崛起，带动更大区域的发展，达到了良好的经济效果。但伴随发达国家制造业转移逐渐完成以及中国"人口红利"等传统要素优势不断消退，中国经济社会发展面临的土地、人口、资源等约束愈加严峻，亟须实现转型升级，从注重发展速度向更加注重发展质量的高层次新发展阶段迈进。尤其是对于广大的内陆地区，如何在新发展阶段实现更高水平的对外开放、实现内陆经济的转型发展，成为亟待破解的重要命题。因此，中国实施的自由贸易试验区和航空港实验区（或临空经济区）两个区域开放新战略，是应对新形势、面向新发展阶段、构建"双循环"新发展格局的政策创新，尤其是对于内陆地区，既能有效培育内陆地区外向型经济发展，引领其深度融入全球价值链，又能更好地激活内陆地区各类要素资源，从而为其实现跨越工业鸿沟而跃入知识经济、创新经济、开放经济新时代构建起更大的全球竞争新优势。

（二）自由贸易试验区和航空港实验区是功能互补的新经济集聚区

经济特区、经济开发区主要发展传统经济，而自由贸易试验区和航空港实验区更聚焦于发展以创新、开放为特征的新经济。新经济的关键要素是创新，核心环节是基于自由贸易制度和对外开放进行全球资源配置。在互联网、大数据时代，创新价值链布局呈高度全球化分布形态，一个区域在全球创新价值链中的分工和地位一方面取决于本地的创新禀赋，如创新基础、创新投入等；另一方面取决于其制度环境，如对外开放水平、配置全球创新资源的竞争力等。两者相互依存、相互补充。因此，新发展阶段下发展新经济，必须要搭建高端创新、开放平台。自由贸易试验区以制度创新为核心，推动技术创新、贸易创新、产业创新等，是中国目前最高层次的面向全球的创新平台；航空港实验区着力打造区域对外开放门户，以此提升区域参与国际产业分工的层次，推动构建开放型经济体系，是地方具有高度活力的开放新高地。两区联动发展，能把自由贸易试验区与航空港实验区的创新与开放资源有效对接起来，充分利用国际国内"两个市场、两种资源"，推动人才、科技、资金、贸易、金融、数据、产业的多维度融合与联动，加强产学研、内外资、政社企的多主体协同，构建国际化循环、全球化配置、高端化发展的创新与开放生态系统。

（三）两区联动的实质是制度创新与产业创新、科技创新的联动

自由贸易试验区是制度创新的试验田，旨在通过改革试验驱动制度创新，建立与国际接轨的投资贸易规则体系，为经济社会转型升级提供全方位的创新性制度资源；航空港实验区是创新转型的重要载体，旨在在国家划定机场周边区域内开展体制机制创新活动，破除制约产业创新、科技创新的各种制约因素，吸引人才、技术、资本、金融、数据、文化等各种高端要素集聚，建立与全球创新链相融合的新型产业体系，探索以航空港经济促进地区发展方式转变的新模式，为加快构建战略性新兴产业、实现创新驱动发展提供经验。整体而言，自由贸易试验区以制度创新为核心，航空港实验区以产业创新、科技创新等为核心，两者共同指向创新经济，是相互促进、联动发展的关系：一方面，制度创新有利于破解产业创新、科技创新的瓶颈，良好的制度环境是推动产业创新、科技创新的核心要求；另一方面，产业创新、科技创新成果又会进一步优化贸易投资环境，从而对人才、技术、资本、金融、数据、文化等各种高端要素产生强大的吸引力，促进各类创新要素的跨境流动和高效配置，实现制度创新。

二、两区联动发展的战略意义

河南自由贸易试验区和郑州航空港实验区均是国家深化改革开放、先行先试的先导区，促进两区在制度创新、开放创新、科技创新、产业创新等方面的深度叠加，实现联动发展，是河南实施创新驱动战略必须深入思考和解决的重要问题，对于河南深化改革开放、促进经济社会高质量发展以及全面融入"双循环"新发展格局均具有重要战略意义。

（一）两区联动可以拓展先行先试的试验舞台

河南自由贸易试验区与郑州航空港实验区的共同特征是在多个领域均可积极开展"先行先试"，共同任务是要及时复制、推广改革创新经验和成果。如果两区能够实现联动发展，河南自由贸易试验区形成的制度创新成果便可在郑州航空港实验区率先得到推广，使郑州航空港实验区成为河南自由贸易试验区制度创新成果应用于全省甚至全国的先行区；郑州航空港实验区探索的创新模式与成功经验也可在河南自由贸易试验区内先行尝试，使河南自由贸易试验区成为郑州航空港实验区服务全省甚至是全国的第一站，这无疑能极大地拓展两区先行先试的舞台空间，使两区探索出来的改革创新成果得到最大化应用，协同引领全省经济社会的转型升级。

（二）两区联动可以放大改革创新的示范效应

河南自由贸易试验区与郑州航空港实验区的共同使命是要打造区域增长极，引领内陆经济转型发展，并在全国形成示范引领效应。实现两区联动发展，使制度创新、产业创新、技术创新、贸易创新等高效融合，实现多维创新模式相得益彰，能最大化发挥改革红利，提升对外开放层次，激发蛰伏的创新能力，从而形成"1＋1＞2"的叠加效应。例如，在体制机制创新方面，若河南自由贸易试验区提出的"交通物流融合发展和投资贸易便利化方面"的体制机制创新与郑州航空港实验区提出的"对外开放"体制机制创新有机结合，将能为打造"内陆开放型经济示范区"或"内陆地区对外开放重要门户"提供新的发展路径。

（三）两区联动可以形成双轮驱动的发展格局

中国正加快构建"双循环"新发展格局，创新驱动、对外开放驱动的重要性愈加显现。郑州作为国家中心城市，理应成为引领河南融入新发展格局的先行者以及改革开放、高质量发展的排头兵。河南自由贸易试验区与郑州航空港实验区是中央交付于郑州的两项重大战略任务，实现两区联动发展，既能够提升郑州航空港实验区的国际化建设层次，又能最大化丰富河南自由贸易试验区的科技型、创新型、开放型内涵，使开放优势与创新基因相辅相成，使郑州国家中心城市"龙头"昂得更高，使两区联动发展成为驱动河南乃至全国创新与开放发展的两个轮子、两大引擎。

三、两区联动发展的基础优势

河南自由贸易试验区与郑州航空港实验区建设都是国家战略和国家使命。探索创新、先行先试，发挥示范引领作用，是两区使命的相通点。两区虽然定位不同、改革创新的侧重点也有所区别，但地理邻近、使命相通、优势互补则为它们实现联动发展提供了基础条件。

（一）任务相合是两区联动的保障

在建设目标与任务方面，两区有较多结合点。在战略目标上，郑州航空港实验区定位为国际航空物流中心、内陆地区对外开放重要门户，河南自由贸易试验区定位为服务于"一带一路"建设的现代综合交通枢纽、全面改革开放试验田和内陆开放型经济示范区；在建设任务上，郑州航空港实验区重点推进的创新海关监管模式和进出口通关服务、加快口岸建设、开展金融创新、民航管理先行先试、建设内陆开放型航空港区等，与河南自由贸易试验区重点实施的创新通关监管机制、推进内陆口岸经济创新发展、深化金融领域开放创新、扩大航空服务对外开放、畅通国际交通物流通道等任务也都具有良好的结合点，这是两区能够实现联动发展的基本保障。例如，在金融改革方面，郑州航空港实验区融资服务平台机制，架构了以银行、风投、担保为主的金融服务网络，可以与自由贸易试验区的金融改革相辅相成；郑州航空港实验区建设开发投资管理主体多元化，积累了大量的国资与民营、内资与外资混合运作的经验，可与自由贸易试验区投资领域的改革互为借鉴。

（二）优势互补是两区联动的基础

在发展资源禀赋方面，两区有较多互补点，这是两区联动发展的基础所在。从产业要素看，河南自由贸易试验区重点发展智能终端、生物医药等先进制造业以及现代物流、国际商贸、跨境电商、现代金融服务、服务外包、商务会展等现代服务业，而这些正是郑州航空港实验区的优势产业所在。2019 年郑州航空港实验区智能终端（手机）产值超 3000 亿元，已成为苹果手机全球最大生产基地，有富士康、中兴、大神、年富、商贸通、信太等 200 多个智能终端相关项目入驻，累计投产项目 67 个；郑州临空生物医药产业园一期已投入使用，生物医药大分子公共服务平台基本建成，截至2020 年 10 月，已累计对接生物医药企业 108 家，其中，签约项目 57 家，落地企业 23家，已投产 10 家，郑州航空港实验区正打造"生物药之都"产业名片；跨境电商产业连续四年翻番式增长，2019 年全年累计完成 7290.1 万单、货值 70.6 亿元，分别增长244.8%、196.8%。从开放创新模式看，河南自由贸易试验区的国际贸易窗口，可为郑州航空港实验区深入实施国际化发展战略提供便捷通道，例如，河南自由贸易试验区挂牌以来，就已向全省复制推广 47 项改革创新事项；郑州航空港实验区所拥有的创新体系、新兴产业和科技成果优势，也可成为河南自由贸易试验区拓展对外贸易的"后台"资源。

（三）空间相近是两区联动的轴心

河南自由贸易试验区实施范围 119.77 平方公里，其中郑州片区 73.17 平方公里，虽然与郑州航空港实验区没有空间重叠区域，但两者地理上较为相近，特别是郑州航空港实验区已被列为河南自由贸易试验区郑州片区的协同实践区域①，并且提出"争取

---

① 《中国（河南）自由贸易试验区建设领导小组办公室关于印发中国（河南）自由贸易试验区郑州片区实施方案的通知》（豫自贸办〔2017〕15 号）。

将郑州航空港经济综合实验区部分区域纳入自贸试验区"①，这都将为两区联动发展提供一个核心平台和轴心。

四、两区联动发展的模式构建

（一）区域治理联动

河南自由贸易试验区主管部门为河南商务厅，郑州航空港实验区主要牵头人为河南省发展和改革委员会，构建两区协同治理机制将更有利于发挥双方各自的政策优势与行政管理特色。通过发掘两区在经济、社会等领域的共性，实现特色政策或管理模式的共建共享，使某一区域探索的先进经验能够及时应用于另一区域，缩短从政策制定到政策落实的时间，及时厘清两区联动发展中可能遇到的困难与矛盾，提升整个区域的治理效率。

此外，河南自由贸易试验区与郑州航空港实验区均为特殊功能区，均被赋予了一定程度的行政自主权，应根据各自特色探索区域治理联动新模式。区域治理联动创新要注意紧密结合科技发展和时代需要，高效灵活运用各类高新技术手段；要充分利用大数据等先进技术，分类整合两区数据信息，构建大数据共享、管理平台，把政务管理流程、制度要求、优惠政策、实施细则、负面清单等各类信息均纳入平台中实施统一管理；要着力打造新型无人化办公模式，利用大数据管理平台逐渐消除人为干预所带来的办事流程烦琐、管理效率低下等问题；要提升大数据管理模式与流程公开化、透明化程度，增强行政管理部门间联动效率，提高经济调控、市场运行监管、社会管理和公共服务等各领域的治理水平，强化两区治理联动的有效性。

（二）负面清单管理联动

河南自由贸易试验区与郑州航空港实验区都推行了负面清单管理制度，但所涉及的产业与准入细则有所差异。两区域可以此为抓手，共同探索创新负面清单管理联动，使负面清单管理更加便利化。可从以下两方面入手：第一，构建全新的联合负面清单。针对河南自由贸易试验区与郑州航空港实验区各自的产业发展特点与准入要求，形成联合负面清单统一进行管理，并利用大数据管理平台对前置许可、审批、注册、登记、注销等行政流程进行自动化处理，更加强调便利化，实现市场准入便利化、营运自由化和管理大数据化，提升两区联动发展的集聚效应。第二，对战略性新兴产业等进入实施联合激励清单制。通过出口退税、税收减免、减少前置许可、简化程序、金融扶持、出口贸易年报制、物质奖励与荣誉授予等方式吸引战略性新兴产业进驻，提升区

---

① 《郑州市人民政府办公厅关于印发中国（河南）自由贸易试验区郑州片区三年行动计划（2019－2021年）的通知》（郑政办〔2019〕42号）。

域产业联动发展多样性，对实施激励的具体业务形式采取清单制管理。联合负面清单与联合激励清单管理能有效降低产业进驻成本，既能使两区共有的企业避免二次审批和区域联动的行业混乱，又能有效避免两区出现恶性竞争的情况，实现共同激励、协同发展。

（三）产业联动

主要涉及产业政策、产业链布局、产业资金流动等方面的联动。河南自由贸易试验区与郑州航空港实验区在核心产业上存在较多的相似之处，如都特别注重智能终端、高端装备、生物医药等高端制造业以及现代物流、跨境电商等现代服务业的发展；同时，两区在核心产业上也存在一定的差异性，如郑州航空港实验区首先需要发展航空运输业。因此，两区产业联动需形成梯度联动与差异化联动协同的新模式。通过合理分工、联动发展，构建相互协作的产业链，实现河南自由贸易试验区与郑州航空港实验区产业的有机衔接，并通过搭建人才、技术、资本、数据、研发等一体化发展平台，打破两区产业发展阻隔，推动各类要素在两区间平等自由流动，培育更为成熟稳定的区间产业链，从而提高两区产业整体竞争力，共同培育更具市场竞争力的区域主导产业集群。

（四）平台联动

主要包括港口物流平台、海关管理平台、政务平台、信息平台等联动发展。空港、陆港物流平台的联动有利于实现国际国内贸易物流更高效运行；海关管理平台的联动能为跨区报关通关提供更便利的条件；信息平台的联动能有效降低信息搜寻、分类、过滤及处理成本，促进信息在两区间的高效迅速流动，通过信息及时共享降低信息滞后可能造成的联动低效率，实现河南自由贸易试验区和郑州航空港实验区的高效协同；政务平台的联动能有效利用大数据资源推动信息跨区域共享，有利于精简审批流程、提升政务运行效率，营造更优良的营商环境，提升区域整体对外招商吸引力。

五、两区联动发展的实现路径

（一）将郑州航空港实验区部分区域纳入河南自由贸易试验区

借鉴上海将张江高科技园区和临港经济区扩容为自由贸易试验区的经验，将郑州航空港实验区部分区域扩容到河南自由贸易试验区的范围里，或以郑州航空港实验区为依托，申请设立自由贸易港。此外，在河南自由贸易试验区郑州片区的郑东新区建设龙湖金融岛、中原科技城、河南卢森堡中心等"双区联动"示范区，利用该区域的金融集聚和大量楼宇办公的资源条件，促进中原城市群、中部地区乃至国际上的一些科技创新资源、人才资源、金融资源、航空资源到该片区集聚，从而逐步在该片区形成强有力的科技、金融力量，进而形成高度开放的具有国际影响力的"双区联动"示范区。

河南自由贸易试验区与郑州航空港实验区联动发展的过程，也是两区间相互分工、相互补充、相互配合的良性运行过程。两区要牢固树立和谐共融的核心理念，探索打造区域联动发展新模式，以实现高质量发展为主要目标，不断提升两区对更大区域的示范带动作用。要平衡好市场和政府在两区联动发展中的地位和作用，将"有效市场"与"有为政府"有机结合，突出服务型政府为市场服务的功能，将权力下放市场，充分发挥市场在资源配置中的决定性作用。要加快转变政府职能，创新两区联动发展体制机制，注重长远发展，基于两区发展规律和趋势，及时更新政策措施。要优化顶层设计，循序渐进、稳步发展，并在此基础上力求实现创新突破。要打造以企业为主、政府为辅，多种高端要素聚集，各方优势充分发挥的联动平台，培育高效互动的产业生态圈，形成能在更大范围内应用推广的联动发展新模式。

（二）以河南自由贸易试验区的改革理念推动郑州航空港实验区建设

改革创新是自由贸易试验区的核心理念。河南自由贸易试验区自挂牌以来，大力推动简政放权、放管结合，不断优化服务质量，积极探索对接国际贸易规则，营造国际化、法治化的营商环境，有效促进了河南公平开放、竞争有序的现代市场体系的构建。在推进河南自由贸易试验区和郑州航空港实验区联动发展中，要特别注意践行自由贸易试验区的改革创新理念，科学处理政府与市场的关系，转变政府职能，着力消除一切制约制度创新的障碍，最大限度激发创新与开放所蕴藏的巨大潜能。要以河南自由贸易试验区的制度创新推动郑州航空港实验区的科技创新、产业创新、体制机制创新，实现多方创新功能的深度叠加和有机融合。

在全球化不断深化的背景下，企业创新活动也日益国际化。河南自由贸易试验区所重点探索的服务业扩大开放、贸易与金融监管创新等政策安排，能为郑州航空港实验区的体制机制创新与科技创新提供更便利的政策环境。例如，河南自由贸易试验区所实施的外商投资负面清单管理模式，能更好地吸引相关境外研究机构、研发型企业落户郑州航空港实验区；河南自由贸易试验区支持企业"走出去"的政策措施，能为郑州航空港实验区企业参与国际合作与交流、并购国外优质企业等提供良好的借鉴。河南自由贸易试验区实行的"先进区、后报关"等海关监管制度，实施的"一次申报、一次查验、一次放行"的便利措施，国际贸易"单一窗口"建设等，与郑州航空港实验区海关监管与通关措施要求一致，相互促进，能有效节约通关时间、提升通关效率，使相关企业更好地开展跨境业务。河南自由贸易试验区实行的金融制度创新与开放政策，探索实施的企业开展境外人民币借款等业务，与郑州航空港实验区金融业务发展探索互为支撑，有利于降低企业融资成本，有效拓宽两区内企业的融资渠道。

除此之外，要注意以郑州航空港实验区的政策需求为导向，倒逼河南自由贸易试验区进行制度创新。郑州航空港实验区位居河南"三区一群"建设之首,在科技创新、现代产业体系构建、产城融合等方面整体上正面临着各种瓶颈,亟须加快探索各项新的制度安排。河南自由贸易试验区作为新一轮改革开放的"试验田",要以郑州航空港实验区建设的政策需要为导向,加快制度创新,加快形成一批可复制可推广的成功经验,为郑州航空港实验区的建设提供支撑。

(三) 强化两区产业集群发展与要素供给联动

要加强对产业集群建设引导联动。建立完善的两区产业发展评价体系,为符合两区发展要求的产业提供更大力度的优惠政策,激励两区产业在竞争中加强合作,推动现有产业集群持续优化升级。实施龙头企业带动能力提升工程,有效发挥龙头企业的领头羊作用,不断延伸产业链条,使龙头企业在各自领域内成为拉动中小企业快速成长的引擎。要提升两区企业间材料供应、产出和销售等多方协作能力,提高产业整体集群化水平和对外核心竞争力。强化两区内外产业集群交流合作,有效发挥两区创新与开放优势,吸收国内外先进产业集群成功经验,基于两区发展实际,构建国际物流、高端制造、跨境商务等产业集群,推动优秀产业集群"走出去"。

要强化创新、人才、金融等要素供给联动。构建产学研创新联盟体系,鼓励两区高新技术企业、科研机构等组建创新战略联盟,支持两区共建创新中心,寻求政府与社会企业等多方资源支持,开展科研创新活动。利用郑州大学、河南大学等省内优秀高校与科研机构技术资源,联合企业共同攻关制约区内主导产业发展的关键技术。推动创新资源向企业研发机构汇聚,鼓励科研人员在两区及企业间双向流动,赋予科研机构更大的自主权,推动创新成果更快更好地转化。要深化人才体制机制改革,促进人才自由流动和资源共享,构建两区一体化人才信息库,搭建高层次人才引进平台,打造人才集聚高地。要大力开展人才引进工作,采取更有力的激励政策吸引大学生来两区创业就业,与省内外优秀大专院校开展合作,为高校毕业生来两区创业提供技术咨询、资金补贴、减免场地租金等支持。以便利化为目标,努力提升人才公共服务质量,构建两区联动人才综合服务中心,推动两区人力资源服务产业发展,提升人力资源市场对外开放水平。要鼓励金融服务主体多元化发展,在两区内引进风险与创业投资、私募基金等多元投资机构,支持各类金融机构在两区内设立分支,为企业生产经营提供充足的资金支持和专业化金融服务。推动产业链金融服务模式创新,探索开展"1+N"(一家龙头企业+一批产业链上下游企业)综合授信、"投贷联动"以及产业链金融合作等金融服务新模式。

(四) 尽快构建制度化的联动发展机制

河南自由贸易试验区与郑州航空港实验区要着力构建制度化的联动发展机制。目前,实现两区在管理体制上的整体联动和协调仍存在较大难度。两区管理体制尚存在部门分割等体制机制障碍,导致两区难以很好地实现要素资源的集中共享,对政策的相互借鉴、落地执行等形成严重阻滞，限制了两区联动发展的合力。除此之外，两区管理体制在联动发展全面性方面也存在诸多缺陷，尚无法适应新发展阶段的需求，在某些领域存在"机制空白"，缺乏科学的前瞻性思考和协调布局。因此，两区要尽快构建起制度化的联动机制，在制度层面对两区联动发展的方向、模式、状态、保障等进行合理规划与引导，把联动的相关平台、运作流程、协商机制等尽可能制度化，使两区联动事务都能够实现依规章办理、依流程运行。要进行周密详细的规划设计，构建大数据管理平台，将两区市场准入要求、实施细则、运行规定清单与流程、区间联通网络设计等纳入大数据管理平台，各项事务均按照数据管理平台制度化运行。在联动机制具体运行过程中，要提升主管部门的监督作用，保证两区联动涉及的利益主体均能按照制度化流程办事，规避公职人员滥用职权、厂商不遵守规章制度等问题。要积极探索以立法形式支持两区联动发展，全面贯彻落实《郑州航空港经济综合实验区条例》，尽快制定出台《中国（河南）自由贸易试验区条例》。要对现行的规章制度进行调整、修改，构建动态的法律法规调整体系，符合两区联动发展的要求。要探索形成"1＋n"的法律协调机制，"1"指法律条款，"n"指在两区内实施的新政策措施，两区各职能部门要强化与法律部门的对接，及时反馈、沟通，确保法律先行、有法可依。

参考文献

［1］陈春玲．福州建设"腹地辐射联动型"自由港初探［J］．福建论坛（人文社会科学版），2020（5）：171－176．

［2］高友才，汤凯．临空经济与供给侧结构性改革——作用机理和改革指向［J］．经济管理，2017，39（10）：20－32．

［3］蒋媛媛．供给侧改革视角下的上海自贸区发展与全球城市建设［J］．上海经济，2017（2）：76－85．

［4］毛艳华．推进自贸试验区与自主创新示范区"双自"联动发展［N］．南方日报，2016－04－25（F02）．

［5］任再萍，曹迪，徐永林．金砖银行、上海国际金融中心与自贸试验区联动发展研究［J］．中国软科学，2015（12）：154－163．

［6］汤凯．我国临空经济区对地区经济增长的影响——基于离散型空间溢出效应［J］．中国流通经济，2020，34（8）：81－90．

［7］杨亚琴．张江创新发展的思考——来自中国的案例［J］．社会科学，2015（8）：31－39．

［8］余妙宏．论自由贸易区（FTA）与国家战略的对接联动［J］．山东社会科学，2019（12）：61－66．

［9］张仁开．张江示范区与上海自贸试验区联动发展思路［J］．江南论坛，2018（2）：7－9．

河南自由贸易试验区物流产业发展现状与政策建议

刘素霞[①]

2017 年 4 月，中国（河南）自由贸易试验区正式挂牌成立。河南省，特别是郑州市地处中原腹地，是全国重要的综合交通枢纽和人流、物流、信息流中心，是全国重要的铁路、航空、高速公路枢纽城市，是全国普通铁路和高速铁路网中唯一的"双十字"中心，具有突出的区位优势和交通优势，《中国（河南）自由贸易试验区总体方案》中对河南自由贸易试验区的战略定位是加快建设贯穿南北、连接东西的现代立体交通体系和现代物流体系，将自由贸易试验区建设成为服务于"一带一路"建设的现代综合交通枢纽。河南自由贸易试验区也是我国唯一一个以交通物流为战略特色的自由贸易试验区。河南自由贸易试验区的发展目标是将自由贸易试验区建设成为投资贸易便利、高端产业集聚、交通物流通达、监管高效便捷、辐射带动作用突出的高水平高标准自由贸易园区。由其战略定位和发展目标可以看出，物流业和工业在河南自由贸易试验区战略定位和发展目标中都有非常重要的作用。

现代物流业是国民经济发展的动脉和基础产业，被誉为经济发展的加速器和产业社会的原动力（武云亮、袁平红，2003）。物流业在促进产业结构调整、转变经济发展方式和增强国民经济竞争力等方面发挥着重要作用。物流业与工业的协调发展是工业化国家发展的必由之路（徐剑等，2009）。物流业是工业发展的重要支撑，工业是物流业发展的基础，因此物流业必须与工业协调发展才能促进物流业高质量、可持续发展。

物流业和工业均属于高能源消耗、高污染排放的产业，物流业和工业的发展均会产生环境污染效应。国内外发展经验表明，大多数国家和地区在发展初期采取了"先发展、后治理"的发展模式，即首先放松环境管制，为了促进相关产业发展和经济增长，容忍环境质量恶化，等待经济发展水平提升之后，再加强环境管制，改善环境质量。然而"先发展、后治理"发展模式带来的环境问题日益凸显，在我国绿色发展理论引领下，在黄河流域生态保护和高质量发展的国家战略指导下，"先发展、后治理"的传统模式在河南自由贸易试验区不可行，必须采取"发展与治理同步进行"的发展模式。即从发展初期就加强环境管制，提升环境质量，在保证环境质量的前提下发展相关产业、促进经济增长。

---

① 刘素霞，博士，郑州大学商学院讲师。

在总结河南自由贸易试验区物流业发展的基础上，构建综合评价指标体系对河南省物流业、工业和生态环境进行综合评价，并计算出物流业—工业、物流业—生态环境、物流业—工业—生态环境耦合协调度，分析当前河南自由贸易试验区物流业发展与工业、生态环境的耦合协调程度，为河南自由贸易试验区物流业进一步高质量发展提供政策建议。

一、河南自由贸易试验区物流业发展现状

河南自由贸易试验区自 2017 年 4 月挂牌以来，经过三年多的改革实践，在搭建多式联运服务体系、建设国际综合交通枢纽、促进现代物流业发展提质增效方面均取得重要进展。

（一）立体化多式联运服务体系网络

郑州国际陆港"一干三支"铁海公多式联运被评为国家首批多式联运示范工程，并于 2019 年 12 月通过国家交通运输部验收授牌，正式命名为"国家多式联运示范工程"。以郑州陆港和郑州航空港为中心开展的多式联运线路主要如下。

公—铁—公联运线路：郑州陆港公司与多家货代和物流公司建立有强强联合战略合作伙伴关系，实现了货源信息、场地设备和运输能力等方面的资源互享，以确保能够为广大客户提供安全、准时、低成本的无缝对接的一站式服务。客户出口到欧洲的国内货源，目前全部采用公铁联运的方式。郑州国际陆港的集卡车，带着陆港的集装箱，到达客户工厂做柜后，运到陆港园区；或者通过郑州陆港的公路运输线路，以散货的方式运送到陆港仓库，在郑州陆港做柜。在郑州报关后，通过郑欧班列运到欧洲各沿线车站，然后再通过公路分拨到欧洲各地。同样，来自欧洲的货物，可通过郑州国际陆港多式联运中心将货物中转到全国各地。

公—海—公—铁—公线路：郑州陆港公司已实现了公—海—公—铁—公国际多式联运，常态化把日本和韩国的商品，从釜山、仁川、神户、大阪通过公—海联运的方式送到中国沿海港口，办理好国际过境手续，通过海关监管的公路运输，到郑州陆港乘上郑欧班列，直达中东欧，到达汉堡、华沙等地，再转用公路运输，分拨到遍及欧洲的客户。沿途经过六个国家，一次海运，三段铁路两次换轨，三次公路运输，多次转关，历时仅不到 20 天，比海运节约 15～20 天。期间由郑州国际陆港全程安排关务，多种运输方式不间断接力运行。

空—公—铁—公、公—铁—公—空联运线路：郑州航空港与近 20 家航空公司、50多家海外货运代理企业紧密合作，服务范围通达全球，为客户提供最优的航空进出口货物服务，实现了从东亚、东南亚、南亚货物经过空运到郑州，在郑州国际陆港多式联运监管中心重新装箱，铁运到欧洲。同样，来自欧洲的电子产品、机械设备、生活

用品等货物，通过郑欧班列到达郑州，同样在郑州国际陆港掏箱后运到机场，空运到亚洲各地。

河南自由贸易试验区围绕"两体系一枢纽"的核心定位，在搭建立体化多式联运通道的基础上，还首创多式联运"一票式"全链条"门对门"服务模式，形成完善的一体化服务保障。"一票式"物流供应链模式，包括公路集卡上门取货、代理报关报检、集拼装箱、到站清关、短倒分拨、送货到门、配送到指定地点等。企业只要备齐相应材料，把货物交给郑州国际陆港开发建设有限公司，陆港公司为客户签发多式联运单证，对客户实现一次委托、一次报价、一票结算、一次通关，实现公铁海空等多种运输的一单制。国际多式联运"一单制"的实行，大大改善了企业在外贸流程中物流环节信息不对称、控制不连续、反馈不科学等现象，形成了被广泛认可的操作规范和可互换的操作指令，有效解决因转换不同运输工具而产生的各种额外费用，提升货物运输效率。

通过建设郑州机场多式联运数据交易服务平台和郑州陆港开发建设有限公司建立的公铁联运信息系统，打破原来集中于出入境口岸一个点上的被动监管刚性服务模式，尊重国际物流的运行规律，主动地、非干扰式地在整个物流链运行中抓取实时数据，主动监管，柔性服务，将监管融于服务。该平台主要服务于在郑州机场开展国际物流业务的企业，包括收发货人、货代企业、航空公司、报关公司、运输公司等，为发货人提供最佳多式联运物流解决方案；全面展示货物的全程物流轨迹，做到物流全程可视化；整合航班运输、国内地面运输、国际卡车运输、郑欧班列、航港船舶等运输资源，实现多式联运数据共享、检索、分析，实现数据的互联互通，促进资源整合，加强行业协调联动，提升物流服务的组织化和集约化程度，促进多式联运的健康发展。

（二）服务于"一带一路"的现代国际综合交通枢纽

河南自由贸易试验区以"两体系一枢纽"建设为中心，统筹国际国内、强化内捷外畅，依托自由贸易试验区政策环境，布局"四条丝路"：建设以中欧班列（郑州）为主的"陆上丝绸之路"，以郑州—卢森堡航线为主的"空中丝绸之路"，以跨境电子商务为主的"网上丝绸之路"，积极对接"海上丝绸之路"，推进建设服务于"一带一路"的现代国际综合交通枢纽。

以中欧班列（郑州）为主的"陆上丝绸之路"：通过建设中欧班列（郑州）境内境外双枢纽，形成沿线多点集疏格局。境内枢纽方面，以郑州为枢纽，货物集疏范围覆盖 1500 千米半径，辐射 2000 千米，全国 22 个省、自治区、直辖市，达到 3/4 地域；境外枢纽方面，以汉堡为枢纽，已经形成遍布欧盟和俄罗斯及中亚地区 30 多个国家和地区 130 个城市网络，境内外合作伙伴 5600 多家。截至 2020 年 7 月，中欧班列（郑州）开行七周年，累计开行 3274 班（1979 班去程、1295 班回程），累计货值 138.83 亿美元、货重 170.84 万吨。对全国 63 个城市开行的中欧班列，依据往返均衡率、计划兑现率、运输安全、市场运价等重要质量安全综合指标进行评价，中欧班列（郑州）

2019 年被评为全国第一。

以郑州—卢森堡航线为主的"空中丝绸之路"：郑州机场是我国重要的干线机场，国家一类航空口岸，是中部地区首个拥有双航站楼双跑道的机场，华中地区级别最高的飞机检修基地，是实现高速公路、地铁、高铁等多种交通方式无缝衔接的综合交通换乘中心。河南机场集团以构建"国际航空货运枢纽和国内大型航空枢纽"为目标，积极实施"货运为先、国际为先、以干为先"的发展战略。在该目标和发展战略的带动下，第一，航空网络通达性不断提升。在郑州机场运营的客运航空公司 50 家，开通客运航线 173 条，通航城市 111 个。在郑州机场运营的货运航空公司 46 家，开通全货机航线 46 条（国际地区 37 条）；通航点 61 个（国际地区 46 个），航线网络覆盖全球主要经济体，实现"7×24 小时"通关服务。2019 年，郑州机场完成旅客吞吐量 2912.9 万人次、货邮吞吐量 52.2 万吨，继续保持中部双第一。第二，"郑州—卢森堡"双枢纽战略快速发展。自 2017 年 6 月习近平同志提出支持建设郑州—卢森堡"空中丝绸之路"以来，这一国家倡议已经形成横跨欧亚美三大经济区、覆盖全球主要经济体的枢纽航线网络。目前已经覆盖国内 92 个城市，以及卢森堡、德国、英国、比利时等主要欧洲国家的重要区域，基本形成了以郑州为中心，"一点连三洲、一线串欧美"的航空国际货运网络。目前郑州机场是中国四大货运机场之一，货邮运增幅全球最快。

以跨境电子商务为主的"网上丝绸之路"：在政策先发、监管创新、区位优越三大优势强力助推下，河南自由贸易试验区已成为发展跨境电商的"风水宝地"。2016 年郑州获批"跨境电子商务综合试验区"，河南省及时出台《中国（郑州）跨境电子商务综合试验区建设实施方案》，明确把做大做强 B2B 作为主攻方向，以促进产业发展为重点，进出口并重，以出口为主。河南自由贸易试验区积极开拓"郑欧班列 + 跨境电商"新的运营模式。郑州国际陆港公司积极推进"运贸一体化"协同发展，依托郑欧班列国际物流通道和载体，从欧洲和中亚沿线国家"直采、直运、直营"优质进口商品，利用"班列购"（Banliego.com）线上电商平台和覆盖全国的线下商超直营店网络销售。2019 年 3 月 2 日，由郑州国际陆港开发建设有限公司主体运营的跨境电商"菜鸟号"郑欧班列从莆田站出发驶向比利时列日，开启了郑欧班列"陆上丝绸之路"与阿里巴巴菜鸟跨境电商创新合作的序幕。"菜鸟号"也是国内中部地区开通的首条跨境电商商品物流专线，全国首条按照海关出口"9610"监管方式阳光清关的铁路班列跨境电商物流专线，开创了郑欧班列跨境电商包裹运输的新模式，升级了陆港公司"运贸一体化"创新发展模式，把郑欧班列"陆上丝绸之路"的建设扩展到"网上丝绸之路"。

积极对接"海上丝绸之路"：作为一个不沿边、不靠海、不临江的经济大省，河南对接"海上丝绸之路"越来越顺畅。郑州国际陆港建立了铁水联运、陆水联运服务中心，将沿海港口功能向内陆延伸至铁路场站，实现铁路和港口功能对接和数据共享，着力打造"无水港"。河南自由贸易试验区凭借四通八达的高速路网和铁路交通枢纽区位优势，充分利用铁路场站集疏范围广、装卸能力强、信息化程度高的特点，郑州中心站与青岛港、连云港、天津港、宁波港、郑州海关联合开发业务集成系统，打造了沿海港口向西开放的"桥头堡"、中西部地区向东开放的"无水港"，畅通物流通道，打造一条"海公铁"全新组合的"海上丝绸之路"，把"出海口"搬到郑州。2019 年，海铁联运完成 1.1 万标准箱；2020 年上半年，海铁联运班列完成 8612 标准箱，同比增长 67.7%，进出口货物通达 20 多个国家和地区的 40 多个港口，覆盖全球多个主要经济体。

（三）河南自由贸易试验区现代物流业高质量发展

河南自由贸易试验区以国家物流枢纽建设为抓手，高质量推进"四条丝路"建设，加快物流企业转型升级，逐步完善多式联运体系，打造现代国际物流中心，促进河南自由贸易试验区现代物流业实现"降本增效""辐射带动"和"智慧物流"高质量发展。

综合举措助力物流业降本增效：物流业是支撑实体经济发展的重要基础，既涉及调结构又关系降成本。与发达国家相比，我国物流业"成本高、效率低"问题仍较为突出。河南自由贸易试验区推进"结构性、制度性、技术性、管理性"多举措助力物流业"降本增效"。通过完善物流网络建设、构建多式联运网络优化运输结构，推进"结构性"降成本；通过深化"放管服"改革，推进"制度性"降成本；加强技术创新和应用，推进"技术性"降成本；强化管理和组织创新，推进"管理性"降成本。2019 年 9 月，国家发展和改革委员会、交通运输部决定在河南等 6 省（市）开展物流降本增效综合改革试点，2020 年 1 月，河南省发展和改革委员会、河南省交通运输厅联合印发《河南省物流降本增效综合改革试点建设实施方案》，积极探索形成一批在全国可推广可复制的经验做法，打造全国物流降本增效的先行区、示范区。在多举措助力下，河南省物流业降本增效成效明显，《河南省 2019 年物流业运行情况通报》显示，2019 年河南社会物流费用 7391.1 亿元，占 GDP 的比率为 13.6%，比上年下降 1.7 个百分点，是有记录以来历史最低占比，河南社会物流费用占 GDP 的比率也实现了 2013～2019 年连续七年回落。下一步，河南省将继续探索"政府 + 平台"新型行业服务模式，实现全省物流园区和仓库资源在线开放和租赁交易，打造物流"携程"订舱模式，持续推动物流降本增效。

物流业辐射带动效应越发凸显：现代交通体系和物流体系贯穿一二三产业，对需求和供给的平衡协调、互动发展发挥着重大作用。物流业是现代制造业及商贸业的基础和底层架构，河南省物流业的发展对经济的辐射带动作用越发凸显。一是带动了先进制造业的发展，河南手机整机制造能力、装配能力已经达到了 3 亿部/年，总量已经占到全球 1/7，成为全球最大的智能手机制造基地。二是带动了现代服务业的发展。2018 年全省社会物流总额突破 12 万亿元，增长 9%，成为现代服务业发展的重要支撑，冷链物流在内陆省区市交易总量一直位列前茅。三是带动了高效种养业的发展。随着物流业的发展，双汇从过去以屠宰为主的加工企业，转变成为集养殖、加工、物流于一体的现代跨国公司，年销售额 1700 多亿元，其中在美国和欧洲市场上销售额将近

1000亿元。物流业与相关产业的融合发展将是未来物流业发展的新方向。通过物流金融、供应链金融、物流产业基金等形式促进物流产业与其他产业的深度融合发展，进一步提高物流产业的辐射带动作用。

信息平台建设带动智慧物流：智慧物流是将信息技术应用于物流业中，实现物流的自动化、可视化、可控化、智能化、网络化，从而提高资源利用率的创新服务模式。智慧物流的蓬勃发展为物流企业提升和重塑核心竞争力注入强大活力，已成为物流业转型升级的重要力量。河南自由贸易试验区通过建设完善各类信息系统平台不断推进智慧物流。郑州机场国际物流多式联运数据交易服务平台是国内唯一一家以机场枢纽为中心的多式联运航空物流大数据平台，提供口岸服务、多式联运服务、通关服务、贸易服务、金融服务等。"一带一路"物流综合服务平台，依托中欧班列（郑州）开行形成的多式联运物流体系和辐射国内及东亚、中亚、欧洲等的集疏网络，以及陆港公司运贸一体化等优势，为区内企业提供多式联运综合服务。中欧国际多式联运综合服务信息平台是郑州国际陆港公司自主研发的包括订舱信息平台、箱管信息系统、GPS定位系统、仓储管理系统、在线客服系统等多式联运信息系统，实现了多种系统的集成应用，多式联运全程一体服务、信息监控。实现公路、铁路、港口信息系统互联互通，信息全面共享。通过与海关、铁路部门、港口集团、航运企业和物流企业建立信息交互机制和搭建多式联运协同服务系统，实现多式联运的业务协同、信息协同及技术协同。"数字化"冷链平台整合国内冷链物流行业资源、提供冷链信息发布、冷链物流资源交易、车库联网技术、远程跟踪、物流在线支付。通过大数据、云计算分析，智能匹配车源、货源、库源，实现冷链货物的快速转运与装卸，打造数字信息化冷链物流。海铁联运综合服务中心信息系统是郑州中心站与青岛港、连云港、郑州海关联合开发的业务集成系统，实现与港口方即时无缝的数据交换和信息共享，实现铁路、中心站与船期、订舱、代理、运输等港口信息的对接。新丝路铁海联运综合信息服务平台是一个集多式联运、外贸、金融等为一体的综合服务平台，支持铁路站到站运输、门到门运输、铁海联运、国际联运、仓储配送等业务形态。

二、河南自由贸易试验区物流业、工业和生态环境发展水平及耦合协调度评价

（一）研究方法和数据来源

为了能够全面、准确地反映河南自由贸易试验区物流业、工业和生态环境之间的耦合协调关系，首先构建物流业、工和生态环境三个子系统的综合评价指标体系，然后，采用熵值赋权方法分别测算出物流业、工和生态环境的综合发展水平。然后利用耦合协调度模型，计算河南自由贸易试验区三个片区2011~2018年物流业、工和生态

环境的耦合协调度。

1. 评价指标体系构建

充分考虑了三个系统的内涵，在遵循指标选取科学性和数据可获得性的原则下，借鉴现有主要研究成果，选取 19 个指标构建河南省自由贸易试验区物流业—工业—生态环境评价指标体系（见表 1）。

表 1　物流业—工业—生态环境协调发展评价指标体系

系统		评价指标	单位
物流业系统	物流业基础	公路线路里程	千米
		载货汽车拥有量	辆
		物流业固定资产投资	亿元
	物流业规模	物流业增加值	万元
		物流业从业人员数	万人
		货运量	万吨
		货物周转量	万吨公里
		邮电业务量	万元
工业系统	工业规模	工业增加值	亿元
		工业企业主营业务收入	亿元
		工业企业利润总额	亿元
	工业发展潜力	GDP	亿元
		科学技术支出	万元
生态环境系统	环境污染	工业废水排放量	万吨
		工业二氧化硫排放量	吨
		工业烟（粉）尘排放量	吨
		综合能源消耗量	万吨标准煤
	生态环境基础	森林覆盖率	%
		湿地面积	公顷

2. 数据来源及处理

所用数据主要来源于 2011～2019 年《城市统计年鉴》《物流统计年鉴》和《河南统计年鉴》。为了消除量纲对数据的影响，首先采用极值法对数据进行标准化处理。其中正向指标的处理方法见式（1），负向指标的处理方法见式（2）。式（1）和式（2）中，x_{ij} 为 i 城市第 j 个指标的原始值，$\min(x_j)$ 表示所有城市中指标 k 的最小值，$\max(x_j)$ 表示所有城市中指标 k 的最大值。x'_{ij} 为其标准值。

$$x'_{ij} = \frac{x_{ij} - \min(x_j)}{\max(x_j) - \min(x_j)} \tag{1}$$

$$x'_{ij} = \frac{\max(x_j) - x_{ij}}{\max(x_j) - \min(x_j)} \tag{2}$$

3. 综合评价值测度和耦合协调度计算

为了测评每一个子系统的综合水平，必须确定各个评价指标的权重，本文借鉴 Shen 等（2018）使用的熵值法来确定各个指标的权重。熵值法是一种在综合考虑各因素提供信息量的基础上给出客观权重的数学方法。其具体计算过程如下。

由于对数函数定义域不包括零值，首先，将 x'_{ij} 进行如下处理：

$$x''_{ij} = x'_{ij} + 1 \tag{3}$$

其次，计算出第 j 项指标的贡献值 Y_{ij}：

$$Y_{ij} = \frac{x''_{ij}}{\sum_{i=1}^{m} x''_{ij}} \tag{4}$$

则第 j 项指标的信息熵可以表示为：

$$e_j = -\frac{\sum_{i=1}^{m} Y_{ij} \ln Y_{ij}}{\ln m} \tag{5}$$

则第 j 项指标的权重可以表示为：

$$w_j = \frac{1 - e_j}{\sum_{i=1}^{m} (1 - e_j)} \tag{6}$$

将物流业、工业和生态环境子系统各指标标准化后的数据乘以相应的权重值，然后求和，即可分别得出三个子系统的综合评价值（U_a，U_b，U_c）。

$$U = \sum_{j=1}^{n} w_j x'_{ij} \tag{7}$$

耦合是指两个或者两个以上的系统或运动形式通过各种相互作用而彼此影响的现象，耦合度就是描述系统或要素彼此相互作用影响的程度。协调是两种或两种以上系统或系统要素之间一种良性的相互关联，协调度是度量系统之间或系统内部要素之间在发展过程中和谐一致的程度。借鉴物理学中容量耦合系数模型，两个系统间的耦合度计算如式（8）所示：

$$C = \left[\frac{U_a U_b}{(U_a + U_b)^2} \right]^{\frac{1}{2}} \tag{8}$$

多个系统相互作用耦合度模型如式（9）所示：

$$C = \left[\frac{U_a U_b U_c}{(U_a + U_b + U_c)^3} \right]^{\frac{1}{3}} \tag{9}$$

式（8）和式（9）中，C 为系统耦合度，U_a、U_b 和 U_c 分别为三个子系统的综合发展水平。

耦合度只能说明相互作用的强弱，无法反映协调发展水平的高低，因此，进一步引入耦合协调模型，以便更好地评判河南自由贸易试验区物流业、工业和生态环境交互耦合的协调程度，其计算如式（10）所示：

$$D = \sqrt{C \times T}, \quad T = \alpha U_a + \beta U_b + \gamma U_c \tag{10}$$

式（10）中，D 为耦合协调度，C 为耦合度，T 为河南自由贸易试验区物流业、工业和生态环境综合评价指数；α、β 和 γ 为待定系数。由于河南自由贸易试验区物流业、工业和生态环境具有同等重要的作用，取 $\alpha = \beta = \gamma = 1/3$。参考国内外相关文献，将耦合协调度划分为 6 个等级（见表 2）。

表 2　耦合协调程度等级划分标准

耦合协调度（D）取值	协调程度等级	耦合协调度（D）取值	协调程度等级
$0 \leqslant D < 0.30$	严重失调	$0.50 \leqslant D < 0.60$	勉强协调
$0.30 \leqslant D < 0.40$	中度失调	$0.60 \leqslant D < 0.70$	中度协调
$0.40 \leqslant D < 0.50$	轻度失调	$D \geqslant 0.70$	高度协调

（二）河南自由贸易试验区物流业、工业和生态环境发展水平及耦合协调度评价

将相关统计数据代入式（1）至式（7），可以得出河南自由贸易试验区 2010～2018 年物流业、工业和生态环境的综合发展水平，其结果如图 1 至图 3 所示。图 1 显示，河南自由贸易试验区成立以来，三市物流业增长速度均明显高于自由贸易试验区成立前的增长速度，说明河南自由贸易试验区成立对于河南省物流业发展起到了显著的促进作用。图 2 绘制了河南省 2010～2018 年三市工业综合评价值，可以看出河南自

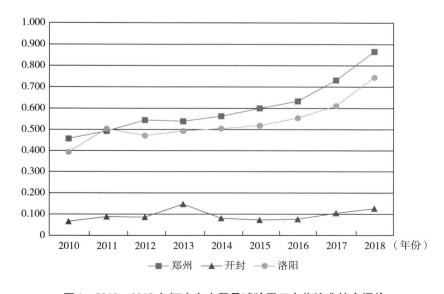

图 1　2010～2018 年河南自由贸易试验区三市物流业综合评价

243

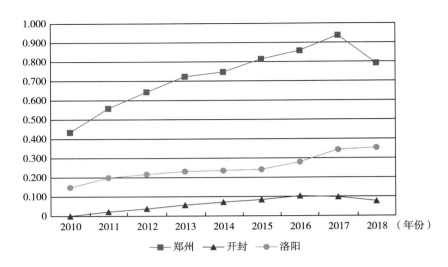

图2 2010～2018年河南自由贸易试验区三市工业综合评价

由贸易试验区设立后，洛阳市的工业增长有显著提高，而郑州市、开封市的工业综合评价值不仅没有显著提高，2018年还出现了一定程度的下降。说明河南自由贸易试验区设立，对洛阳市工业发展有较大的带动促进作用，而对郑州市、开封市的工业发展促进作用不明显。由图3可以看出，三市的生态环境状况从2015年开始出现显著改善，自由贸易试验区成立后，郑州、开封的生态环境改善显著，而洛阳的生态环境没有明显改善。

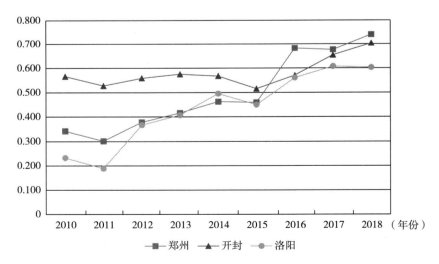

图3 2010～2018年河南自由贸易试验区三市生态环境综合评价

表3汇报了2010～2018年河南自由贸易试验区郑州、开封、洛阳三市物流业—工业—生态环境耦合协调度、物流业—工业耦合协调度和物流业—生态环境耦合协调度。

由表3可以看出，三市的物流业—工业—生态环境耦合协调度都低于0.3，属于严重失调等级。说明河南自由贸易试验区物流业—工业—生态环境系统协调度较差。设立自由贸易试验区后，物流业—工业—生态环境系统协调度虽然有所提升，但是提升幅度不显著。从物流业—工业耦合协调度来看，郑州市物流业—工业耦合协调度相对较好，2011～2015年处于勉强协调阶段，2016年后进入中度协调阶段。河南自由贸易试验区设立后，郑州市物流业—工业耦合协调度有较大提高。开封市物流业—工业耦合协调度较差，均处于严重失调阶段。设立自由贸易试验区后，洛阳市物流业—工业耦合协调度从轻度失调提高到勉强协调。从物流业—生态环境耦合协调度来看，设立自由贸易试验区后，郑州市物流业—生态环境耦合协调度从勉强协调提高到中度协调；开封市物流业—生态环境耦合协调度处于中度失调阶段；洛阳市物流业—生态环境耦合协调度从轻度失调进入勉强协调阶段。因此，总体来看，河南自由贸易试验区三市三产业的综合耦合协调度均比较差。从物流业—工业、物流业—生态环境两系统耦合度来看，郑州市物流业—工业、物流业—生态环境耦合协调度相对来说较好，且设立自由贸易试验区后，其协调度有所改善。然而开封市物流业—工业、物流业—生态环境系统耦合度均处于较低水平。洛阳市物流业—生态环境耦合协调度处于勉强协调阶段，而物流业—工业耦合协调度处于轻度失调阶段。

表3　2010～2018年河南自由贸易试验区三市物流业、工业、生态环境系统耦合协调度

年份	物流业—工业—生态环境耦合协调度			物流业—工业耦合协调度			物流业—生态环境耦合协调度		
	郑州	开封	洛阳	郑州	开封	洛阳	郑州	开封	洛阳
2010	0.19	0.00	0.15	0.47	0.00	0.35	0.44	0.31	0.39
2011	0.18	0.17	0.14	0.51	0.15	0.40	0.44	0.33	0.39
2012	0.20	0.18	0.20	0.54	0.17	0.40	0.48	0.33	0.46
2013	0.21	0.20	0.21	0.56	0.21	0.41	0.49	0.38	0.47
2014	0.22	0.20	0.23	0.57	0.19	0.42	0.50	0.33	0.50
2015	0.22	0.19	0.22	0.59	0.20	0.42	0.51	0.31	0.49
2016	0.27	0.20	0.24	0.61	0.21	0.44	0.57	0.32	0.53
2017	0.27	0.22	0.26	0.64	0.22	0.48	0.59	0.36	0.55
2018	0.29	0.22	0.25	0.64	0.22	0.51	0.63	0.39	0.58

三、结论与政策建议

（一）研究结论

河南自由贸易试验区作为我国唯一一个以交通物流为特色的自由贸易试验区，自

设立以来，以立体化多式联运服务体系网络建设和服务于"一带一路"的现代国际综合交通枢纽建设为抓手，物流业实现了提质增效的高质量发展。物流业的发展与工业、生态环境之间存在互馈影响关系，河南自由贸易试验区物流业与工业、生态环境之间的协调发展是影响物流业健康可持续发展的关键因素。因此，在总结河南自由贸易试验区物流业发展情况的基础上，通过构建综合指标体系对郑州市、开封市、洛阳市三市物流业、工业和生态环境进行综合评价，并利用耦合协调度模型实证分析了三市物流业—工业—生态环境耦合协调度、物流业—工业耦合协调度和物流业—生态环境耦合协调度。

河南自由贸易试验区设立后，郑州、开封、洛阳三市的物流业增长速度均出现显著提高。洛阳市的工业增长有显著提高，而郑州市、开封市的工业综合评价值不仅没有显著提高，2018年还出现了一定程度的下降。郑州、开封的生态环境改善显著，而洛阳的生态环境没有明显改善。三市的物流业—工业—生态环境耦合协调度均低于0.3，属于严重失调等级。郑州市物流业—工业、物流业—生态环境耦合协调度相对较好，自由贸易试验区设立后，进入中度协调阶段。开封市物流业—工业耦合协调度、物流业—生态环境耦合协调度较差，均处于严重失调阶段、中度失调阶段。洛阳市物流业—工业耦合协调度、物流业—生态环境耦合协调度均处于轻度失调到勉强协调阶段。

（二）政策建议

针对以上研究结论，为了提高河南自由贸易试验区物流业—工业—生态环境协调发展程度，促进河南自由贸易试验区物流业高质量发展，提出如下建议。

1. 加大对物流业的投入力度，加强物流基础设施建设

现代物流体系的建立，首先要有先进的物流基础设施作为前提。河南自由贸易试验区物流业基础设施在多式联运服务体系建设和国际综合交通枢纽建设方面取得较大的进展，但还存在持续优化的空间。政府应进一步支持物流基础设施建设，完善铁路、公路和航空三者之间的转运设施；合理规划物流园区及货运仓储站，建设全国性、地区性与综合性的现代化物流配送中心；提高专业化物流领域的技术、装备水平。如冷链物流领域需要引入更为先进的冷藏集装箱、预冷机、压缩机、温控等技术设备，满足更长时间冷链运输的需求，增强温控精度、远程控制；加强物流软件设施建设，鼓励物流企业使用现代信息技术，建设综合化公共信息网络，加快物流人才的引进和培养，完善物流服务体系。

2. 利用现代科学技术及管理手段提升物流效率

利用大数据分析、云计算支持、GPS等现代技术及管理方法，做好物流战略、物流空间布局及物流运营管理体系多层面的规划。通过合理的物流规划避免重复建设，保证物流系统高效高质运行。通过物联网等新一代信息技术的应用，实现物流从源头开始被跟踪和管理，实现信息流快于实物流，实现货物配送自动化、信息化、网络化、智能化，进而提高物流业资源利用效率，降低物流运行成本，能够提升物流业与工业、生态环境的协调耦合度。

3. 持续优化物流业发展营商环境

河南自由贸易试验区物流业发展当前存在物流项目"用地难"、货运车辆进城难、末端配送难等问题，因此河南自由贸易试验区需要进一步优化物流企业营商环境，加大关键问题解决力度，推动物流领域"放管服"改革，推动物流业降本增效各项政策措施加快实施，努力打造包容活跃的创新环境、利企富商的政策环境、诚实守信的信用环境、健全完善的法律环境，物流业营商环境的有效改善，有利于市场资源的聚集和叠加、有利于激励企业创新动力、有利于激发市场主体活力。

4. 提高物流业与工业、生态环境的协调发展

当前河南自由贸易试验区物流业与工业、生态环境的协调发展关系还比较弱。政府积极提供在投融资、土地以及税收政策等方面的大力支持，为物流业、工业联动发展提供良好的环境。规划发展工业产业和物流园区，建立工业企业与物流企业合作平台，促进园区的规模化、集约化发展，为物流业与工业协调发展打下良好的基础。通过引进、研发、技术改造方式，推动低碳物流装备与技术的使用，加大对新能源、可再生资源技术的研发及推广力度，促进各类节能改造项目的进程。通过创新管理理念、优化运作模式，提高物流运作效率，减少能源消耗和废物排放。

参考文献

［1］武云亮，袁平红．我国物流产业形成和发展的理论分析［J］．商品储运与养护，2003（3）：6－8.

［2］陆江，何黎明．现代物流：产业社会的原动力——日本、新西兰物流业考察报告［J］．中国物流与采购，2003（4）：22－26.

［3］徐剑，韩锡琴，赵建荣等．制造业与物流业联动机理研究［J］．沈阳工业大学学报（社会科学版），2009，2（4）：307－310.

［4］仝新顺，李振伟，仝子萱．河南自由贸易试验区物流产业发展路径研究［J］．物流工程与管理，2017，39（8）：20－24.

［5］程秀娟，李晶晶，杨洁辉等．河南省物流业空间格局——基于百度地图和面板数据［J］．人文地理，2018，33（5）：114－122.

［6］杨丽华．基于灰色关联分析的河南自由贸易试验区物流产业体系构建研究——以郑州片区为例［J］．中国物流与采购，2019（19）：55－59.

［7］阿尔弗雷德·韦伯．工业区位论［M］．李刚剑，陈志人，张英保，译．北京：商务印书馆，1997.

［8］Kisperska－Moron D．Logistics Change during the Transition Period in the Polish Economy［J］．International Journal of Production Economics，1994，35（1－3）：23－28.

［9］Jara－Diaz S. R.，Basso L. J．Transport Cost Functions，Network Expansion and

Economies of Scope［J］. Transportation Research Part E Logs and Transportation Review，2003，39（4）：271 – 288.

［10］Talley，Wayne. Linkages between Transportation Infrastructure Investment［J］. Logistics and Transportation Review，1996，32（1）：145.

［11］李鑫，李芙蓉. 物流产业与区域经济发展耦合机理研究［J］. 当代经济，2010（10）：124 – 125.

［12］刘维林. 区域物流系统与经济增长的动态耦合机理与实证仿真［J］. 经济地理，2011，31（9）：1493 – 1498.

［13］梁红艳，王健. 物流业与制造业的产业关联研究——基于投入产出表的比较分析［J］. 福建师范大学学报（哲学社会科学版），2013（2）：70 – 78.

［14］李松庆，顾占波. 物流业与制造业协调发展研究综述——内涵、机理及建模测算［J］. 物流技术，2014，33（1）：25 – 27.

［15］李军. 物流产业与区域经济发展的耦合协调机理及其实证研究［J］. 工业技术经济，2017（7）：78 – 82.

［16］田振中. 河南省物流业发展与经济增长关系的实证分析［J］. 江苏商论，2010（1）：50 – 52.

［17］何甜甜，王岩，郭正光. 物流业发展对郑州市经济增长的影响研究：兼论完善物流业的路径［J］. 商丘师范学院学报，2020（6）：53 – 57.

［18］Jie L.，Chun Y. The Relationship between Environment and Logistics Performance：Evidence from Asian Countries［J］. Journal of Cleaner Production，2018，204（10）：282 – 291.

［19］Buyukozkan G.，Gizem C. A Novel Fuzzy Multi – Criteria Decision Framework for Sustainable Supplier Selection with Incomplete Information［J］. Computational Management Science，2011，62（2）：164 – 174.

［20］郭健全，张孟可. "一带一路"背景下绿色物流与环境及经济增长的关系［J］. 沈阳工业大学学报（社会科学版），2021，14（1）：1 – 7.

［21］卢志滨，王要武. 区域物流系统与区域经济系统耦合发展的评价［J］. 统计与决策，2015（18）：63 – 65.

［22］胡云平，邹正丰，严余松. 四川省物流、经济、生态环境系统耦合协调度研究［J］. 物流技术，2016，35（7）：38 – 43.

［23］李虹，李蕾. 区域物流、经济增长与生态环境协调发展分析［J］. 统计与决策，2019，35（12）：143 – 145.

［24］Zhang W.，Zhang X.，Zhang M.，et al. How to Coordinate Economic，Logistics and Ecological Environment？Evidences from 30 Provinces and Cities in China［J］. Sustainability，2020，12（3）.

［25］Elbers C.，Withagen C. Environmental Policy，Population Dynamics and Agglomeration ［J］. The B. E. Journal of Economic Analysis and Policy，2003，3（2）.

［26］Shen N. ，Zhao Y. ，Wang Q. Diversified Agglomeration，Specialized Agglomeration，and Emission Reduction Effect：A Nonlinear Test Based on Chinese City Data ［J］. Sustainability，2018，10（6）：2002.

后　记

中国（河南）自由贸易试验区自2017年4月1日挂牌运行以来，按照国务院对河南自由贸易试验区的发展定位及发展目标，以制度创新为核心，对标国际先进规则标准，加大改革创新力度，大胆试、大胆闯、自主改，将河南自由贸易试验区作为改革开放试验田，河南省政府下放455项省级经济社会管理权限，出台47个含金量高、操作性强的支持文件。河南自由贸易试验区规定动作基本完成，160项试点任务已完成150项。作为自选动作，五大专项服务体系也取得显著成果，106项任务举措已实施完成98项，在商事制度改革、提升贸易便利化水平、多式联运体系建设等方面形成225个实践案例。有十几项创新案例在全国复制推广。河南省委、省政府把自由贸易试验区建设作为深化河南改革开放的重要战略抓手，河南自由贸易试验区在地域范围上虽然只涵盖三个省辖市的部分区域，但对河南全省乃至中西部地区都有着巨大的辐射带动效应。河南自由贸易试验区制度创新探索成果在全省复制推广，带动了全省其他地方改革，以点带面、全面突破，为全省推进改革创新、实现转型发展，打造了内陆开放高地，促进了河南崛起。

自由贸易试验区担负着为国家试制度，为地方谋发展的历史使命。河南自由贸易试验区作为一个内陆型自由贸易试验区，要大胆地试，大胆地闯，为内陆经济开放发展创造经验。为推动河南自由贸易试验区发展，2020年2月，郑州大学商学院发布关于《设立商学院"智库服务项目"的通知》，由商学院王海杰执行院长主持、商学院国贸系主任段平方为具体牵头人的首个智库服务项目《河南自由贸易试验区2017—2020年发展报告》蓝皮书立项，金碚、孙新雷、谷建全、屈凌波、喻新安、陈中武、何建新、夏峰、李雯鸽、周倩为学术顾问。该报告由14个子课题组成，涵盖综合篇、政府职能转变、投资领域开放与金融创新、贸易转型升级、服务"一带一路"与交通物流枢纽功能。

在报告撰写过程中，课题组于2020年6月至8月，在郑州大学商学院执行院长王海杰教授和商学院副院长王宁副教授的带领下先后到河南自由贸易试验区郑州片区、开封片区和洛阳片区实地调研座谈，到企业考察，收集到大量资料，并多次召开课题讨论会，最后形成课题报告。

在课题调研过程中，得到河南省商务厅、省自贸办李雯鸽处长的帮助和指导，得到中国（河南）自由贸易试验区郑州片区管委会副主任朱召龙、政策创新局局长池泽平，开封片区管委会副主任郑红英、综合协调与政策研究局局长李占军，洛阳市高新区管委会副主任、自由贸易试验区洛阳片区副主任陈宁以及改革协调局局长张文武、黄冬毅等同志的大力支持和帮助，在这里向他们表示衷心感谢！同时，对郑州大学领导、商学院领导和同事给予的帮助和支持表示感谢！

王海杰　段平方
2021 年 3 月 16 日